무 역 실 무

장홍훈 · 최동오 · 홍성규

청목출판사

머리말

Adam Smith가 국부론에서 국제분업을 통한 자유무역을 주장한 바와 같이 무역은 인류의 역사에서 매우 중요한 수단으로 활용되어 왔으며, 국민경제의 향상과 함께 인류의 삶의 질을 높여주는 역할을 수행해 왔다. 그리고 교통, 통신, 운송수단의 발달, 정보교류의 신속성·용이성은 다양한 분야에서 새로운 변화 및 혁신들을 유도하였다.

더구나 최근 기후 온난화로 인한 기후 변화의 심각성으로 선진국들은 환경보호를 위한 탄소세 도입을 추진하고 있어 우리나라 기업들도 이에 대한 대책 마련이 필요한 실정이다. 선진국의 탄소중립의 적극적 추진은 세계 각 국에게 국가별, 제품별, 분야별로 다양하게 영향이 미칠 가능성이 높아 이와 관련된 제품생산 및 수출도 이를 감안한 연구·개발이 필요하게 되었다. 이와 같이 오늘날 국제경제 및 무역의 환경은 급속도로 변화하고 있어 이러한 환경변화에 대응하기 위해 세계 각 기업들은 국제무역 관련 정책 및 전략들을 끊임없이 수정해 나가고 있다.

우리나라는 국토의 삼면이 바다와 접해 있어 수출입의 해상의존성이 높지만 이는 또한 우리나라 경제 및 무역이 발전할 수 있는 큰 원동력이 되기도 하였다. 그리고 우리나라는 부존자원의 부족으로 인해 무역은 우리나라 경제발전에 있어서 중요한 수단의 하나로 활용되었으며, 무역의존도가 높은 것이 당연한 현실이라 할 수 있다. 이처럼, 여러 국가 간의 무역거래는 우리나라의 경제발전 향상을 위한 중요한 학문분야가 되었으며, 이러한 무역거래를 수행하기 위한 무역실무 지식을 체계적으로 전달하기 위해 저자들이 본 서의 출판을 결심하게 된 결정적 이유이다.

그런데 이러한 무역실무 내용이 너무 방대하여 많은 내용을 기술하고자 하였으나 중간에 포기하는 학생이 많아 본 서에서는 실제로 필요로 하는 중요한 분야만 간추려 저술하도록 노력하였다. 따라서 본 서의 출간 목적은 '쉽고 명확하게 무역실무에 대한 기초개념과 실무지식을 학생들에게 설명할 수 있는 기본서를 만드는 것'이다. 즉, 이 책은 무역을 전공하는 학생들이 본격적으로 무역실무 지식을 습득하기 위해 학습하는데 도움을 주기 위해서 집필되었다. 특히, 저자들은 무역학 전공자들이 무역실무를 학습하는데 어려움을 겪지 않도록 알기 쉽게 교재를 작성할 필요성이 있다는 점에 공감하여, 학생들이 무역실무 내용을 보다 쉽게 느끼고 생각할 수 있도록 노력하였다. 또한, 저자들이 실제 강의실에서 오랜 기간 동안 무역실무 관련 교과목들을 강의하면서 정리해온 강의노트 및 정보를 바탕으로 여러 서적들과 보고서들을 참고하고 이를 체계적으로 정리함으로써 이 책이 출판될 수 있었다.

본 서는 제10장으로 구성되어 있으며, 무역실무를 처음 접하는 독자들을 대상으로 무역실무에서 반드시 필요하다고 생각되는 필수적인 내용으로 구성하였다.

제1장은 무역거래의 다양한 형태를 살펴보았고, 제2장은 무역관리로 무역업을 창업하고 이를 규제하는 무역관리제도를 구성하였고, 제3장은 무역계약의 구성과 내용에 대해 살펴보았으며, 제4장은 2020년에 개정된 정형거래조건과 Incoterms®2020를 분석하였으며, 제5장은 수출절차와 수입절차를 구성하였으며, 제6장은 무역거래를 이행할 때 필수적으로 첨부하는 무역관련 서류를 분석하였으며, 제7장은 신용장 및 무역대금결제에 관한 내용을 언급하였으며, 제8장은 국제운송, 제9장은 해상위험 및 해상보험, 제10장 무역클레임과 중재제도 등으로 구성하여 학생들은 무역실무적인 측면에서의 무역 프로세스를 접함으로써, 일선 현장에서 무역이 어떠한 과정을 통해 이루어지는지에 대한 감각을 키울 수 있도록 하였다.

본 무역실무 기본서를 만들기 위한 저자들의 노력에도 불구하고, 아직까지 여러 가지로 부족한 점도 많이 있다고 생각된다. 이러한 부족한 부분에 대해서는 독자들의 너그러운 아량과 이해를 부탁드리며, 저자들도 부족한 부분들을 검토함으로써 지속적으로 수정 및 보완해 나갈 것임을 약속드린다.

본 서를 집필하면서, 저자들은 많은 분들의 도움을 받았다. 특히 본서의 출간을 흔쾌히 맡아주신 청목출판사의 유성열 사장님과 임직원 여러분께 진심으로 감사드린다. 아무쪼록 본서의 이용자들에게 무역실무에 대한 올바른 이해와 안내의 길잡이가 되기를 소망한다.

2022년 8월

저자 일동

차 례

1
chapter

무역거래의 기초

학문을 연구하는 데 있어 원리나 방법 등에 비중을 두고 신경을 쓰면서 기본적인 개념에는 보통 소홀히 하는 경향이 있다. 하지만 이러한 경우 아무리 높은 수준의 이론을 배우거나 또는 연구하더라도 동 이론이나 원칙이 왜 학문연구에 필요한지를 깨닫지 못하여, 이러한 것을 바탕으로 더 새롭고 발전된 이론을 전개하기가 어렵다. 앞으로 학습할 무역학의 기본적인 원리와 실무 등을 배우기 위해서는 무역거래의 기초개념에 관한 이해가 필요할 것이다. 따라서 본 장에서는 이러한 목적에 따라 국제무역거래의 기초개념부터 살펴본다.

제1절 무역의 개념과 성격

Ⅰ. 무역의 개념

1. 무역의 개념

무역이라는 용어는 고대 중국의 고전인 「史記」에 기록된 '以物相貿易' 및 「十八史略」의 '貿易衣服回轉數周'라는 표현에서 비롯된 것으로, 여기서의 「貿」와 「易」은 모두 매매 또는 교환을 의미하는 것이다. 영어에서는 무역을 「trade」라고 하는데, 이는 지나간 자국, 항로 등을 뜻하는 「track」이란 단어와 걷다·밟다의 뜻을 가진 「tread」란 단어에서 유래한 것이다. 결국 영어로 무역이란 어떤 길이나 항로를 따라 물건을 교환하는 행위(truck & barter)를 뜻한다고 볼 수 있다. 무역의 의미를 단어의 기원을 중심으로 정리해 보면 교환·거래·매매 등을 의미하는 것이라고 볼 수 있다.

국제무역이란 이러한 무역이 국가 간에 일어나는 것을 의미하는 용어라고 볼 수 있다. 국가 간의 무역을 칭하는 용어로는 국제무역이라는 용어 외에도 세계무역·외국무역·해외무역 등의 용어가 사용된다. 이는 국가와 국가 간의 무역을 의미한다는 점에서 공통되는 부분이 있으나 용어 자체가 가지는 어감의 차이를 기준으로 그 의미는 조금씩 차이가 나고 있다.

「외국무역(foreign trade)」 또는 「해외무역(overseas trade)」이란 용어는 일국이 자국의 입장에서 다른 나라와 행하는 무역거래를 지칭하는 경우에 사용되는 주관적인 개념의 용어이다. 「국제무역(international trade)」이나 「세계무역(world trade)」이란 용어는 결국 무역을 한 나라의 입장에서 본 것이 아니고 국제적 또는 세계적 시각으로 객관적으로 본 용어라고 볼 수 있다. 하지만 이 두 용어 중 국제무역은 국민경제간의 결합체로서 또는 학문적 입장에서 무역을 지칭하는 용어로 많이 사용된다. 하지만 세계무역이란 용어는 학문적 입장보다도 세계시장적 의미에서 많이 사용된다.

무역이란 넓게는 국가 간 상거래로 볼 수 있으나 좁게는 국내에 있는 외국인에게 상품이나 용역을 제공하여 그 대가로서 외화를 수취하는 거래로도 볼 수 있다. 국내무역(domestic trade)은 외국인에게 물품을 판매하여 외화를 획득한다는 점에서는 외국무역과 유사하다. 하지만 국내무역은 그 거래가 일국의 영토 내에서 이루어진다는 점과 대금수취방법 등이 국제무역이나 외국무역과는 차이가 있다.

그러나 무역은 국가와 국가 간의 무역을 지칭하는 것이 보통이다. 여기서 무역의 개념을 좀 더 명확하게 정리해 보면 첫째, 무역이란 환경이 상이한 국가들 사이에서 이루어지며, 둘째, 각국 내에서의 공급과 수요가 불균형일 때 발생되며, 셋째, 국제분업의 원리를 통해 국민경제의 이익을 극대화하는 것이라는 것을 알 수 있다. 종합해 보면 무역은 "이질적인 제환경(사회 · 문화 · 법률 · 자연적 환경)의 국가들 사이에서 나타날 수 있는 수요와 공급의 불일치를 해소하기 위해 국제분업의 원리에 의해 이루어지는 국가 간의 거래활동"이라고 볼 수 있다.

하지만 무역의 개념을 규정할 때 주의하여야 할 부분이 있다. 즉, 국제무역이 국제적인 상품거래 또는 교환을 의미하는 것인지 또는 보이지 않는 무역(invisible trade) 및 자본(capital)의 이동까지를 포함하고 있는지 고려해 보아야 한다. 사실 무역이란 용어는 과거 자기가 생산한 상품을 교환 또는 거래하는 협의의 개념으로 사용하였다. 하지만 현재에는 무역이란 용어를 국가와 국가 간에 일어나는 상품 · 용역 · 생산요소(노동 · 자본 · 기술 · 경영능력 등)의 국제적인 이동으로 모든 국제경제거래를 지칭하는 광의의 개념으로 사용되는 것이 일반적이다. 그러므로 국제무역이란 용어를 접하고 사용할 때는 우선 이것이 좁은 의미의 무역인지 또는 넓은 의미의 무역인지를 주의 깊게 살펴보아야 한다.

2. 국제무역과 국제통상

(1) 국제통상과 국제무역

WTO의 출범으로 세계화와 개방화라는 용어와 함께 국제통상이라는 용어의 사용이 급속히 늘어났다. 하지만 국제통상이라는 개념은 아직 그 개념상 공통된 합의나 공감대를 도출해 내지 못하고 있다. 미 통상법 301조에서는 국제통상의 정의를 "① 특정 물품의 국제무역과 ② 이와 관련된 서비스와 정보의 이전 ③ 해외투자로서의 재화 및 서비스 교역과 관련되는 것"으로 정의하고 있다. 그리고 WTO에서는 국제통상의 범위를 기존의 국제통상 범위에 덧붙여 지적재산권과 서비스(금융, 보험, 건설 등) 무역, 무역관련 투자까지로 확대하고 있다. WTO 도하개발아젠다(Doha Development Agenda : DDA)에서는 국제통상의 범위에 "환경 · 기술 · 노동 · 경제정책"까지를 포함하고 있다.

앞에서 언급한 바와 같이 국제통상에 대한 합의된 개념이나 공감대는 도출되지 못하고 있다. 그리고 국제통상이라는 개념과 국제무역이라는 개념이 혼용되어 사용되고 있는 것도 사실이다. '국제무역' 또는 '무역'의 의미를 사전에서 찾아보면 교역과 같은 의미로 사용된다. 즉, '각자의 물품을 교환함', '국제간 재물의 교환', '국제간 상품의 수출입거래', '국제간 상업거래' 등으로 해석된다. '국제통상' 또는 '통상'은 '다른 나라와 교통하여 서로 상업행위를 행함', '외국과의 거래', '외국과의 무역' 등의 의미로 사용된다.

이렇게 볼 때 '국제무역'과 '국제통상'간의 근본적인 개념 차이는 거의 존재하지 않는다고 볼 수 있다. 국제통상과 국제무역에 대한 영문표기 역시 명확한 구분이 존재하지 않는 것으로 나타났다. 보편적으로 '무역'은 'trade'로, '통상'은 'commerce'로 사용하고 있으나, 실제 사용에 있어서는 혼용되어 사용되고 있다.

'무역'과 '통상'이라는 용어의 혼용은, 'trade friction'이라는 용어가 무역마찰이나 통상마찰로 사용되고, 'trade delegation'이라는 용어가 무역사절단 또는 통상사절단, 'trade agreement'라는 용어가 무역협정이나 통상협정으로 해석되고 있는 것을 보아도 알 수 있다. 그리고 WTO (World Trade Organization)는 세계통상기구가 아닌 세계무역기구로 번역함으로써 '통상'과 '무역'의 영문상 표현에서도 크게 차이를 내고 있지 않다. 결국 국제통상과 국제무역의 개념에 대해서는 사전적인 차이가 존재하지 않는다는 것을 알 수 있다.

(2) 국제통상의 개념에 관한 제논의

결국 국제통상과 국제무역이라는 용어는 사전적 차이가 아닌 어감(semantic nuance)적 부분에서 조금씩 차이가 존재하고 있음을 알 수 있었다. 국제무역과 국제통상이 가지는 어감적 차이는 국제통상의 개념에 관한 제 논의를 통해서도 알 수 있다. 국제통상과 국제무역에 관한 개념정리를 양자 간의 차이를 밝히려는 논의를 중심으로 접근해 보면 크게 세 가지 입장으로 정리할 수 있다.

첫째, 국제통상을 국제무역과 구분하여 개념을 정의하는 주장이다. 이는 국제무역은 국가와 국가 간에 이루어지는 재화의 이동, 즉 유형재의 무역 또는 유형무역(visible trade)만을 지칭하는 개념인데 비하여 국제통상은 이러한 유형무역뿐 아니라 서비스, 지적재산권 등 무형재의 무역, 즉 무형무역(invisible trade)과 생산요소의 이동이나 국제투자까지 포함하는 넓은 개념으로 정리하는 것이다.

또한 국제통상과 국제무역의 차이는 거래대상의 차이라기보다는 운영주체라는 측면에서 근본적인 차이가 있다는 주장도 있다. 첫째, 국제무역과 국제통상은 모두 국가 간 경제교류 활동으로 인식되지만 '무역'의 행위 주체는 개인, 기업 등 개별주체이고, '통상'의 주체는 국가나 국제기구 등으로 파악하는 것이 옳다고 보는 견해이다. 결국 국제무역의 영역이 개인 및 사기업적 경제·경영활동이라면 국제통상이라는 개념은 공적·공공 이익적·국가적 측면의 경제활동과 관련된다는 주장이다.

둘째, 국제통상과 국제무역을 분리할 수 없다고 주장하는 학자들도 있다. 이는 국제통상이란 국제무역을 광의의 개념으로 파악한 것에 불과하기 때문에 국제통상과 국제무역을 구분하는 것이 무의미하다는 주장이다. 상품 위주의 무역을 국제무역이라고 하고, 상품 위주의 국제교역 뿐만 아니라 무형의 지적재산권과, 서비스무역, 국제투자, 그리고 여기에 수반되는 국제간의 노동 및 자본의 이동 등을 포함한 무역을 국제통상이라고 하는 견해는 과거에도 존재했다. 이는 국제무역을 협의의 무역과 광의의 무역으로 구분하는 것과 유사한 개념이다. 즉, 협의의 무역을 칭하는 유형재의 무역(visible trade)을 국제무역이라 명칭 했고, 광의의 무역을 칭하는 무형재의 무역(invisible trade)을 국제통상이라 명칭 했을 뿐이라는 주장이다.

셋째, 이러한 양 견해와는 달리 국제통상과 국제무역을 구분하는 것 자체가 무의미하다는 주장도 존재한다. 실제로 통상정책과 무역정책을 분리하여 사용하는 나라는 주요 통상국 중에서 일본 이외에는 없다. 이러한 견해는 현대 국제무역이 이제는 단순히 상품교역의 자유화만을 의미하지 않는 상황에서 이러한 구분 논의 자체가 무의미하고 실익도 없다는 생각을 기반하고 있는 것이다.

하지만 이러한 개념논쟁에도 불구하고 국제무역과 국제통상이 가지는 뚜렷한 차이를 발견할 수는 없다. 따라서 향후 변화하고 있는 세계경제의 신 이슈를 설명하고 포괄하기 위해서는 기존의 국제무역이라는 용어가 가지는 어휘적 한계를 최근에 대두되고 있는 국제통상이라는 용어를 통하여 극복할 수 있다면 국제통상을 국제무역이라는 개념보다 광의의 개념으로 파악하는 것도 바람직한 인식방법이라고 생각한다.

이러한 차원에서 보면 국제통상이라는 개념을 '국가와 국가 간에 이루어지는 모든 국제경제거래'를 의미하며, 특히 재화의 국제적 교역을 지칭하는 유형무역 외에 무형무역(지적재산권 및 서비스 등의 교역)과 국제투자까지를 포함하는 개념으로 정의한다. 그리고 국제통상의 개념을 운영주체보다 거래대상 측면에서 국제무역보다 광의의 개념으로 정의하는 것이 바람직하다고 본다. 그 이유는 거래대상의 측면에서 개념의 확장은 현실적 어휘의 사용례와 더 잘 합치될 뿐 아니라 국제무역의 현실적 발전내용과 방향을 더 잘 포괄하고 있기 때문이다.

Ⅱ. 무역의 성격과 특수성

1. 국제무역의 성격

무역은 이질적인 환경을 지닌 국가들 사이의 거래활동으로 국민경제라는 단위가 기본이 되어 이루어진다. 하지만 무역은 여러 국가들의 이해관계가 복잡하게 얽혀 있는 세계경제의 테두리 속에서 이루어진다고 보는 것이 보다 일반적이다. 결국 무역이란 개별기업적 성격과 국민경제적 성격, 세계경제적 성격이 상호 교차하는 복합적 성격을 지니고 있는 것이다.

(1) 개별기업적 성격

개방경제체제 하에서 개별기업들은 계약의 자유와 통상의 자유 하에서 개별주체로서 자유롭게 국제무역을 행하게 된다. 즉, 개별 기업의 수출과 수입활동이 곧 무역이기 때문에 이러한 의미에서 무역은 개별기업적 성격을 지니고 있다고 본다.

개별기업적 성격을 지닌 무역은 그 성격상 아무런 장애가 존재하지 않는 경우에 그 기능과 효과가 극대화된다. 하지만 무역은 후술하는 바와 같은 국민경제적 성격을 가지기 때문에 국가에 의한 제한을 받기도 하고 또는 지원을 받기도 한다.

(2) 국민경제적 성격

국제무역은 복수의 국민경제에 관련된 모든 경제거래를 총칭하는 것으로서 상품과 서비스의 교역은 물론 자본과 노동과 같은 생산요소의 국제적 이동에 의해서도 서로 관련되고 파급되는 경제현상이기도 하다. 무역에 대한 일반적 행위주체는 개별기업이라 할 수 있다. 하지만 이러한 개별기업도 해당 기업이 속해 있는 국가의 정책범위를 벗어날 수 없다.

결국 국제무역의 행위주체는 개별기업이지만 무역의 기본주체는 오히려 국민경제라고도 볼 수 있는 것이다. 이런 의미에서 무역은 개별기업적 성격뿐만 아니라 국민경제적 성격도 지니고 있는 것이다.

(3) 세계경제적 성격

오늘날 국가간의 경제교류와 상호의존관계가 깊어지고 있는 상황하에서 세계 제국의 국민경제 발전과 성장, 변화는 국제무역과 불가분의 관계를 가질 수밖에 없다. 실제로 무역은 개별 국민경제를 중개하여 그 유기적 결합도를 심화시키는 역할을 수행한다. 따라서 무역이란 국민경제 간의 상호의존성을 심화시켜 세계경제를 하나의 유기적 구성체로 발전시키는 세계경제원리라고 볼 수 있는 것이다.

이러한 의미에서 각 국민경제 간의 통상협정이나 그것을 실행시키는 개별기업의 무역은 단순한 개별기업적 성격이나 국민경제적 성격에 그치는 것이 아니라 세계경제라는 하나의 유기체 속에서 구체화되는 하나의 현상이다. 결국 무역은 세계경제적 성격을 내포하고 있는 것으로, 최근 나타나고 있는 세계무역의 확대를 위한 WTO를 중심으로 하는 자유무역의 확대 노력이나 무역원활화를 위한 노력 등은 무역의 세계경제적 성격을 대변하고 있는 것이라고 볼 수 있다.

2. 국제무역의 특수성

복합적 성격을 가지고 있는 국제무역은 국내거래와는 달리 다음과 같은 여러 가지 특수성을 갖고 있다.

(1) 해상의존성

국내거래의 경우 영토가 아무리 넓은 국가라 하더라도 생산지와 판매지 사이의 수송은 일반적으로 항공운송의 경우 1일, 육상운송의 경우 1주일 내에 완료된다. 그러나 무역은 격지 간 국가의 거래활동이므로 수출국으로부터 수입국으로의 수송문제가 발생한다는 특징이 있다.

국제무역에서 운송은 육상 · 항공 · 해상 등을 통하여 이루어지는 것이 일반적이다. 이 중 육상운송은 바다를 사이에 둔 국가들 사이에는 불가능하다는 단점이 있다. 그리고 항공운송은 짧은 시간에 운송이 이루어진다는 장점은 있으나 물동량이 적고 운송비가 비싸다는 단점이 있다. 이러한 이유 때문에 결국 무역에서는 해상운송이 주된 수단이 된다.

해상운송이 무역의 주된 운송형태가 되는 경향은 무역의 발전과정에서 많이 나타난다. 지금까지의 무역사를 살펴보면 고대무역에서부터 현대무역에 이르기까지 원거리 물품운송의 경우 대부분 해상운송을 통해 이루어졌다는 것을 알 수 있다. 그리고 육상운송이나 항공운송은 해상운송의 보조수단으로 발전되어 왔다는 것도 부인할 수 없는 사실이다.

결국 무역에 있어서 해상운송은 화물운송의 중추적 기능을 하는 중요한 수단이라고 할 수 있다. 무역에 있어서 해상운송이 주된 화물운송 기능으로 작용하게 된 이유는 해상운송이 가장 많은 물동량을 동시에 운송할 수 있는 수단일 뿐만 아니라 운임이 다른 운송수단보다 훨씬 저렴하기 때문이다.

(2) 기업위험성

국제무역을 담당하는 개별기업은 국제무역이 갖는 여러 가지 특성상 국내거래에서 기업이 직면하게 되는 위험보다 더 크고 많은 위험에 직면하게 된다. 국제무역에서 발생하는 여러 가지 위험들은 보험과 같은 제도적 장치의 발달로 인해 어느 정도 완화시킬 수는 있지만 다음과 같은 위험은 무역거래에 항상 존재한다.

첫째, 수출지의 판매업자로부터 수입지의 수입업자에게 물품이 인도될 때까지에는 시간적·공간적 차이가 존재하기 때문에 교역물품의 운송과 보관 중에 상품 자체의 물리적 손상이 초래될 가능성이 높다.

둘째, 대금결제 및 금융에 관한 지급불능이나 지급거절과 같은 신용위험이 발생할 수 있다. 이러한 신용위험은 국내거래보다 거래상대자에 대한 정확한 정보가 부족하고 상이한 상관습을 가지는 국제무역 거래에 있어서 발생할 가능성이 높다.

셋째, 무역거래 대상이 되는 물품의 가격은 원자재가격·인건비·세금 등의 가격변동에 따라 수시로 변하기 때문에 국제무역은 물품의 가격변동에 따른 위험이 상존하고 있다. 이러한 이유 때문에 무역업자들은 투기성 거래를 하지 않는 이상 무역거래시 가격변동요인을 제대로 예측하거나 혹은 선물거래 등을 통해 이러한 가격변동에 따른 위험을 극소화하려고 노력하는 것이다.

넷째, 변동환율제도에서는 외환시장에서의 환에 대한 수요와 공급에 의해 환율이 수시로 변동된다. 이러한 환율변동은 무역에 참여하고 있는 기업들에게는 화폐가치 변동에 따른 환위험을 발생시킨다. 즉, 무역행위 자체의 성패보다도 환율의 변동에 따른 무역기업이나 국민경제주체가 획득할 수 있는 가득소득의 변화가 나타날 수 있다는 것이다.

다섯째, 국제거래의 형태로 나타나는 국제무역에서는 국내거래보다도 까다로운 실무절차와 특수한 여러 서류가 필요하기 때문에 실무절차상의 위험이 항상 존재한다.

(3) 산업연관성

현대사회에서 무역과 산업의 발전은 서로 밀접한 상호작용의 관계를 가진다. 즉, 무역의 발전은 산업의 발전으로 이어지고, 산업의 발전은 무역의 발전에 이바지한다는 의미이다.

수출은 분업원리와 생산의 특화과정을 거쳐 자원의 낭비를 줄이고, 수출국의 요소부존도에 부합하는 산업과 관련산업의 발전을 촉진시킨다.

또한 수출은 이러한 과정에서 일국의 산업화 또는 공업화의 기반을 조성시킬 뿐만 아니라, 이를 통하여 고용 및 소득 증대효과를 유발시킨다.

수입의 경우에 있어서도 수입 그 자체가 국제수지의 악화요인으로 작용하기도 하지만, 선진 자본재나 국내에서 생산이 불가능한 원자재의 수입을 통해 국내투자를 증대시켜 경제발전을 촉진시킨다. 또한 수입은 대체가능한 국내재화를 생산할 수 있는 산업과의 경쟁을 유발시켜 국내산업의 육성에도 기여한다.

(4) 국제관습성

국제무역은 국내거래와는 달리 언어와 제도, 법규 등 상거래 관습이 상이한 국가 간의 거래이기 때문에 계약 체결 시 이에 대한 충분한 사전적 지식과 준비를 하여야 한다. 그렇지 않은 경우 국제무역과 관련되는 계약은 실패율이 높아지거나 또는 향후의 분쟁 가능성이 커진다.

실제로 무역이란 물품매매계약의 형식으로 소유권이 매도인(수출업자)으로부터 매수인(수입업자)에게로 이전되는 계약이다. 무역과 같은 국제매매는 거래당사자들에게 있어 다양한 법률상의 권리·의무를 발생시키는 상행위이기 때문에 분쟁의 소지를 없애기 위해서는 국제매매에 관한 통일된 규칙 또는 협약이 필요한 것이다.

최근 국제매매나 거래와 관련된 여러 가지 조약이나 법규가 마련되고 있지만, 아직까지는 급증하는 무역량에 따른 거래당사자들 간의 분쟁을 명백하게 해결할 수 있는 정도의 수준에는 이르지 못하고 있다. 통일된 법규나 협약이 적용될 수 없는 거래인 경우, 과거 오랜 상거래에 의해 정형화된 관습에 근거해서 계약을 체결하고, 만약 분쟁이 발생하면 이에 근거하여 처리하는 것이 일반적이다.[1)]

1) 장흥훈·장동식·이재은, 『무역개론』, 청목출판사, 2019, pp. 18-28.

제2절 무역학의 학문적 성격과 연구분야

Ⅰ. 무역학의 성립배경

우리나라는 천연자원의 부족과 지경학적인 입지로 인하여 일찍이 무역의 중요성을 인식하여 왔다. 우리나라에서는 1950년대 초에 무역학과가 최초로 설립되면서부터 1960년대~1970년대를 거쳐 사회과학의 한 분야로 무역학이 발전하였다고 할 수 있다. 이러한 무역학의 학문성립은 우리나라와 여건이 비슷한 일본과 대만에서도 그 예를 찾아볼 수 있으나, 여타 선진국들에서는 무역학의 독립적인 체계가 존재하지 않고 있다. 이는 무역에 대한 국민경제적 필요성이 우리나라와 상당히 다르기 때문이라고 할 수 있다.

그러나 무역을 통하여 일찍부터 경제적 부를 축적하였던 선진국들은 무역학 또는 무역학과라는 고유의 명칭이 없을 뿐 실질적으로는 타 학문분야에서 이와 관련된 분야를 심층 연구하고 있음을 볼 수 있다. 예를 들면, 미국이나 영국 등의 법과대학(law school)에서는 국제매매계약이나 신용장, 해상보험, 국제상관습, 상사중재 등에 대하여 연구하고 있으며, 경영학 또는 경제학 분야에서 국제마케팅, 해외시장조사, 다국적기업 및 무역이론 등에 대하여 연구하고 있다. 따라서 우리나라와 여러 가지 여건이 다른 선진국의 경우만을 보고 무역학의 학문적 독립성을 부정하려는 태도는 학문에 임하는 건전한 태도라고 볼 수 없다.

Ⅱ. 무역학의 학문적 성격

무역학(international trade practice)은 국제상거래를 촉진하기 위하여 이에 관련된 실무관행, 관습 및 법리를 연구하는 국제상학(international commerce)이 주류를 이루는 학문분야로서 경영학이나 경제학과는 근본적으로 그 성격과 접근방법이 다르다고 할 수 있다. 경제학은 경제결심을 하는 경제정책가를 위한 것이며 경영학은 기업에서 경영결심을 하는 경영관리자를 위한 것인 학문임에 반하여 무역학은 국제상거래에서 상결심(commercial decision)을 하는 국제상인(international merchant or trader)을 위한 학문이라고 할 수 있다.

따라서 무역학은 국제상거래 과정에서 발생하는 여러 가지 문제들을 연구하는 이론적 · 실천적인 종합학문의 성격을 갖고 있다. 일반적으로 무역학은 국제무역에서 야기되는 독자적인 문제를 연구대상으로 하는 독립된 성격을 갖고 있으며, 타 학문과 비교하여 포괄적이며 응용성이 강한 종합적 성격의 학문으로서 많은 변수를 연구해야 하는 복잡성을 갖고 있다.

따라서 무역학은 첫째, 무역의 인과관계를 규명하는 실증적 과학(positive science)이라고 할 수 있다. 둘째, 경제정책의 일환으로 통상정책과 산업정책 및 국민경제의 거시적인 방향을 제시하고 있다는 점에서 규범적 과학(normative science)이라고 할 수 있다. 마지막으로 개별적인 국제상거래와 상사 간의 실제적인 거래행위가 어떠한 규제와 관행의 수단과 방법으로 이루어지는가를 연구 · 분석하고 이에 필요한 전문가적 인재를 양성한다는 측면에서 실천적 과학(practical science)이라고 할 수 있다.

이상의 내용을 고려해 볼 때 종합 · 응용 학문적 성격을 가지고 있는 무역학은 상경계분야에서 가장 어려운 학문이라고도 할 수 있으나 여타 전공분야를 기초학문으로 먼저 학습한 후 이를 체계화하면 시너

지효과(synergy effect)가 기대되는 유망한 학문분야라고 할 수 있다.

Ⅲ. 무역학의 연구분야

무역학은 크게 무역이론(국제경제학)적인 연구, 무역실무(국제상학)적인 연구, 무역경영(국제경영학)적인 연구로 분류되며, 이들은 서로 필요한 관계를 유지하면서 상호보완적인 역할을 하고 있다. 여기서 국제경제학은 경제학의 한 분야이며, 국제경영학은 경영학의 한 분야에 속하는 학문이다. 그럼에도 불구하고 무역학에서 국제경제학과 국제경영학을 그 연구영역에 포함하고 있는 것은 학문의 기초와 학제 간의 연구(inter-disciplinary research)를 위한 것이다.

일반적으로 국제경제학은 이론적 학문의 성격을 갖고 있고, 국제상학과 국제경영학은 실천적 학문의 성격을 갖고 있다고 하지만 어떠한 학문도 이론과 실무가 따로 존재하지는 않는다. 아무리 훌륭한 이론이라 할지라도 현실성이 결여되어 있다면 그 학문적 효용가치는 무용지물에 지나지 않으며, 이론이 결여된 실무도 많은 시행착오에 빠지는 오류를 범하게 된다는 점에 유의하여야 한다.

〈표 1-1〉 무역학의 연구분야

분야 과목	무역이론(국제경제학)	무역실무(국제상학)	무역경영(국제경영학)
주요과목	국제경제학, 국제무역론, 무역정책론, 국제자원론, 국제경제관계론, 국제금융론, 한국무역론, 경제통합론, 국제경제기구론, 국제지역경제론, 국제통상론, 정치경제론 등	국제상학(무역실무론), 무역관습론, 국제물품매매계약론, 국제운송론, 해상보험론, 신용장론, 상사중재론, 국제거래법, 무역관계법, 국제상품학, 전자상거래 및 전자무역, 비즈니스협상론, 국제무역통신 및 무역영어 등	국제경영학, 국제경영전략, 국제기술이전론, 국제마케팅, 국제재무관리론, 다국적기업론, 해외시장조사론 등

※ 1. 위 분류는 예시에 불과하며 이들 과목은 상호 중첩성을 갖고 있는 경우가 많음.
2. 무역학은 위 과목이외에도 외국어, 법학 등의 학문이 중요한 위치를 차지함.

1. 무역이론(국제경제) 분야

국제경제학은 국가 간의 상호의존관계를 연구대상으로 하는 학문분야이다. 즉, 한 국가와 여타 세계 국가 간의 재화와 용역 및 자본의 이동을 분석하고 이들 이동을 규제하는 경제정책과 이들 정책이 자국민의 복리후생에 미치는 영향을 분석하는 학문인 것이다. 이러한 국가 간의 경제적 상호의존성은 이들 국가 상호간의 정치적·사회적·문화적 및 군사적인 관계에 의하여 상당한 영향을 주고받는다. 특히 국제경제학은 순수무역이론, 무역정책이론, 외환시장과 국제수지론 및 국제수지조정이론 등을 그 연구대상으로 하고 있다. 국제적인 경제관계는 지역 간의 경제관계, 즉 한 국가 내에서 각기 다른 상호지역간의 경제관계와는 차이가 있고 다소 다른 분석수단을 필요로 하기 때문에 국제경제학은 경제학과는 다른 하나의 독특한 학문분야라고 할 수 있다.

따라서 무역학에 있어서 국제경제학은 국제상학의 이론도 아니며, 국제상학 또한 국제경제학의 실무가 아니라 상호 독립적이면서도 보완관계를 갖고 있는 학문분야라고 할 수 있다. 최근에는 경제학의 일부분이었던 국제경제학이 점차 무역학 속에 정착되어 가는 과정이라고 할 수 있다.

2. 무역실무(국제상학) 분야

국제상학은 국제상거래상의 전반적인 무역거래수행, 즉 무역계약의 체결에서부터 무역계약의 성립, 무역계약의 종료에 이르는 전과정을 상학적·법리적인 측면에서 연구하는 학문분야라고 할 수 있다. 따라서 무역학은 상거래대상이 다른 국가라는 점에서 실천적 연구분야인 국제상학에 대한 전문적인 연구가 이루어져야 한다. 국제상학은 국제매매상의 전제조건인 무역관습, 무역계약, 국제운송, 대금결제, 해상보험, 국제상사중재, 사이버무역, 비즈니스협상, 무역통신, 국제조약 및 무역관련법에 대한 연구가 포함해야 한다. 이러한 관점에서 국제상학은 그 학문의 기본발상과 연구대상, 그리고 접근방법에 있어서 여타 학문과 비교하여 근본적으로 다르다고 할 수 있다. 예를 들면, 국제상학은 법리적인 부문에 대하여도 그 연구범위를 설정하고 있으나 실무관행위주로 접근방향이 설정되어 있어서 법리적으로 부적합한 것일지라도 "상거래상 오랜 기간 동안 상인들간에 준수되어 온 것이라면 그대로 준수되어야 한다."는 국제상거래 원칙이 수용되고 있다.

3. 무역경영(국제경영학) 분야

국제경영학은 기업의 국제활동 및 관리를 중점 연구대상으로 하고 있는 학문분야라고 할 수 있으며 이를 연구하는 데에도 여러 가지의 방법이 존재한다. 우선 기업의 일반적인 경영활동(생산관리, 재무관리, 마케팅관리 등)을 취급하는 경영학과는 달리 국제경영학은 그 대상에 있어서 이들 특정기능을 망라한 국제적 경영활동을 포괄적으로 다루고 있다.

따라서 기업이 국제화하는 과정에서 직면하게 되는 국제경영의 유형, 국제기업이 고려해야 하는 전략, 국제기업의 관리정책 등이 연구대상이 되어야 한다. 이를 위해서는 국제경영활동의 주체인 국제기업 자체의 상태를 파악하기 위한 기업론적 연구방법, 국제기업이 진출하고 있는 현지국가 또는 국제금융시장을 포함한 국제환경을 연구하기 위한 객체적 연구방법, 국제상거래의 객체인 상품 및 자원의 이동에 따른 상품별 연구방법, 국제마케팅관리 및 국제재무관리 등의 특정기능을 다루고 있는 기능별 연구방법, 기업의 국제화 과정에서 선택 가능한 전략형태를 고찰하는 전략대안별 연구방법, 그리고 국제기업의 역사 및 성장과정을 고찰하기 위한 역사적 연구방법 등이 동원될 수 있을 것이다. 최근에는 기업의 다국적화 또는 무국적화 추세에 따라 국제경영학의 연구범위도 점차 확대되어 가고 있으며 경영학과의 구분이 모호해지고 있는 실정이다.

제3절 무역거래의 형태

무역의 형태는 보는 관점에 따라 여러 가지 종류로 구분할 수 있으나 일반적으로 다음과 같이 분류할 수 있다.

Ⅰ. 수출 · 수입 · 통과무역

무역은 물품이 한 나라의 국경(경제적 영역)을 통과하여 어느 방향으로 이동하느냐에 따라 수출무역, 수입무역, 통과무역으로 구분할 수 있다. 수출무역(export)은 물품이 자국의 영역을 통과하여 타국으로 나가는 것을 의미하고, 수입무역(import)은 물품이 타국으로부터 자국의 영역으로 반입되는 경우를 의미한다.

통과무역(transit trade)은 물품이 수출국으로부터 제3국을 경유하여 수입국으로 수송이 되는 경우 이를 제3국의 입장에서 볼 때의 무역형태를 의미한다. 통과무역 시 제3국은 자국의 특별한 생산시설이나 특별한 노력 없이도 물품통과에 따른 노임 · 운임 · 보험료 · 통과수수료 등의 이득을 얻을 수 있다. 한편 통과무역은 제3국인 자국의 영토를 거친다는 점에서는 다음에서 다룰 중계무역과는 유사하나 제3국의 어떠한 자주적인 개입이 없다는 점에서 차이가 있다.

Ⅱ. 직접무역과 간접무역

1. 직접무역

직접무역(direct trade)이란 양국의 수출업자와 수입업자가 제3자를 개입시키지 않고 직접 거래하는 형태로 이루어지는 무역으로서 대부분의 무역은 여기에 해당된다.

2. 간접무역

간접무역(indirect trade)이란 양국 무역업자 사이의 거래과정에 물품 인도 혹은 대금결제 등의 방식으로 제3자가 개입하여 무역거래가 이루어지는 것으로서, 여기에는 다음과 같은 것들이 있다.

(1) 중개무역

중개무역(merchandising trade)이란 거래 당사국간에 매매계약이 직접 체결되지 않고 제3국의 중개업자가 개입하여 계약이 체결되는 무역 형태를 의미한다. 이는 국내에서 이루어지는 부동산 중개거래와 형식이 비슷하다. 즉, 양국의 거래당사자가 거래의사는 있으나 시장경험이나 정보의 부족으로 인해 거래상대를 찾지 못할 경우, 쌍방의 거래의사를 인지한 제3국의 중개인이 거래를 알선함으로써 거래가 성사된 경우로 제3국의 입장에서 볼 때, 이를 중개무역이라 한다.

이 경우 물품의 인도는 수출업자로부터 수입업자에게 직접 이루어지나, 대금결제는 수입업자가 수출업자에게 직접 결제하고 양국 거래당사자들이 제3국의 중개인에게 일정한 중개수수료를 지급하거나, 또는 수입업자가 거래를 알선해준 중개인에게 결제하고, 중개인이 이를 수출업자에게 지급하는 방식으로 진행된다.

(2) 중계무역

중계무역(intermediary trade)이란 처음부터 재수출할 것을 목적으로 외국에서 물품을 수입하여 가공함이 없이 물품을 다시 수출하여 그 차익을 이윤으로 얻기 위한 무역형태이다. 중계무역은 중계무역항을 통하여 이루어지는 것이 일반적이다. 중계무역항의 입지요건으로서는 ① 관세가 부과되지 않는 자유항(free port)일 것, ② 외환자유화에 따른 국제금융시장이 형성되어 있을 것, ③ 지리적으로 무역의 요충지가 되는 상품의 집산지일 것 등이 있다. 현재 대표적인 세계의 중계무역항으로서는 홍콩 · 싱가포르 · 마카오 등이 있다.

한편 중계무역은 앞에서 살펴본 중개무역(특히 중개업자가 2개의 계약을 체결하는 방식)과 유사한 점이 있으나 무역화물이 중계국에 반드시 양륙되어야 한다는 점과 최종 수입국이 미리 정해지고 있지 않기 때문에 실제의 거래당사자가 수입당시 연계되어 있지 않다는 점에서 서로 차이가 있다.

(3) 스위치무역

스위치무역(switch trade)이란 수출업자와 수입업자 사이에서 직접 물품계약이 이루어지고 물품도 두 당사자 간에 직접 이동되지만, 대금결제 부분에 대해서는 제3국의 업자를 개입시키는 형태를 지칭한다. 보통 수입국이 특정외화로 지급해야 하는 경우 그 특정외화를 가지고 있지 못한 수입국이 청산계정상에 특정외화를 가지고 있거나 또는 자국과 청산계정을 갖고 있는 제3국을 개입시켜 무역대금을 결제하는 거래방식을 의미한다. 이때 간접결제를 담당하는 제3국 업자를 스위처(switcher)라 하고, 스위처는 일정한 수수료(switch commission)를 받게 된다.

(4) 우회무역

우회무역(round-about trade)이란 수출국과 수입국 사이에 외교관계가 수립되어 있지 않거나, 수입규제 내지 외환통제 등에 의해 직접거래가 어려울 경우 이러한 규제나 통제를 받지 않는 제3국을 통해 이루어지는 무역을 의미한다.

과거 한국제품이 홍콩을 통해 외교관계가 수립되어 있지 않던 중국으로 진출하거나, 1970년대 말 미국이 섬유제품과 전자제품 등에 대해 수입규제를 강화했을 때 한국 제품들이 중남미지역을 통해 미국 시장에 진출한 것은 대표적인 예이다.

Ⅲ. 가공무역

가공무역은 원자재가 희소한 국가들이 주로 행하는 무역형태로 크게 일반가공무역과 수·위탁가공무역으로 구분할 수 있다.

1. 일반가공무역

일반가공무역(processing trade, improvement trade)이란 가득액[2] 혹은 부가가치를 얻기 위하여 원료의 일부 내지 전부를 외국에서 수입하고 이를 가공하여 반제품 내지 완제품으로 다시 외국에 수출하는 거래를 의미한다. 이 때 가공이라 함은 수입한 원자재를 가공하여 제품화하거나 수입당시보다 그 경제적 가치를 향상시키는 것을 의미한다.

대체로 경제성장의 초기단계에 있는 국가들이 대외무역을 수행할 때는 주로 가공무역의 방식에 의존하게 되는 경향이 있다. 일반가공무역은 주로 수·위탁가공무역과 구분하기 위하여 사용된 것으로 보통 가공무역을 말할 때는 일반가공무역을 의미하는 것이 일반적이다.

일반가공무역은 가공무역이 이루어지는 방식에 따라 다시 능동적 가공무역·수동적 가공무역·통과적 가공무역으로 구분할 수 있다.

2) 가득액이란 가공무역을 통하여 획득되는 加工賃을 말하는 것으로 이는 가공된 제품의 수출금액에서 이에 소요된 원료의 수입가격을 차감한 잔액이다. 이때 이러한 수출가액에 대한 가득액의 비율을 稼得率이라고 한다.

(1) 능동적 가공무역

능동적 가공무역(active processing trade)이란 원자재를 수입해서 이를 가공한 후 원자재 수입국에 다시 수출하는 거래를 의미한다. 이는 가공수출의 결과 원자재 수입국으로부터 초래된 결제대금 이상의 대금을 바로 그 국가로부터 회수한다는 의미에서 능동적이라는 용어가 붙여졌다.

(2) 통과적 가공무역

통과적 가공무역(transit processing trade)이란 원자재를 수입·가공하여 원자재 수입국 이외의 제 3국에 수출이 이루어지는 것을 의미한다. 통과적이라는 의미는 원자재가 가공국을 통과해서 타국으로 이동하기 때문에 붙여진 것이다.

(3) 수동적 가공무역

수동적 가공무역(passive processing trade)이란 능동적 가공무역의 반대방향에서 이루어지는 방식으로 원자재를 수출하는 국가가 외국에서 자국 원자재로 가공된 반제품이나 완제품을 수입하는 경우를 의미한다. 수동적이라는 용어는 이러한 거래방식으로 인해 원자재 수출국가가 초기의 수취대금보다 가공제품 수입에 따른 지급대금이 더 크게 되기 때문에 국제수지면에서 적자를 초래한다는 의미에서 해석될 수 있다.

2. 수·위탁가공무역

수탁가공무역(processing trade on indent)은 거래상대방의 위탁을 받아 원료의 일부 또는 전부를 수입하여 가공한 후, 그 거래당사자 또는 그가 지정하는 자에게 수출하고 계약조건에 따라 가공임·운임·보험료·창고료·이자 등의 가득액을 수취하는 거래이다.

수탁가공무역은 다시 그 원료를 수입할 때 유상으로 하느냐 무상으로 하느냐에 따라 유환수탁가공무역과 무환수탁가공무역으로 나누어진다.

유환수탁가공무역이란 원료 수입시 대금을 지불하고 들여와서 가공한 후 수출되는 제품의 대금을 수취하는 방식이고, 무환수탁가공무역이란 아무런 대금의 지불없이 원료를 들여와서 가공 수출하고 가득액에 해당되는 가공임만 받는 방식이다.

위탁가공무역이란 수탁가공무역과는 반대로 외국에 원료를 수출하여 가공시킨 후 계약조건에 따라 이를 수입하는 무역을 의미한다. 위탁가공역도 역시 원료의 대금지급 여부에 따라 무환과 유환방식으로 구분할 수 있다.

Ⅳ. 수·위탁 판매무역

수·위탁 판매무역이란 물품을 무상으로 수출 또는 수입한 다음 당해 물품이 판매된 한도 내에서 수출대금을 회수하거나 수입대금을 지급하는 조건으로 하는 판매무역 방식의 수출입을 의미한다. 수·위탁 판매무역은 크게 위탁판매수출과 수탁판매수입으로 구분할 수 있다.

위탁판매수출(위탁판매무역)이란 물품을 무상으로 외국업자에게 수출하여 판매를 위탁한 후, 당해 물품의 판매범위 내에서 수탁자(consignee)에게 일정 수수료를 지급하고 나머지 대금을 지급받는 방식을 의미한다. 위탁판매수출은 수출경험이 없거나 시장정보가 부족한 수출업자들이 효과적으로 새로운 시장을 개척하거나 또는 신제품의 수출에 유용한 무역방식이다.

수탁판매수입(수탁판매무역)은 위탁판매수출과는 반대의 방향에서 이루어지는 무역형태를 의미한다. 수탁판매수입은 수입업자(수탁자)가 거래상대방인 수출업자(위탁자)의 판매위탁을 받아 물품을 수입하여 국내에서 판매한 후, 판매대금을 위탁자에게 결제하고 일정수수료를 위탁자로부터 수취하는 형태의 무역을 말한다.

V. 연계무역

연계무역(counter trade)이란 주로 구상무역이라는 용어로 알려져 있는 수출입이 연계된 대외무역의 거래방식을 의미한다. 좀더 넓은 의미로는 현금 이외의 방법에 의해 대금지급이 이루어지는 거래방식을 총칭하여 사용한다. 연계무역은 다음과 같은 다섯 가지의 대표적인 형태가 존재하고 있다.

1. 물물교환

물물교환방식(barter trade)은 연계무역의 가장 기본적이고 초보적인 형태로서 수출입 업자간에 대금지급 혹은 화폐이전 없이 특정제품이나 용역을 직접 교환하는 거래를 의미한다. 따라서 이 방식은 화폐제도가 발달하지 못한 지역이나 시대, 국가의 해외 무역에 많이 사용되는 형태의 무역거래 방식이다.

2. 대응구매

대응구매(counter purchase)란 연계무역형태 중 가장 흔히 이용되는 거래방식으로서, 수출업자가 상품이나 플랜트를 수출하는 대신 수입업자로부터 수출금액의 일정비율에 해당하는 상품을 구매하는 거래형태를 의미한다. 대응구매 방식의 무역은 수출입업자 사이에 이루어지는 두 가지 종류의 별도계약으로 구성된다. 대응구매에서는 수출입자간의 두 가지 거래행위가 시차를 두고 이루어지고 대금지불도 달리 결제된다는 특징을 가진다. 물론 대응구매는 대금결제시 대응구매에 대한 의무를 제3국에 전가시킬 수 있다는 특징이 있다.

3. 구상무역

구상무역(compensation trade)은 수출입물품의 대금을 그에 상응되는 수입 또는 수출을 통해 상계하는 방식의 수출입거래로서, 실질적인 외화의 흐름이 없이 무역대금을 결제함으로써 대금결제를 용이하게 하는 동시에 양국 간의 수출입의 균형도 도모하게 되는 방식의 무역형태이다. 구상무역은 다시 대금결제 화폐의 개입이 있느냐 없느냐에 따라 무환구상무역과 유환구상무역으로 나누어진다.

무환구상무역은 국가간 화폐의 흐름이 없는 순수한 의미의 물물교환방식으로서 선수입에 대한 물품대금을 지급하지 않고, 이에 상응하는 물품을 후수출하거나 또는 선수출에 상응하는 물품을 후수입하는 방식으로 진행된다.

유환구상무역이란 수출과 수입의 대금을 실제로 지급하나 이 경우 특정의 수출과 수입을 서로 이행조건으로 전제함으로써 결과적으로 동액의 무역이 이루어지도록 하는 방식의 구상무역을 의미한다. 유환구상무역의 결제방식에 사용되는 신용장으로서는 동시개설신용장(back to back L/C), 기탁신용장(escrow L/C), 토마스신용장(tomas L/C) 등이 있다.

4. 제품환매

제품환매(buy-back)란 수출업자가 플랜트·장비와 같은 기계설비를 수출하고 이 설비에서 생산되는 제품을 다시 구매하는 형태의 무역을 의미한다. 이 방식에서는 수출입업자 사이에 기계설비계약과 제품계약의 두 가지 계약이 수반되어 성립되는데, 기계설비계약이 우선해서 이루어지는 것이 일반적이다.

제품환매방식은 과거 동유럽과 같이 외환사정이 좋지 않은 국가들과의 무역에서 많이 이용되었으나 최근에는 한국의 해외직접투자기업에서도 종종 나타나고 있는 계약 및 무역형태이다.

5. 상계(상쇄)무역

상계(상쇄)무역(offset trade)이란 수출국이 수출대가로 수출상품의 부품 혹은 일반제품을 수입국으로부터 구입하거나, 생산기술 혹은 경영 노하우 등을 수입국에 이전시켜 현지국에서 수출품의 일정분을 직접 생산토록 하는 방식의 무역을 의미한다.

Ⅵ. 기타 무역형태

전통적인 상품의 무역과는 다른 하나의 특수한 거래형태로서 기술수출, 해외건설수출, 산업설비수출, OEM과 ODM방식 수출, 각서무역(LT 무역), 녹다운방식 수출 등이 있다.

1. 기술수출

기술수출(export of techniques)이란 무역거래의 대상이 상품이 아니고 기술의 국제적 이전을 수출이라는 관점에서 본 개념이다. 외국기업과 기술제휴계약을 체결하고 특허권(patent license), 상표권(brand license), 의장권(design license), 또는 실용신안권(utility model license)과 같은 공업소유권이나 노하우(know-how)를 공급하고 로얄티(Royalty)등의 기술료를 받는다.

2. 해외건설수출

해외건설수출(construction exporting)이란 고속도로, 항만시설, 댐, 파이프라인, 통신시스템, 공업단지, 대규모의 주거시설 등과 같은 사회간접자본 내지 경제의 하부구조 등의 사업에 대한 기업의 해외진출형태로서 대부분이 토목공사중심의 건설사업이다.

3. 산업설비수출

산업설비수출(plant exporting)이란 각종 상품을 제조하기 위한 기계, 장치 등의 하드웨어와 그 설치에 필요한 엔지니어링, 노하우, 건설시공 등의 소프트웨어가 결합된 생산단위체의 종합수출을 말하며, 일반적으로 플랜트 수출이라고 불린다. 산업설비의 범위는 직접적인 생산활동을 영위하기 위한 화학, 석유정제, 제련, 자동차, 채광, 섬유공장 등의 협의의 산업설비와 댐, 교량, 도로, 항만시설 등 국토개발 플랜트 및 학교, 병원, 주택, 도시건설 등 사회플랜트까지 포함한 광의의 산업설비로 분류되고 있으며 우리가 흔히 플랜트라고 할 경우에는 협의의 플랜트를 말한다. 이러한 산업설비수출은 거래단위가 대규모로서 거액이며, 수출이행기간 및 수출대금회수기간이 오래 걸린다. 또한 연불수출금융이 일반적으로 이용되며, 수입국에 경제적 협력수단이 되는 지식집약적 수출이라고 할 수 있다.

4. OEM과 ODM방식 수출

OEM(original equipment manufacturing)방식수출이란 수입업자로부터 제품생산을 의뢰받아 제조한 상품에 수입업자가 지정하는 상표를 부착하여 인도하는 방식으로, 이를 주문자상표부착방식수출이라고도 한다. 이 방식은 수출국 입장에서 볼 때 적은 위험과 비용부담으로 수출을 확대할 수 있다는 장점이 있는 반면, 해외시장정보의 입수가 어렵고 수요변동에 따른 위험이 수출업자에게 전가될 가능성이 있다는 단점이 있다.

과거 한국의 경우 제품 혹은 상표이미지가 취약하기 때문에 주요 수출품목인 전자·신발·섬유 등 전반적인 수출산업들이 OEM방식에 의한 수출을 선호했던 적이 있다.

한편 ODM(original design manufacturing)방식수출이란 제조업자가 수입상에게 알맞은 제품을 개발·생산하여 수입상의 상표로 수입상에게 인도하는 방식의 제조업자 개발생산수출방식을 의미한다.

OEM과 ODM방식의 수출은 수출확대와 생산기술의 축적에는 용이한 방식이지만, 수출상품의 대외성과 달성과 수출시장의 개척에는 거의 성과를 거둘 수 없다는 단점을 갖고 있다.

5. 각서무역

각서무역(memorandum trade)이란 국교가 정상화되지 않은 국가들 사이에서 무역이 이루어질 때 각서를 교환하여 서로 준정부베이스에 입각한 혜택을 상호 인정하는 무역형태이다. 이러한 각서무역은 본래 1962년 11월 일본의 다카사키(高崎達之助)와 중국의 리오승지(承吉)가 일·중 종합무역에 관한 각서를 교환한데서 유래된것으로 리오승지의 L자와 다카사키의 T자를 따서 L.T.무역이라고 불리었으나, 1968년 3월부터 일·중 각서무역이라는 명칭으로 변경하여 현재의 각서무역이 되었다.

6. 녹다운방식수출

녹다운(knock-down)방식수출이란 완제품을 수출하는 것이 아니라 조립할 수 있는 설비와 능력을 가지고 있는 거래처에 대하여 상품을 부품이나 반제품으로 수출하고, 실수요지에서 제품으로 완성시키도록 하는 현지 조립방식의 수출을 말한다. 따라서 부품의 조달정도에 따라 완전녹다운 방식(complete knock-down method: CKD)과 반 녹다운 방식(semi knock-down method: CKD)으로 분류할 수 있다.

이 방식은 선진국의 자동차 등 기계류수출에서 흔히 볼 수 있는데, 이

방식에 의하면 완제품에 대한 수입제한이나 고율의 관세가 부과되는 것을 피해 상대국 시장에 침투할 수 있다는 이점이 있다.[3]

3) 장흥훈 · 장동식 · 이재은, 『전게서』, 2019, pp.28-37.

2 chapter

무역관리제도

무역실무에 대한 지식을 체계적으로 확보하기 위해서는 수출입 이행에 필요한 기본적인 무역 상식과 관련 국가의 무역관리제도를 파악한다는 것이 매우 중요하다.

본 장에서는 수출입을 이행하기 위해서 상식적으로 알고 있어야 할 우리나라의 무역관리제도와 무역관련 법규를 검토한다. 그리고 무역업의 창업과 경영, 인터넷 무역과 EDI에 대하여 분석한다.

제 1 절 우리나라의 무역관리제도

Ⅰ. 무역관리제도의 의의

무역관리(trade control)는 특정 목적의 달성을 위해 국민경제를 일정한 방향으로 규제하도록 수행되는 무역거래에 대한 국가의 간섭 또는 통제를 말한다.

비교생산비설의 국제분업원리에 의하면 무역은 거래당사자 쌍방에 이익을 주는 것이므로, 가능한 한 무역에 대하여 인위적인 간섭 내지 통제를 하지 않고 당사자의 자유에 맡겨두는 것이 가장 이상적이다.

그러나 문자 그대로의 자유무역(free trade)이라는 것은 세계 어느 국가에서도 찾아볼 수 없으며, 비록 정도의 차이는 있을지라도 모든 국가가 무역에 대하여 통제 내지 간섭을 하고 있다.

예컨대 물품을 수출하는 국가는 희소한 재화의 보존과 현실적 또는 잠재적인 적대국가에 전략물자를 통제한다는 이유로 규제하기도 하고, 수입국의 경우 국민의 보건, 외국환의 보유, 현실적 또는 잠재적 적대국가의 경제보복, 국제수지의 균형, 자국 산업의 보호, 재정수입 등의 이유로 수입을 제한하거나 규제하고 있는 것이다.

특히 우리나라는 국가 산업을 성장·발전시키고 필요한 외화를 획득하기 위해서뿐만 아니라, 경제규모의 확대와 국민생활 향상을 위한 무역의 역할이 지대하다고 할 수 있다. 따라서 우리나라도 수출입활동 및 외환거래는 국가의 관리 하에 운영되고 있다.

우리나라 대외무역법 제1조에는 「대외무역을 진흥하고 공정한 거래질서를 확립하여 국제수지의 균형과 통상의 확대를 도모함으로써 국민경제의 발전에 기여함을 목적으로 한다.」라고 규정하고 있다. 이러한 무역관리의 궁극적인 목적은 외화획득에 의한 국제수지의 확대균형과 그 외화자금의 효율적인 운용을 도모하기 위한 것이라 할 수 있다.

Ⅱ. 무역관계법규

우리나라의 보편적인 무역관계법규는 다음과 같이 구성된다.

첫째, 대외무역에 관한 일반법이며 기준법인 대외무역법이 있다.

둘째, 대외무역거래와 관계되는 법규로는 관세의 부과·징수 및 수출입물품의 통관을 적정하게 수행하여, 국민경제의 발전에 기여하고 관세수입의 확보를 위한 관세법이 있다.

셋째, 외국환거래 및 기타 대외거래의 자유를 보장하여 시장기능을 활성화하고, 대외거래 원활화 및 국제수지 균형과 통화가치 안정을 도모하여 국민경제의 건전한 발전에 이바지하기 위한 외국환거래법이 있다.

〈표 2-1〉 무역관계 3대 법규

대외무역법 (수출입총괄)	▪ 품목관리 : 수출입공고, 통합공고 등 ▪ 수출입승인: 행정기관 등에서 승인 및 요건확인 ▪ 거래형태 : 특정거래형태 인정
관세법 (물품 이동)	▪ 수출입 통관절차 ▪ 관세의 부과 및 징수, 관세환급
외국환거래법 (대금 이동)	▪ 외국환의 지급 및 영수 ▪ 외국환은행의 확인 또는 신고사항 ▪ 한국은행총재 또는 기재부장관의 허가사항

그리고 무역이나 그 밖의 대외거래와 관련하여 발생하는 위험을 담보하기 위한 무역보험제도를 효율적으로 운영함으로써 무역과 해외투자를 촉진하여 국가경쟁력을 강화하고 국민경제의 발전에 이바지함을 목적으로 하는 무역보험법, 상사중재에 관한 중재법, 수출용원자재에 대한 관세 등 환급에 관한 특례법 등 많은 관련법규가 있다.

그 밖에도 물품의 수출입에 관한 특별법으로 마약류 관리에 관한 법률, 약사법, 식품위생법, 검역법 등 30여종의 법률이 있다.

1. 대외무역법

대외무역에 관한 우리나라 헌법 제125조에 「국가는 대외무역을 육성하여 이를 규제 · 조정할 수 있다.」라고 규정하고 있다.

대외무역법은 무역관리에 관한 헌법이념에 따른 대외무역에 관한 기본법으로서 1986년 12월 31일에 제정 · 공포되어 1987년 7월 1일부터 시행되고 있다.

대외무역법은 대외무역에 관한 일반법이고 기준법으로서, 대외무역을 진흥하고 공정한 거래질서를 확립하여 국제수지의 균형과 통상의 확대를 도모함으로써 국민경제의 발전에 이바지함을 목적으로 하고 있다.

대외무역법은 현재 대외무역법에서 위임된 사항과 그 시행에 관하여 필요한 사항을 정하기 위한 대외무역법시행령이 대통령령으로 제정 · 공포되었다. 또한 대외무역법과 동 법 시행령에서 위임된 사항과 그 시행에 관하여 필요한 사항을 정함을 목적으로 하는 대외무역관리규정이 산업통상자원부 고시로 공포되어 시행되고 있다.

따라서 대외무역법령은 대외무역법, 동 법 시행령, 대외무역법 관리규정으로 체계를 갖추어 시행되고 있다.

현행 대외무역법의 주요내용은 ① 총칙 ② 통상의 진흥 ③ 수출입거래 ④ 수입에 의한 산업피해조사 ⑤ 수출입의 질서유지 ⑥ 수출입관련조합 ⑦ 보칙 ⑧ 벌칙 등으로 구성되어 있다.

2. 관세법

관세법은 관세의 부과 · 징수 및 수출입물품의 통관을 적정하게 하며 국민경제의 발전에 기여하고 관세수입의 확보를 기함을 목적으로 하고 있다.

관세법은 관세의 과세와 징수 및 통관의 규정을 핵심으로 한 제도로서 국제관세협력, 운송기관, 보세구역, 운송, 관세사, 관세공무원의 직권, 벌칙, 조사와 처분의 규정을 두고 있으며, 총칙과 부칙을 함께 두고 있다.

또한 관세법에는 별도로서 관세율표가 부속되어 있고 관세법에서 위임된 사항과 그 시행에 관하여 필요한 사항을 정하기 위한 관세법시행령과 동 법 시행령의 시행에 따른 관세법시행규칙이 제정 · 시행되고 있다.

3. 외국환거래법

종전의 외국환관리법은 외국환과 그 거래, 기타 대외거래를 관리하여 국제수지의 균형, 통화가치의 안정과 외화자금의 효율적인 운영을 목적으로 하였다.

따라서 외국환관리법은 외국환수급을 가격기구에만 의존하지 않고 정부에서 직접 또는 간접적인 통제방식에 의해 외국환의 수급을 조정 · 관리하여 자국 환율의 안정과 국제수지의 균형 달성을 도모하였다.

외국환거래법은 1961년에 제정되어 시행되어오던 외국환관리법이 폐지됨에 따라 이를 대신하여 1998년 9월 16일에 새로 제정되었다. 외국환거래법은 외국환거래 기타 대외거래의 자유를 보장하고, 외환시장기능을 활성화하여 대외거래의 원활화 및 국제수지의 균형과 통화가치의 안정을 도모함으로써 국민경제의 발전에 이바지하는 것을 목적으로 하고 있다.

외국환거래법의 주요 내용은 ① 총칙 ② 외국환업무 취급기관 ③ 외국환평형기금 ④ 지급과 거래 ⑤ 보칙 ⑥ 벌칙 등으로 구성되어 있다.

4. 기타 무역관계법

(1) 무역보험법

수출보험법은 수출무역, 기타 대외거래에서 발생하고, 통상의 보험으로는 구제하기 곤란한 위험으로 인한 재산상의 손실을 보상하는 보험제도를 확립함으로써 수출무역, 기타 대외거래의 진흥을 도모함을 목적으로 1968년 12월 31일 제정 · 공포되어 시행하고 있다. 2010년 4월에는 수입보험을 포괄하기 위하여 무역보험법으로 개정하였다. 현재 무역보험사업은 산업통상자원부가 관장하고 한국무역보험공사가 대행하고 있다.

(2) 중재법

중재법은 해당 당사자 간의 합의로 사법상의 분쟁을 법원의 판결에 의하지 아니하고 중재인의 판정에 의하여 신속하게 해결함을 목적으로 1966년 3월 16일 공포 · 시행되고 있다. 그 후 중재법은 국제적인 통일을 지향하고 있는 UNCITRAL모델법을 수용하여 2000년에 대폭 개정하였으며, 현행 중재법은 2016년 11월 30일에 개정되어 중재(仲裁)에 의하여 사법(私法)상의 분쟁을 적정 · 공평 · 신속하게 해결함을 목적으로 한다.

(3) 자유무역지역의 지정 및 운영에 관한 법률

수출자유지역설치법은 임해의 특정지역에 수출자유지역을 설치하여 외국인의 투자를 유치함으로써 수출의 진흥, 고용의 증대 및 기술의 향상을 기하여 국민경제의 발전에 기여함을 목적으로 1970년 1월 1일 제정 · 시행되었다. 그리고 2000년 자유무역지역의 지정 및 운영에 관한 법률로 변경되었다.

Ⅲ. 무역업 창업

1. 무역거래자의 요건

우리나라에서 수출 또는 수입을 업(業)으로 하고자 할 때에는 대외무역법에 의거하여 무역을 해야 한다. 1997년 3월 1일, "무역업등록제"가 "무역업신고제"로 전환되었고, 이러한 무역업신고제는 1999년 12월 31일까지 한시적으로 시행되었다. 특히 무역업등록제는 무역업의 등록을 할 수 있는 자의 자격, 갑류 · 을류무역업의 등록기준 및 등록절차 등을 규정했었다. 그러나 갑류 · 을류무역업의 분류는 현재 폐지되어 무역업으로 통합하여 사용하고 있다.

그 후 대외무역법(일부개정 2003. 9. 29, 법률 6977호) 제18조에 따라, 산업통상자원부장관은 물품 등의 수출입거래가 질서 있고 효율적으로 이루어질 수 있도록 전자문서교환체제 등 과학적 무역업무의 처리기반 구축을 위해 무역거래자에게 "무역업고유번호"를 부여하고 있다.

2. 무역업고유번호 신청 및 부여

우리나라에서 무역을 업으로 하고자 하는 자는 무역업고유번호를 한국무역협회장에게 신청해야 하며, 한국무역협회장은 신청서 접수 즉시 신청자에게 무역업고유번호를 부여하여야 한다[대외무역법, 대외무역법 시행령].

무역업고유번호는 소정양식의 신청서에 사업자등록증 사본을 첨부하여, 한국무역협회 본부나 지부 중 편리한 곳에서 신청할 수 있고, 신청과 함께 즉시 고유번호를 부여받는다.

그리고 무역거래자는 관세법 제241조 규정에 의한 수출(입)신고 시 무역업고유번호를 수출(입)자 상호명과 함께 기재하여야 한다.

무역업고유번호 신청 및 부여는 산업통상자원부 고시에 의해 2000년 1월 1일부터 시행되었다.

한편 산업통상자원부 고시 시행 이전에 대외무역법 제10조의 규정에 의하여 부여받은 무역업신고필증상의 무역업신고번호는 동 고시에 의해 부여받은 무역업고유번호로 간주하고 있다.

Ⅳ. 수출입공고제도

1. 수출입공고의 의의

수출입공고란 산업통상자원부장관이 공고하는 수출입 승인대상물품의 수량·금액·규격 및 수출지역과 수입지역 등의 한정, 물품의 수출·수입의 제한, 절차 등을 정하여 공고하는 것으로서, 수출입품목관리를 위한 기본 공고를 의미한다. 수출입공고는 수출입절차에서 제일 먼저 검토해야 할 기본적인 사항이다. 정도의 차이는 있지만, 오늘날 세계의 모든 국가들은 수출입거래를 직접·간접으로 정부가 규제·관리하고 있다.

대외무역법 이외의 법령에 의하여 물품의 수출 또는 수입요령을 정한 것이 있는 경우에는 산업통상자원부장관이 관계행정기관의 장으로부터 소관물품의 수출입 내용을 제출받아 그 수출입요령을 통합하여 공고하여야 한다. 여기서 통합공고란 산업통상자원부장관이 대외무역법 및 기타 관련법령으로 정한 관계행정기관 소관물품의 수출 또는 수입요령을 통합하여 공고하는 행위를 의미한다.

2. 수출입공고의 표시방법

수출입공고에서 수출입허용품목과 수출입금지품목을 표시하는 데에는 Positive List System과 Negative List System이 있다. 우리나라에서는 최초에는 수출입허용품목만을 표시하고 이에 표시되지 않은 품목은 수출입이 금지되는 방법인 Positive List System을 활용하였다. 그러나 우리나라가 1967년에 GATT에 가입하고 국내산업이 어느 정도 발달함에 따라 무역자유화의 필요성이 증가하여 현재에는 Negative List System으로 전환하여 실시하고 있다.

우리나라는 현행 수출입공고에서 수입금지품목은 개별법에서 규정하고 있으므로 수입금지품목은 한 품목도 게기되어 있지 않다.

(1) Positive List System

수출입공고에 수출입이 허용되는 수출입자동승인품목만을 표시하고, 여기에 표시되지 않은 품목은 원칙적으로 수출입이 제한 또는 금지되도록 하는 수출입공고 표시방법이다. 공업화가 부진한 개도국들의 경우에 국내유치산업을 보호하고 경제개발의 기틀을 강화할 목적으로 주로 시행한다.

(2) Negative List System

수출입공고에 수출 또는 수입의 제한 내지 금지품목만을 표시하고, 여기에 표시되지 않은 기타 품목은 수출 또는 수입이 허용되도록 하는 수출입공고의 품목표시방법이다. 국내산업이 어느 정도 외국과 경쟁체제를 갖춘 국가에서 주로 시행한다.

3. 품목분류방법

수출입공고상의 품목분류방법은 역사적으로 볼 때 SITC방식에서 시작하여 CCCN방식을 거쳐 HS방식으로 바뀌어 왔다. 이들의 분류체계에 대한 비교는 〈표 2-2〉와 같다.

〈표 2-2〉 SITC와 CCCN 및 HS분류체계 및 품목비교

SITC 분류방식	CCCN 분류방식	HS 분류방식
10 section 67 division 262 group 2,970 basic item 약 45,000개 품목 수록	21 section 99 chapter 1,011 heading 약 60,000개 품목 수록	21 section 97 chapter 1,224 heading 5,205 sub-heading으로 되어, 12,243품목을 수록

(1) SITC 분류방식

SITC(Standard International Trade Classification, 표준국제무역분류)는 무역상품을 분류하는 방법으로, 1950년 UN경제사회이사회에서 선포된 후 2007년에 4차 개정되어 오늘에 이르고 있다.

세계 각국의 국제기관 및 기구들이 무역자료에 대한 정확한 분석의 필요성이 증가함에 따라 SITC는 통계상의 무역상품분류의 통일을 위한 방법으로 이용되었다. SITC는 경제 분석과 상품별 무역자료의 국제적 비교를 용이하게 하는데 목적이 있다.

(2) CCCN 분류방식

CCCN(Customs Cooperation Council Nomenclature : 관세협력이사회 상품분류)방식은 1952년에 설립된 관세협력이사회(Customs Cooperation Council)가 관세행정의 능률화와 상품분류의 국제적 통일을 위하여 브뤼셀 관세품목표(Brussels Tariff Nomenclature: BTN)를 기초로 1995년 7월에 작성한 상품분류표이다.

CCCN은 1955년 11월 11일 관세협력이사회의 품목분류에 관한 협약(The Convention on Nomenclature for the Classification of Goods in Customs Tariffs)의 부속서로서 탄생하였으며, 1976년 6월 관세협력이사회 총회에서 CCCN으로 명칭을 바꾸어 사용하고 있다.

CCCN은 조직적인 분류체계를 갖추고 적용상의 분류통칙과 규제력을 가지는 주해(註解)가 있어, 최대한의 용이성과 정밀성 및 적용상의 정확을 기할 수 있다.

또한 분류항목 명칭의 구체적 표기와 분류항목별 적용범위에 대한 수출입 CCCN분류색인서를 제공하므로 정확한 분류를 할 수 있다.

(3) HS 분류방식

관세협력이사회에서는 종래의 상품분류체계인 SITC, CCCN, TSUSA(Tariff Schedule of the United States Annotated : 미국관세율표) 등

의 혼재된 사용이 다음의 문제를 초래한 것으로 평가했다.

① 공통된 시스템이 없어 자료상의 많은 오류를 야기 시켜 왔다.

② 통계의 신뢰성과 운임의 산정에 악영향을 주고 상품분류를 검증하고 정정하는데 시간과 비용이 많이 소요되었다.

③ 사용목적이나 국가에 따라 서로 다르게 운영되어, 이로 인해 보이지 않는 무역장벽이 형성되기도 하고, 경제 분석에 있어서도 국제적으로 객관적 비교가 어려운 실정이었다.

이러한 점들을 감안하여 관세협력이사회에서 CCCN을 골격으로 한 새로운 국제통일상품분류체계인 국제통일상품명 및 코딩시스템(The Harmonized Commodity Description and Coding System)을 만들었는데, 이를 통상 Harmonized System(조화제도, HS)이라고 한다.

그동안 미국 등 CCCN방식을 채택하지 않는 국가와 CCCN방식을 채택하고 있는 국가간에는 무역교섭을 위한 공통의 상품분류기반이 없어 수출입통계 등에 비교적 많은 시간과 노력이 필요하게 되었으며, 무역구조의 변화와 과학기술의 발달에 부응하여 관세 · 보험 · 운송 등에 공통된 상품품목분류의 필요성이 대두되었다. 이에 따라 새롭게 만들어진 HS분류방식은 CCCN에 비하여 무역통계의 수집 · 비교 · 분석을 용이하게 하고 국제교섭에 필요한 정확하고 비교 가능한 데이터 수집을 가능하게 하여 원활한 국제무역을 증진시킬 수 있다고 인정되고 있다. 현재 우리나라는 1988년 1월 1일부터 한국통일상품분류방식(HSK)을 제정하여 상품분류코드를 세계공통의 6단위와 국내분류 4단위를 합하여 모두 10단위로 대상품목을 분류하고 있다.

4. 수출입품목의 구분

(1) 수출입금지품목

수출입금지품목은 수출입공고에 의거하여 수출입을 할 수 없는 품목이다. 국내공급량이 부족한 생활필수품의 수출이나 국내생산이 가능한 불요불급(不要不急) 또는 사치성 물품의 수입은 금지해야 한다는 취지에서 수출입금지품목이 규정되어 있다. 그런데 우리나라 현행 수출입공고에는 원칙적으로 수출입금지품목은 한 품목도 없다.

(2) 수출입자동승인품목

수출입공고에서 수출입제한승인품목에 게재되지 아니한 품목을 수출입자동승인품목이라 하며, 자유로이 수출입을 할 수 있다.

한편 수입자동승인품목에도 수입감시품목이 있으며, 이들 품목은 국내산업에 저해되는 경우에는 수입을 제한할 수 있다.

(3) 수출입제한승인품목

수출입제한승인품목은 일정한 제한조치에 따라 수출입이 가능한 품목인데, 제한조치의 표기방법은 다음과 같이 2가지로 구분된다. 즉, ① […에 한함] 또는 […에 의함]으로 제한 조치된 품목은 그 제한조치에 합당한 것에 한하여 수출입이 허용되며, 그 외의 것은 수출입이 허용되지 않는다. ② […은 제외함]이라고 제한 조치된 품목은 그 제한조치에 해당하는 것에 한해서는 수출입이 금지되며, 그 외의 것은 수출입이 허용된다.[1)]

Ⅴ. 원산지제도

1. 원산지제도의 개요

원산지(origin of goods)는 특정 물품이 성장하거나 생산, 제조 또는 가공된 지역이나 국가 또는 물품의 국적을 의미하는 것으로서, 자본의 투자국, 디자인 수행국, 기술의 제공국, 상표의 소유국 등과는 다른 개념이다. 원산지는 수입국이 원산지를 판정할 필요가 있을 때 특정 물품의

1) 장흥훈 · 장동식 · 이재은, 『무역개론』, 청목출판사, 2019, pp. 362-372.

생산, 제조국을 결정하기 위해 필요하며, 또한 소비자에게 정확한 원산지 정보를 알려줌으로써 소비자가 원하는 상품을 선택할 수 있도록 활용되고 있다. 원산지제도는 수출입물품의 원산지규정(원산지의 판정과 확인) 및 원산지표시에 관한 제반 규율체계를 말하며, 우리나라는 1991년 7월 1일부터 대외무역법에 도입되어 시행되고 있다. 즉 수출입물품의 원산지가 어느 국가인지를 판정 · 확인 · 표시하는 제도를 말하며, 원산지 규정과 원산지표시제도로 구분된다.

(1) 원산지 규정

원산지 규정(rules of origin)은 원산지 국가를 결정하기 위한 법령이나 행정 규칙인데 물품의 원산지 판정방법 및 확인 절차에 관한 규정을 다루고 있다.

우리나라의 경우 원산지 규정은 적용목적에 따라 ① 「대외무역법」에 따른 비특혜 원산지 규정과 ② 「관세법」에 따른 특혜 원산지 규정으로 나누고 있다.

특혜 원산지 규정(preferential rules of origin)은 관세동맹, 자유무역협정(FTA) 체결에 따라 역내 국가가 원산지인 물품이나 일반특혜관세제도(GSP)에 의해 특정 개발도상국이 원산지인 물품에 대해 쌍방 또는 일방적으로 관세 상의 특혜를 부여하는 경우에 적용된다. FTA의 경우 원산지 기준이 이에 해당한다.

비특혜 원산지 규정(non-preferential rules of origin)은 특혜 원산지 규정 이외의 원산지 규정을 의미하는 것으로 관세 상의 특혜목적이 아닌 관세 행정 또는 무역정책상 원산지를 확인할 필요가 있는 경우에 적용된다. 덤핑방지관세, 상계관세 부과를 위한 원산지 확인, 긴급수입제한조치를 위한 규제, 소비자 보호를 위한 원산지 표시규정, 환경보전 및 국민보건을 위한 검역목적의 원산지 규정 등이 해당되며, 대표적인 것이 WTO통일 원산지 규정이다.

(2) 원산지 표시제도

원산지 판정은 원산지 판정기준에 의해 물품의 원산지가 어디인지를 판정하는 것이며, 원산지 확인제도는 통관단계에서 신고한 원산지가 맞는지를 확인하여 특정 물품의 수입지역을 제한하거나 원산지허위표시 등을 방지하기 위해 무역정책적인 측면에서 시행되고 있다. 원산지표시는 특정물품의 원산지를 해당 물품에 표시하는 제도를 말하며, 대내적으로는 국내소비자를 보호하고 유통거래질서를 확립하여 불공정 수출입행위를 근절하고, 대외적으로는 관세의 양허, 수입수량의 제한, 우회수입을 포함한 특정지역에 대한 수입관리 등 무역정책의 실효성을 확보하는데 그 목적을 두고 있다.

2. 원산지 표시 방법

(1) 대상물품

원산지 표시 대상물품은 주무장관이 공정한 거래질서의 확립과 생산자 및 소비자를 보호하기 위하여 원산지를 표시하도록 공고한 물품을 말하며, 원산지 표시 대상물품을 수출 또는 수입하려는 자는 반드시 원산지 표시를 하여야 한다. 일반 소비자가 직접 구매 사용하는 수입 물품으로서 HS 4단위를 기준으로 원산지 표시를 한다. 원산지 표시는 원칙적으로 당해 수입 물품 및 재사용이 가능한 포장용품 또는 수입품과 구분판매가 가능한 부속품 및 부분품 등 부장품에도 표시하여야 한다.

(2) 원산지표시방법의 일반원칙

① 한글 · 한문 또는 영문으로 표시하여야 한다.

② 최종 구매자가 용이하게 판독할 수 있는 활자체로 표시하여야 한다.

③ 식별하기 쉬운 위치에 표시하여야 한다.

④ 표시된 원산지가 쉽게 지워지지 않거나 떨어지지 아니하는 방법으

로 표시하여야 한다.

⑤ 수입 물품의 원산지는 제조단계에서 인쇄, 등사, 낙인, 주조, 식각, 박음질 또는 이와 유사한 방법으로 원산지를 표시하는 것을 원칙으로 한다.

⑥ 최종 구매자가 수입물품의 원산지를 오인할 우려가 없는 경우에는 통상적으로 널리 사용되고 있는 국가명이나 지역명을 원산지로 사용할 수 있다.

⑦ 「품질경영 및 공산품안전관리법」, 「식품위생법」 등 다른 법령에서 원산지 표시방법을 정하고 있는 경우에는 이를 적용할 수 있다.

(3) 수출입물품의 포장·용기 등의 원산지 표시방법

원산지 표시는 당해 수입물품의 현품에 표시하는 것이 원칙이나 물품 자체에 표시하기 곤란한 물품은 당해 물품의 포장, 용기 등에 수입 물품의 원산지 표시를 다음과 같이 할 수 있다.

① 당해 물품에 원산지를 표시하는 것이 불가능한 경우(예: 냉동 옥수수, 밀가루 등)

② 원산지 표시로 인하여 당해 물품이 크게 훼손되는 경우(예: 당구공, 콘택트렌즈, 포장하지 않는 직접회로 등)

③ 원산지 표시로 인하여 당해 물품의 가치가 실질적으로 저하되는 경우

④ 원산지의 표시 비용이 당해 물품의 수입을 막을 정도로 과도한 경우(물품 값보다 표시비용이 더 많이 드는 경우 등)

⑤ 상거래 관행 상 최종 구매자에게 포장 · 용기에 봉인되어 판매되는 물품 또는 봉인되지는 않았으나 포장 · 용기를 뜯지 않고 판매되는 물품(예: 비누, 칫솔, 건축용 내장재, VIDEO TAPE, 일회용 종이 또는 알루미늄 그릇 등)

⑥ 실질적 변형을 일으키는 제조 공정에 투입되는 부품 및 원재료를 수입 후 실수요자에게 직접 공급하는 경우

⑦ 물품의 외관상 원산지의 오인 가능성이 적은 경우(오렌지, 바나나 등의 과일이나 채소 등)

⑧ 관세청장이 산업통상자원부장관과 협의하여 타당하다고 인정하는 물품

3. 원산지 확인제도

원산지확인은 통합공고에 의한 수입제한물품, 원산지표시 위반물품 등을 단속하기 위하여 원산지증명서 등의 관련 자료를 제출받는 것을 말한다.

(1) 대상물품

원산지 확인대상 물품은 ① 통합공고에 의해 특정 지역에서 수입이 제한되는 품목, ② 원산지 허위표시, 오인, 혼동표시 등을 확인하기 위해 세관장이 필요하다고 인정하는 물품, ③ 기타 법령에 의하여 원산지 확인이 필요한 물품이다. 이러한 물품을 수입하는 자는 수입신고 전까지 원산지증명서(certificate of origin) 등 관련 자료를 제출하고 확인을 받아야 한다.

(2) 원산지증명서의 제출 및 면제

관세법이나 국제조약, 협정에 따라 원산지 확인이 필요한 물품을 수입하는 자는 해당 물품의 원산지를 증명하는 원산지증명서(C/O)를 세관에 제출하여야 한다. 다만, 과세가격이 15만원 이하인 물품, 우편물, 개인에게 무상으로 송부되는 탁송품·별송품 또는 여행자의 휴대품, 재수출조건부 면세대상물품, 보세운송이나 환적 등에 의하여 단순히 경유하는 통과물품, 물품의 종류나 성질·형상 또는 상표·생산국명·제조자 등에 의하여 원산지가 인정되는 물품, 기타 관세청장이나 주무장관이 인정하는 물품 등은 원산지증명서의 제출을 예외로 하고 있다.

(3) 원산지 증명서의 발급

원산지증명서는 물품의 원산지를 증명하는 서류이다. 주로 수입국 세관에 특혜세율을 주장하기 위해 제출하는 증명서이다. 일반적으로 발급주체에 따라 기관발급(세관, 대한상공회의소) 원산지증명서와 자율발급 원산지증명서로 나눌 수 있는데, 현재 우리나라는 협정별로 상이한 기준을 적용하고 있다.

(4) 원산지 확인과 직접운송원칙

원산지증명서(c/o)에 의한 원산지 인정은 해당 원산국에서 직접 우리나라로 운송, 반입된 물품에 한하여 적용하며, 제3국을 경유한 경우에는 이를 입증할 수 있는 별도의 서류를 제출하여 확인받아야 한다. 즉 원산지 결정기준에 따라 원산지로 결정된 경우에도 당해 물품이 수출국에서 수입국으로 직접 이동해야 한다는 것을 「직접운송원칙」이라고 한다.

당해 물품이 생산, 가공 또는 제조된 이후에 원산지가 아닌 국가를 경유하여 운송되거나 원산지가 아닌 국가에서 선적된 경우에는 그 물품의 원산지로 인정하지 않는다. 즉, 직접운송원칙 요건을 충족하지 못하는 경우 특혜세율을 적용받지 못하고 일반세율이 적용된다.

다만, ① 지리적 또는 운송 상의 이유로 비원산국의 보세구역 등에서 세관감시 하에 환적 또는 일시장치가 이루어진 물품의 경우와 ② 박람회, 전시회 기타 이에 준하는 행사에 전시하기 위하여 비원산국으로 수출하였던 물품으로서 해당 물품이 전시 목적에 사용된 후 우리나라로 수출된 물품의 경우에는 우리나라로 직접 운송된 것으로 보며, 관세청장이 정하는 서류를 원산지증명서와 함께 세관장에게 제출하여야 한다.

4. 원산지 판정기준

무역거래에서 물품에 대한 관세는 원산지 규정의 충족 여부에 따라 적용세율이 달라지기 때문에, 원산지 결정이 중요한 요소로 작용된다. 원산지 판정기준이란, 물품의 원산지 결정에 적용되는 판단 기준으로 크게 완전생산기준(wholly produced criterion)과 실질적 변형기준(substantial transformation criterion)으로 구분할 수 있다.

(1) 완전생산기준

완전생산기준(wholly produced criterion)이란 농수산물, 광물 등과 같이 가공이 필요 없이 모든 생산, 가공, 제조활동이 한 국가에서만 전부 이루어진 물품이라고 할 수 있는 경우 그 국가를 원산지로 간주하는 기준이다. 다만, 해외 위탁 가공 물품은 원부자재의 공급 여부와 상관없이 당해 물품의 실질적 변형을 일으키는 가공국(제3국)이 원산지가 된다.

즉 다음과 같이 당해 물품의 전부가 하나의 국가에서 채취되거나 또는 생산된 물품의 경우에 적용된다고 할 수 있다.

① 당해국의 영역에서 생산한 광산물, 농산물 및 식물성 생산물

② 당해국의 영역에서 번식, 사육한 산동물과 이들로부터 채취한 물품

③ 당해국의 영역에서 수렵, 어로로 체포한 물품

④ 당해국의 선박에 의하여 채집 또는 포획한 어획물, 기타의 물품

⑤ 당해국에서 제조, 가공의 공정 중에 발생한 잔여물

⑥ 당해국 또는 당해국의 선박에서 ①부터 ⑤까지의 물품을 원재료로 하여 제조, 가공한 물품

(2) 실질적 변형기준

실질적 변형기준(substantial transformation criterion)은 물품이 2개국 이상에 걸쳐 생산된 경우 해당 물품이 실질적으로 변화되는 생산 공정을 최종적으로 행한 국가를 원산지로 간주하는 것을 말한다. 즉, 어떤 동물의 출생국과 사육국이 다른 경우, 또는 여러 나라의 부품을 사용하여 생산한 경우와 같이 생산에 2개국 이상이 관여된 경우에는 단순한 가공활동을 수행하는 국가를 원산지로 보는 것이 아니라 실질적 변형기

준을 적용하여 원산지를 결정한다. 이 기준은 보다 구체적이고 집행을 용이하도록 세번변경기준(change tariff classification criterion), 부가가치기준(value of added criterion), 가공공정기준(processing operation criterion) 및 결합기준 등으로 운영되고 있다.

1) 세번변경기준

세번변경기준(change of tariff classification criterion)은 제조, 가공과정에 사용된 원재료(materials)의 세 번과 상이한 세번(HS 6단위기준)의 완제품(goods)을 생산한 국가를 원산지로 보는 기준이다. 이 기준은 세 번의 실질적 변형을 반영할 수 있는 세 번 분류체계를 사용할 것을 전제로 하고 있으며, HS제도는 대부분 물품의 가공도 순서에 따라 배열하고 있으므로 세 번의 변경이 실질적인 변형(형태, 성분, 성질, 용도 등)을 반영할 수 있다.

2) 부가가치기준

부가가치기준(value added criterion)은 당해 물품의 제조, 생산 또는 가공과정에서 일정 비율 이상의 부가가치를 창출하는 국가를 원산지로 간주하는 방법이다. 이 방법은 세 번 변경이 실질적 변형을 반영하지 못하는 경우 또는 주요부품이나 주요공정을 특정하기 어려운 경우에 주로 사용된다.

3) 가공공정기준

가공공정기준(processing operation criterion)은 부가가치 적용품목이 35% 이상 생산한 국가가 하나도 없거나 35% 이상을 생산한 국가가 2개국 이상인 경우에 '주요 부품'을 생산한 국가 또는 '주요 공정'이 이루어진 국가를 원산지로 인정하는 기준으로서 부가가치기준을 보완하는 것이다. 즉 가장 객관적인 기준으로 제조, 공정 중에 특정 공정을 수행하거나 특정 부품을 사용한 국가를 원산지로 인정하는 기준이다. 예를 들면, 커피의 경우에는 로스팅(roasting)을 수행한 국가를 원산지로 간주하며, TV의 경우에는 브라운관(CRT)을 생산한 국가를 원산지로 간주한다. 가공공정기준은 주로 석유제품, 화학제품, 플라스틱 및 섬유제품 등에 적용되는데 실제로 그 공정을 거쳐 생산하였다는 증빙자료가 뒷받침되어야 하므로 공정을 수행할 수 있는 시설 목록 및 생산일지 등이 뒷받침되어야 한다.

4) 결합기준

결합기준은 이상에서 설명한 세번변경기준, 부가가치기준 및 가공공정기준 등이 결합되어 사용되는 경우를 말한다. 예를 들면, 인도와의 자유무역협정의 경우에는 주요 품목별 원산지 결정기준은 세 번 변경기준과 부가가치기준을 동시에 충족하여야 원산지 지위를 얻을 수 있도록 규정하고 있다.

제 2 절 전자무역과 uTradeHub

Ⅰ. 전자무역의 개념

1. 전자무역의 의의

전자무역(electronic trade : e-trade)이란 물품과 용역 또는 전자적 형태의 무체물의 수출입을 위한 무역절차의 일부 또는 전부가 정보처리시스템에 의해 전자적 형태로 작성, 송수신 또는 저장되는 정보인 '전자무역문서'로 처리되는 거래를 말한다. 전자무역은 전자통관과 혼돈되는 경우가 많은데, 전자통관이란 수출입 통관, 밀수 방지 등의 업무를 담당하는 관세청의 관세행정(수출통관, 수입통관, 조사 및 감시, 위험관리, 분석 및 통계, 징수 등)을 전자적으로 처리하는 정보시스템을 말하며, 전자무역 플랫폼과는 보통 연계되어 운영된다.

전자통관은 일반적으로 전자무역보다 협의의 개념이며, 직접적으로 수출입 통관 절차에 대한 규제권을 가진 관세청의 업무이고 대부분의 수출입 통관이 관세사(Customs Broker)에 의해 대행되어 일반인들은 전자무역과 전자통관을 동일시하거나 업무 범위에 대해 혼돈하는 경향이 있다. 아울러 관세청이라는 공공부문 행위의 주체가 단정되어 있는 전자통관에 비해 전자무역은 무역을 주관하는 부처(한국은 산업통상자원부) 외에 중앙은행, 은행 간 결제 조직(한국은 금융결제원), 수출입요건확인기관, 상공회의소(원산지 증명 외 각종 증명) 등의 공공기관 및 협회 외에 은행 등의 민간부분 등 다자가 관여되어 하나의 행위 주체로 단정할 수 없다. 이러한 이유로, 전자무역은 그 개념의 광의성으로 인해 명확한 실체를 제공하는데 어려움이 있다. 무역자동화는 수출입에 관련된 각종 행정 및 상거래 서식을 당사자의 합의에 따라 컴퓨터가 읽을 수 있는 전자문서의 형태로 전환하여, 통신망을 통해 컴퓨터로 주고받음으로써 이른바 종이서류 없는 무역절차(paperless trade)를 실현하는 과정이다.

2. 전자무역과 유사한 개념

전자무역과 유사한 개념으로는 전자상거래, e-Business, 무역자동화, 사이버 무역, 인터넷 무역 등을 들 수 있다. 전자상거래는 컴퓨터와 네트워크 등의 전자적 매체를 통한 상품거래를 말하며 이에 대해서 WTO와 OECD는 다음과 같이 정의하고 있다.

"the production, distribution, marketing, sale or delivery of goods and services by electronic means. An e Commerce transaction can be between enterprises, households, individuals, governments and other public or private organizations.(WTO)

"...the sale or purchase of goods or services, conducted over computer networks by methods specifically designed for the purpose of receiving or placing of orders". Payment and delivery do not have to be conducted online.(OECD)

e-Business는 물품과 서비스의 매매 거래뿐만 아니라 고객에 대한 서비스, 다른 비즈니스 상대방과의 협의, 조직 내에서의 전자적 업무 처리를 포함하는 개념으로 전자상거래보다 광의의 개념으로 해석된다. 인터넷 무역은 무역 업무가 인터넷을 통해 진행된다는 면에서 정보의 유통 경로로서의 인터넷을 강조한 용어로 전통적 무역에 대한 상대적 개념으로 이해하기에는 한계가 있다.

무역자동화는 전자무역 초기에 우리나라 실무현장에서 사용되었던 용어로서 무역업자와 무역유관기관이 대외무역법 및 대통령령이 정하는 법령, 당사자 간 계약에서 정한 무역 업무를 전자문서교환방식으로 행하는 것을 말한다. 이는 전자무역이 필연적으로 수반하는 효율성 극대화를 위한 업무절차의 재설계와 개선 없이 오프라인 절차를 온라인으로 그대로 옮겨서 기존 종이 문서로 이루어지는 절차 대신 전자문서로 대체하는 개념이 강했다. 현재 이 용어는 잘 사용되지 않고 있다. 현재 가장 많이 사용되고 있는 Internet Trade, E-Commerce, e-Business의 관계는 [그림 2-1]과 같다.

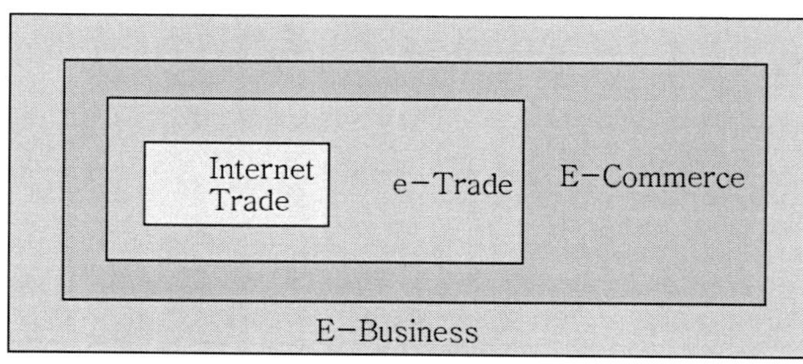

[그림 2-1] Internet Trade, E-Commerce, e-Business, Digital Economy의 범위

Ⅱ. 전자무역의 거래과정과 특징

1. 전자무역의 거래과정

무역거래는 크게 마케팅, 상담 및 계약체결 등 의사교환과정, 대금결제과정 및 물류운송과정 등으로 구분할 수 있다. 먼저, 마케팅활동은 시장이나 제품, 바이어에 대한 정보수집 활동과 기업과 제품을 홍보·마케팅하는 과정을 말한다. 이러한 마케팅활동을 통하여 발굴된 바이어와의 거래조건 협의와 각종 행정절차를 밟기 위한 의사교환을 통하여 무역계약을 체결한다. 그리고 계약을 이행하기 위해 계약물품을 수입업자에게 보내는 운송·물류과정과 수출업자와 수입업자간에 물품공급에 대한 대가로서 대금을 결제하는 대금결제과정으로 크게 구분할 수 있다.

전자무역의 경우 기존의 국제무역거래와 비교할 때 거래절차상에서는 별다른 차이가 없으나 거래수단이나 방법에는 큰 차이가 있다. 먼저 거래처를 발굴하거나 홍보·마케팅방법과 상담 및 계약체결을 위한 의사교환방식은 기존의 우편이나 팩스 등 전통적인 방식보다는 EDI, e-mail, 등 전자적인 수단과 방법을 활용하며, 물품의 운송·물류 과정에서도 물류정보시스템이 활용되고 있다. 또한 대금결제방식에 있어서도 전자신용장(e-L/C)이나 전자화폐 등의 전자적 결제수단이 이용된다.

즉, 수출업자의 경우 온라인상의 웹 사이트나 거래알선사이트, e-마켓플레이스 등을 통해 자사 제품과 서비스에 대한 홍보·마케팅을 할 수 있을 뿐만 아니라 국내 및 해외의 신제품이나 거래처에 대한 정보를 신속하게 입수할 수 있다. 또한 e-메일이나 SNS 등을 이용하여 훨씬 저렴하고 효율적으로 거래상담과 계약체결을 할 수 있다. 아울러 상품의 주문이나 대금결제 등도 온라인을 통하여 할 수 있으며, 화물의 흐름도 온라인을 통해 즉시 파악할 수 있다. 이에 따라 국내시장과 해외시장의 구별은 의미가 없어지고, 정보의 흐름과 물류의 분리로 신속한 무역업무

처리가 가능해지면서, 전자무역에서의 거래대상품목이 소프트제품 중심에서 하드제품으로 거래범위가 점차 확산되고 있다.

유통망 등의 판매능력과 자금력을 갖춘 기존의 무역 중개상과는 달리 전문적으로 무역정보를 수집·분석·가공하여 판매자와 구매자를 연결시켜 주는 새로운 형태의 무역중개상 내지 해외구매대행업이 각광을 받고 있다. 또한 장기적으로는 지능형 에이전트(Intelligent Agent)가 이러한 거래알선을 보다 효과적으로 처리하게 될 것으로 예상된다. 따라서 향후에는 상품이나 서비스의 개발단계에서부터 온라인을 활용한 전세계를 대상으로 한 광고 및 마케팅을 염두에 두어야 하며, 이와 더불어 온라인을 통한 거래에 적합한 신제품의 개발과 함께 효과적인 주문처리, 고객관리 및 대금결제 등을 위한 내부 체제를 갖추는 것이 필요하다.

2. 전자무역의 특징

전자무역은 국가 간에 이루어지는 전자상거래로써 그 특징을 살펴보면 다음과 같다.

(1) 시간적공간적 한계극복

정보통신기술의 발달은 기존 무역거래 프로세스를 근본적으로 변화시키고 있다. 특히 무역거래에서 인터넷과 소셜 미디어 등 전자적 매체를 활용함으로써 시간과 공간상의 제약 없이 전세계를 대상으로 저렴한 비용으로 실시간 양방향의 마케팅, 주문처리, 대금결제, 고객지원 등을 네트워크를 통해 거래를 수행한다.

(2) 글로벌 시장의 단일화

인터넷은 국가 간 장벽이나 지리적 제한이 존재하지 않는 글로벌 네트워크(global network)이다. 따라서 인터넷이라는 거대한 인프라에 의해 이제까지 국가별로 독립적으로 운영되던 시장이 단일시장으로 통합되고 있다. 인터넷상의 사이버 마켓(cyber market)을 통한 글로벌 시장을 대상으로 거래를 수행할 수 있게 됨에 따라 초우량 대기업이나 초대형 다국적 기업에 못지않게 일반 중소기업도 글로벌 기업으로 발돋움할 수 있는 기회를 제공하고 있다. 따라서 글로벌 시장의 진입장벽이 약화됨에 따라 기업활동의 무대를 전세계로 넓히는 좋은 수단이 되고 있다.

(3) 가격의 단일화

소비자들은 자신이 원하는 기업이나 제품에 대한 정보를 검색엔진(search engine)을 통하여 빠르고 쉽게 탐색할 수 있다. 이에 따라 전세계 시장에 공급되는 상품에 대해 탐색한 정보를 활용하여 제품을 구매하게 됨으로써 기업과 소비자들 간에는 철저한 시장 원리가 적용되어 가장 경제적이고 합리적인 기준에 의한 거래가 이루어지게 된다. 따라서 온라인 마켓에서는 가격구조가 평준화되고, 제품차별화가 이루어지는 등 경쟁이 치열하게 전개될 것이다. 또한 온라인 마켓에서는 유통비용의 절감으로 제품이나 서비스에 대한 전반적인 가격 인하가 이루어질 수 있다.

(4) 글로벌 마케팅

기존 무역거래의 경우에는 전세계 시장을 상대로 광고 및 마케팅을 수행하는 데 막대한 비용이 소요되어 극소수의 글로벌 기업만 가능하였다. 그러나 인터넷을 이용할 경우에는 모든 기업들이 온라인상에서 문자와 그림은 물론, 음성과 동영상 등 보다 다양하고 효과적인 표현방법으로 글로벌 시장을 대상으로 기업과 제품을 홍보·마케팅할 수 있게 되었다. 따라서 온라인상에서 적극적이고 능동적으로 직접 오퍼 등록 및 오퍼 검색을 통한 즉각적이고 지속적인 마케팅과 제품 판매가 가능하다.

(5) 중소기업에 성장기회 제공

온라인을 이용하여 거래가 이루어질 경우, 기업의 규모보다는 소비자의 욕구를 얼마만큼 충실하게 반영할 수 있느냐에 달려 있다. 따라서 좋은 제품, 서비스 능력과 창의적이고 진취적인 자세를 가지고 있다면 중소기업에도 성장의 가능성은 열려 있다. 또한 현지 지사 등 해외거점이 없더라도 해외시장 개척이 가능하므로 시장을 확대시킬 수 있다.

(6) 효율적인 거래처 발굴

기존에는 거래처 발굴을 위해서는 거래알선기관에 찾아가 정보를 얻거나 각국에서 발행하는 무역업체 총람, 제조업체 총람, 기업 연감 등의 디렉토리를 찾아보거나, 해외로 배포되는 인쇄매체나 현지의 광고매체를 이용하였다. 또한 무역협회 등에서 주관하는 해외시장 개척단 또는 국제박람회나 전시회 등에 참가하여 거래처를 발굴해 왔다.

그러나 전자무역에서는 각국의 정부와 무역유관기관 그리고 개별기업들의 웹 사이트나 전자무역 e-마켓플레이스 등에서 기업 및 상품과 관련된 수 많은 정보들을 손쉽게 찾아 볼 수 있어 거래처를 발굴하는데 매우 효과적이다.

(7) 시간과 비용절감

전자무역을 수행하는 수출업자의 경우 판매상품에 대한 정보를 별도의 홍보책자나 종이 카탈로그 대신 전자카탈로그를 웹 사이트나 e-마켓플레이스에 바로 게시할 수 있기 때문에 이에 따른 제품 홍보비용을 대폭 절감할 수 있다. 또한 수입업자의 경우에도 인터넷상에서 다양한 상품정보를 경제적이고 효율적으로 얻을 수 있어 제품탐색에 필요한 시간과 비용을 절약할 수 있다.

한편, 판매자와 구매자간의 상담이나 제품에 대한 정보의 취득, 거래계약협상을 위한 각종 서류의 교환에 따른 비용도 인터넷 등을 이용함으로써 대폭 절감할 수 있다.

(8) 전자대금결제시스템의 활용

전자무역에서의 대금결제는 지금까지 가장 일반적으로 이용되고 있는 신용장 (letter of credit : L/C)방식의 경우 전자신용장(electronic letter of credit : e-L/C)으로 전환되고 있으며, 다양한 전자대금결제시스템을 활용할 수 있다.

(9) 국제 물류정보시스템의 도입

주문과 동시에 상품을 공급받고자 하는 소비자들이 욕구에 맞춰 현지 생산, 현지 보관, 현지 배달이라는 상품 배송시스템과 함께 지능형 수송시스템이 구축되어 갈 것이며, 이를 위한 국제 물류정보시스템의 도입 및 활용이 활발하게 이루어지고 있다.

Ⅲ. 전자무역의 발전과 무역환경의 변화

1. 전자무역의 발전과정

(1) 1980년대

전자무역은 1980년대 UN 주도하의 무역절차 간소화, 전자문서 표준화(UN/EDIFACT) 등을 통해 1990년대 초에는 무역계약 이후의 정형화된 무역절차를 전자문서교환방식(electronic data interchange: EDI)으로 처리하는 무역업무자동화가 추진되었다. 1980년대 말에서 1990년대 초중반에는 무역계약 체결 이후의 거래에서 발생하는 서류 중심의 무역절차를 전자적으로 처리하기 위해 EDI방식의 폐쇄형 무역업무 자동화 시스템 구축이 활발하게 추진되어 활용되었다.

(2) 1990년대

1990년대 중반 이후에는 인터넷의 이용이 급속하게 확산되면서 인터넷상의 전자무역거래알선사이트 내지 무역 e-마켓플레이스를 구축하여 활용하게 되었다. 따라서 전자무역은 이들 전자무역거래알선사이트 내지 무역 e-마켓플레이스를 중심으로 무역계약체결 이전까지의 홍보・마케팅활동을 활발하게 수행하게 되었다.

(3) 2000년대

2000년대 들어와서는 인터넷 사용의 급속한 확산, 확장성 표시언어(ebXML), 보안 및 인증 등 관련 기술의 발달에 힘입어 모든 무역업무를 인터넷 기반으로 통합 처리할 수 있게 되었다. 특히 정보통신기술의 발달에 힘입어 무역계약 체결 이전과 이후의 무역업무를 인터넷 기반으로 수행하면서 관련 업무를 연결하여 처리할 수 있도록 하는 개방형 전자무역 시스템 구축과 국가 간 전자무역 네트워크 연계사업이 활발하게 추진되었다. 그리고 전자무역에 유비쿼터스(ubiquitous)의 개념을 접목하면서, e-Trade에서 U-Trade로 발전하고 있다. 즉, 기존의 e-Trade가 컴퓨터와 유선 네트워크에 중심을 둔 반면, 최근에는 스마트 폰 등 다양한 무선단말기와 광대역 통신망, 무선 모바일 네트워크 등을 통해 시간과 공간의 제약 없이 언제 어디서나 원하는 정보를 주고 받을 수 있는 U-Trade 개념으로 확장되고 있다.

U-Trade는 최신의 정보기술을 활용하여 무역업체가 시장조사에서부터 계약, 상역, 외환, 통관, 물류, 결제에 이르기까지 모든 무역업무 프로세스를 단절 없이 처리할 수 있는 단일창구(single window)를 제공하며, 무역업체의 정보화 수준에 따라 다양한 서비스 및 인프라에 대한 연계방식을 제공함으로써 대기업뿐만 아니라 중소기업, 무역관련 유관기관 및 정부, 나아가 글로벌 전자무역서비스와 연계하여 통합된 전자무역환경을 제공하는 전자무역 인프라를 총칭하는 개념이다.

무역관련 주체들이 네트워크로 연결되어 있다 할지라도 각각의 이해관계가 상충되는 경우가 많으므로 핵심 네트워크가 필요한데, U-Trade Hub가 바로 전자무역의 구심점 역할을 수행하며, 무역관련 당사자간의 모든 전자문서를 교환하도록 하는 기능을 담당해 준다. 즉, U-Trade Hub는 전자무역의 단일창구로서 역할을 수행함으로써 무역업체가 서로 다른 주체들이 제공하는 다양한 전자무역 서비스를 활용하여 무역업무 프로세스의 단절 없이 처리할 수 있도록 하는 통합된 환경을 제공해 준다.

(4) 2010년대 이후

2010년대 접어들면서 소셜 미디어의 이용확산에 따는 B2C 중심의 해외직접구매 및 해외직접판매 등 B2C 국경 간 전자상거래 (B2C Cross Border e-Commerce)가 확산되고 있다. 해외직접구매(overseas direct purchase)란 국내 유통망을 거치지 않고 인터넷이나 해외직접구매대행 사이트를 통하여 해외 쇼핑몰 등에서 판매하고 있는 상품을 직접 구매하는 거래형태를 말한다. 그리고 해외직접판매(overseas direct sales)란 판매자가 해외에서 운영하고 있는 오픈마켓에 입점하거나 직접 온라인 쇼핑몰을 개설하여 중간상인의 개입 없이 직접 해외 소비자들에게 상품을 판매하는 것을 말한다.

현재 해외직접구매 및 해외직접판매의 규모는 기존 B2B 중심의 무역거래에 비해 미미한 수준으로 있지만, 향후 이들 B2C 중심의 무역거래가 무역거래의 새로운 패러다임으로 자리매김할 것으로 예상된다. 따라서 기존 B2B 중심의 무역의 개념에 대해 이들 B2C 중심의 해외직접구매 및 해외직접판매를 포함한 무역의 개념에 대한 논의가 필요할 것이다.

또한 최근 블록체인기술의 등장과 활용으로 무역거래에서도 이를 활용하기 위한 다양한 시도들이 이루어지고 있다.

〈표 2-3〉 전자무역(e-Trade)의 발전과정

1980년대	1990년 초반	1990년 중반	2000년 이후	2010년 이후	
무역절차 간소화	계약 이후 무역절차	계약 이전 마케팅단계	계약 전후	계약 전후	
문서표준화	EDI 무역업무 자동화	인터넷연계 e-MP	인터넷 연계통합 e-Trade Platform	유비쿼터스 연계 통합 U-Trade Hub	소셜 미디어 활용, B2C 국경간 전자상거래 확산 블록체인기술의 등장과 이용

2. 전자무역의 발전과 무역환경의 변화

전자무역은 전통적인 무역거래와는 많은 차이가 있는데, 근본적인 차이점은 매매계약의 체결을 위한 의사소통수단과 매매계약체결까지 걸리는 시간과 비용이 크게 절약된다는 점이다. 즉, 전자무역에 있어서는 계약체결을 위한 의사소통수단이 전자화됨으로써 신속·정확하게 계약을 체결할 수 있기 때문에 시간과 비용의 절감을 통하여 기업의 경쟁력 강화에 크게 기여하고 있다. 이러한 전자무역의 발전으로 인하여 향후 무역거래환경은 많은 변화가 예상된다.

전자무역은 종이서류 중심, 상호교류와 정보의 독점시대의 국제무역환경에서 정보, 통신의 발전으로 인한 컴퓨터의 활용, 서류의 전자화로부터 EDI를 활용한 무역자동화, 인터넷의 등장으로 인한 e-MP, U-Trade의 등장까지 시간과 공간을 초월하여 정보공유, 비용절감, 전세계의 단일시장화를 이루어 내는 방향으로 국제무역환경을 변화시켰다.

또한 스마트 폰의 보급과 소셜 미디어의 등장으로 개별 소비자들이 직접 구매에 나설 수 있는 무역환경이 조성되어 B2B에서의 전자무역활용뿐만 아니라 B2C 시장의 확대도 가져왔다. 더 나아가 아직은 상용화가 되지는 않았지만 신기술인 블록체인기술이 제반기반을 조성하고 무역거래에 적용된다면 더욱 더 간편해지고 시간과 비용을 절약할 수 있는 국제무역환경의 또 다른 변화가 일어날 것으로 예상된다.

Ⅳ. 전자무역의 플랫폼

1. 전자무역 플랫폼의 개념

(1) 전자무역 플랫폼의 의의

전자무역 플랫폼(e-Trade Platform : u-TradeHub)은 인터넷 환경에

서 무역업체가 언제 어디서나 인터넷을 통하여 시장조사에서 계약, 통관, 결제까지 모든 무역업무 프로세스를 단절 없이 일괄처리(one-stop)할 수 있는 단일창구(Single Window)를 말한다. 특히 무역프로세스에 관여하는 여러 기업들 상호간에 협업적 상거래를 가능하게 하는 모든 무역인프라를 총칭한다. 우리나라는 전자무역 플랫폼으로서 uTradeHub를 구축하여 운영하고 있다.

(2) 전자무역 플랫폼의 필요성

전자무역이 실질적으로 이루어지기 위해서는 무역관련 기업간 시스템 통합을 통한 협업프로세스를 구축하는 것이 필요하다. 즉, 전자무역 플랫폼 서비스가 제공되지 않을 경우 무역업체는 수출입 유관기관, 물류업체, 금융기관과 거래정보의 시스템 연계를 위해 각 해당기관들과 개별적으로 시스템이 연결되어야 한다. 즉, 전자무역의 여러 서비스 모델을 제공하는 기업측면에서는 효과적인 전자무역 플랫폼이 제공되지 않을 경우 서비스 종류에 관계없이 모든 기업들이 서비스 역량과 시스템 인프라 구조를 보유하여야 한다는 문제에 봉착하게 된다. 따라서 전자무역 플랫폼이 제공될 경우에는 대부분의 전자무역 서비스 모델들은 시스템 영역에 대한 투자를 최소화할 수 있는 장점이 있다.

3) 전자무역 플랫폼의 기능

전자무역 플랫폼의 기능을 살펴보면 다음과 같다.

첫째, 전자무역 프로세스에 관련된 다양한 기관과의 시스템 연계를 위해서는 다양한 인터페이스 방식의 통합이 필요한데, 자연스러운 업무 프로세스를 구현하기 위해서는 각 프로세스의 유기적 연계 및 통합 기능을 수행한다.

둘째, 전자무역 플랫폼은 전자무역 문서보관소를 구축하여 전자무역 문서를 보관하는 기능이 있다. 전자무역과 관련하여 발송되고 수신되는 모든 메시지에 대한 완전한 로그(log)를 유지해야 하며 확실하게 보존해야 한다. 무역 플랫폼에서는 전자무역 등록저장소를 구축하여 전자무역 플랫폼과 연계하여 구축하고, 보안 및 장애관리 등을 포함한 운영자 역할을 수행한다.

[그림 2-2] 전자무역 서비스 플랫폼
출처 : KTNET 홈페이지(www.utradehub.or.kr)

셋째, 무역관련 여러 기업들과의 협업프로세스 제공을 위한 연계 솔루션을 제공한다. 전자무역 플랫폼에서는 전자무역에 공개키 기반(PKI) 전자서명을 적용하여 거래의 신뢰성 및 안전성을 보장함은 물론, e-비즈니스의 국제표준인 ebXML을 채택하여 상호 일관된 거래방식을 제공하고 있다.

넷째, 무역업체가 전자무역 플랫폼을 용이하게 이용할 수 있는 다양한 접근방안 및 연계모듈을 개발하여 제공하고 있다. 무역계약 이전에 인터넷 마케팅단계의 서비스를 제공하고, 무역계약 이후 상역, 운송, 금융, 통관 서비스제공 주체들과 통합무역관리 솔루션을 구축하고 무역프로세스를 처리할 수 있는 서비스를 제공하고 있다.

2. 우리나라 전자무역 플랫폼 구축과정

(1) 태동기 : 종합무역자동화 기본계획

우리나라의 전자무역은 무역자동화 사업에서 시작되었는데, 1989년 5월 당시 상공부(현 산업통상자원부)의 종합무역자동화 기본계획에 의거 1990년 4월 한국무역협회 내에 종합무역자동화사업추진단이 발족됨으로써 구체화되기 시작하였다. 1991년 12월에 무역업무자동화 촉진에 관한 법률이 제정되면서 무역자동화업무에 대한 기틀이 마련되었다. 1990년 4월 발족된 종합무역자동화사업추진단이 정부(상공부 및 관세청)에 의해 한국무역협회가 100% 출자하여 ㈜한국무역정보통신(Korea Trade Network : KTNET)이 1991년 6월 정식 출범하였다.

(2) 성장기 : EDI 기반의 무역자동화 서비스

1994년부터 2000년까지 한국의 전자무역 서비스는 EDI(Electronic Data Interchange) 기술과 VAN(Value Added Network)이라는 폐쇄적 네트워크에 기반하여 무역업무를 자동화하는 개념으로 이루어져 왔다. 1994년 수출입승인과 신용장 EDI 서비스가 개통되면서 전자무역사업이 본격화되기 시작하였으며, 2000년에는 인터넷 방식의 EDI서비스(Web EDI)가 등장하게 되었다.

(3) 고도화기 : 인터넷 기반의 전자무역 플랫폼, uTradeHub

인터넷의 확산과 관련 기술의 비약적인 발전으로 VAN이라는 폐쇄적 통신망 대신 인터넷이라는 개방된 통신망을 활용하는 인터넷 기반의 전자무역 플랫폼이 산업통상자원부를 비롯한 관세청 등 무역유관부처의 참여로 구상되어, 국무총리가 위원장인 국가전자무역추진위원회가 2003년 출범하였다. 2005년 12월 산업통상자원부는 기존 무역업무자동화 촉진에 관한 법률을 전면 개정한 전자무역 촉진에 관한 법률을 제정하였으며, 인터넷 기반으로 고도화된 차세대 전자무역 플랫폼인 uTrade Hub가 3년 간의 구축기간을 거쳐 2008년 7월 개통하였다.

(4) 전자상거래와 4차 산업혁명 기술 수용–uTradeHub 2.0

전자상거래의 발달로 개인 또는 영세중소기업(micro, small and me-dium size enterprises : MSME)들의 전자상거래 수출과 해외직접구매(해외직구)가 늘어나게 되면서 전자상거래수출 통관 지원을 위한 goGlobal 시스템을 개통하였다. 빅데이터(big data), 인공지능(artificial intelligence : AI), 블록체인(blockchain)으로 대표되는 4차 산업혁명 기술을 수용하기 위한 uTrade-Hub 2.0 사업이 2019년 시작되었다.

V. uTradeHub

1. uTradeHub의 개념

전자무역기반시설, 즉 uTradeHub는 기존 EDI 방식을 인터넷 기반의 유비쿼터스 환경으로 업그레이드시킨 것이다. 즉, 무역업체가 언제 어디서나 인터넷을 통하여 시장조사에서 계약, 통관, 결제까지의 모든 무역업무를 일괄 처리할 수 있는 단일 창구로써 전자무역문서의 유통성을 보장해 단절된 프로세스를 연계하고 중복된 절차는 줄여 신속성을 보장했다. 특히 uTradeHub는 무역 프로세스에 관여하는 공공 기관과 민간기관 및 기업 상호간에 협업적 상거래를 가능하게 하는 인프라를 말한다. 즉, uTradeHub의 전자무역 문서보관소를 중심으로 은행, 보험회사, 대한상공회의소 등 무역유관기관이 연계됨으로써 무역업체들은 한번 발급받은 전자무역문서를 전자무역문서보관소에 저장한 후 이를 다른 기관에 증명서류 대신 제출할 수 있게 됨으로써 종이서류의 제출이 사라지게 된 것이다.

uTradeHub는 무역업체를 위한 전자무역 단일창구로써 사용자의 업무 처리절차를 간소화하고 무역업무 효율성을 높여 무역 활성화에 기여할 뿐만 아니라, 전자무역 포탈에서 무역업무처리 프로세스별로 업무를 모두 처리할 수 있도록 함으로써 무역업체 사용자에게 단일화된 작업환경을 제공한다. 또한 유관기관 간 연계된 무역서비스 제공을 통하여 기관 간 협업 강화 및 양질의 서비스를 무역업체에 제공함과 더불어 전자문서 중복제출 방지 및 유통의 간소화로 인한 비용 및 인력을 절감할 수 있다. 그리고 국제 전자상거래 표준 기반의 개방성 및 상호운용성을 확보한다.

이러한 uTradeHub의 특징을 살펴보면, 첫째 인터넷 방식의 원스톱전자무역서비스를 제공하고 있다. uTradeHub는 통합 로그인 서비스를 기반으로 하고 있어, 한번의 로그인으로 uTradeHub에서 제공하고 있는 무역포탈, 물류포탈, 은행포탈, 마케팅포탈, 통관포탈 등 모든 서비스를 신속하고 편리하게 처리할 수 있다. 따라서 uTradeHub를 이용할 경우 마케팅은 물론 외환, 물류, 통관, 대금결제에 이르는 모든 무역업무를 원스톱으로 처리할 수 있다.

둘째, 전자문서 중복제출 방지 및 유통의 간소화로 인한 비용 및 인력을 절감시킨다. uTradeHub는 전자문서 유통체계 개선을 통한 전자무역 프로세스를 개선시킬 뿐만 아니라 전자문서의 진정성 및 제3자 유통성 확보를 통해 동일 문서 중복제출 및 종이 원본 제출을 방지함으로써 전자무역문서를 활용한 편리성을 제고할 수 있다. 특히 uTradeHub를 이용할 경우 전자문서보관소와 연동되어 있어 전자문서보관소에 저장되어 있는 문서를 은행, 물류업체, 관세청 등 무역관련기관에 신속하고 정확하게 제출할 수 있게 해 준다.

셋째, uTradeHub는 거래의 안전성을 확보해 준다. uTradeHub에 있는 정보 및 문서에 대한 접근권한을 철저하게 관리하고 있어 이에 대한 위조나 변조가 어렵기 때문이다.

넷째, 무역절차 및 사용자에게 맞는 서비스의 제공이 가능하다. 전체 포탈에 대한 자료실과 공지사항, FAQ, Q&A 등을 통합적으로 제공하고 있을 뿐만 아니라 무역포탈, 물류포탈, 은행포탈, 마케팅포탈, 통관포탈 등은 각각의 특성에 맞게 구축되어 있어 uTradeHub의 이용자는 단일화된 업무공간에서 자신에게 필요한 무역업무를 흐름별로 처리할 수 있다.

따라서 uTradeHub는 무역업체의 업무시간과 비용을 대폭 절감시켜 주고 업무처리절차를 간소화시켜 줌으로써 업무에 대한 효율성을 제고시켜주고 있다. 또한 과도한 무역서류 업무를 전자문서로 대체함으로써 문서에 대한 보관과 유통의 편리성도 제공하고 있다.

2. uTradeHub의 구성

현재 uTradeHub는 무역포탈, 물류포탈, 은행포탈, 마케팅포탈, 통관포탈 등 서브포탈로 구성되어 있으며, 또한 글로벌포탈 FTA 원산지 관리시스템, 전자상거래 무역포탈 등을 연계하여 운영하고 있다.

uTradeHub는 하나의 포탈 내에 여러 개의 서브포탈이 함께 연계되어 있는 구조를 가지고 있다. 각각의 서브포탈은 그 특징에 맞는 기능을 수행하고 있으며, 업무에 필요한 유관기관 및 무역업체가 편리하게 이를 사용할 수 있도록 구축되어 있고, 또한 각 서브포탈은 다른 서브포탈과 연결되어 있다.

(1) 무역포탈

무역포탈은 마케팅, 상역, 외환, 통관, 물류, 결제까지 모든 무역 업무 프로세스를 신속하고 편리하게 단절 없이 처리할 수 있도록 단일화된 작업환경을 제공하는 uTradeHub의 서브포탈이다.

무역포탈은 신용장 개설 및 통지, 계산서, 요건확인 및 원산지 증명, 선적 요청, 적하보험, 네고 업무 등의 외환 및 상역 업무를 자동화하여 수출입 기업이 유관 기관을 방문하지 않고도 무역 업무를 인터넷을 통해 처리할 수 있는 서비스이다. 주요 서비스로는 전자신용장(e-L/C)서비스, 전자선하증권(e-B/L) 서비스, 전자수출입환어음매입(e-Nego)서비스, 수출입 요건확인 업무 서비스 등이 있다.

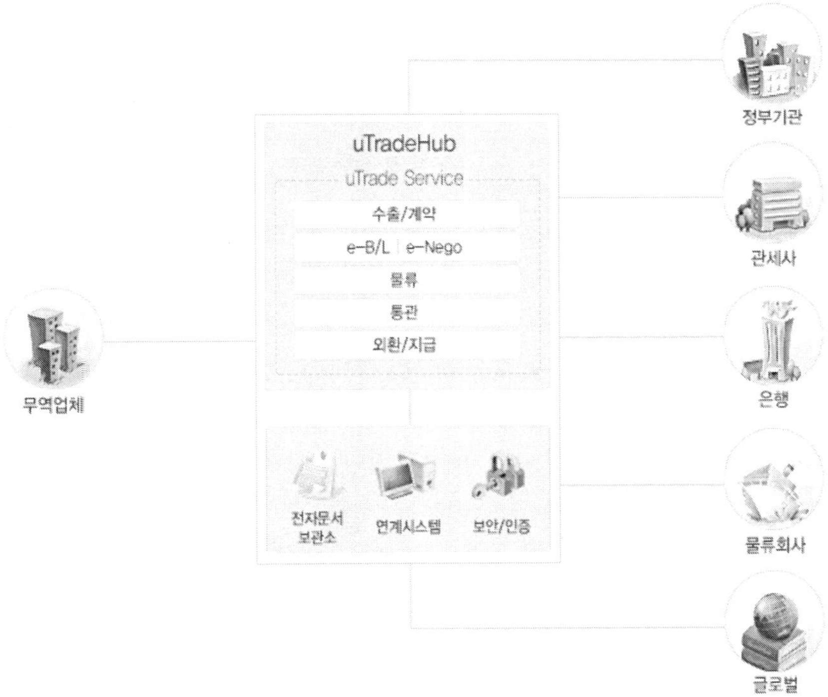

[그림 2-3] 무역포탈 서비스 개요
출처 : KTNET 홈페이지(www.utradehub.or.kr)

무역포탈은 무역업체뿐만 아니라 유관기관에게 전자무역업무 수행을 위한 통합된 업무환경을 제공함으로써 각 사용자들의 업무처리절차를 간소화하고 무역업무 효율성을 높여줌으로써 무역활성화를 위한 기반을 제공한다. 즉, 무역포탈을 통해 서류 또는 단절된 서비스 중심이 아닌 사용자 중심의 작업 공간을 구현하고, 개별 수출·입 건수 기준으로 업무 진행상황 추적, 요청 업무 처리결과, 관련 문서 등을 실시간으로 포탈의 사용자 업무 프로세스상에서 확인할 수 있도록 해 준다.

그리고 e-B/L, e-Nego 등을 통하여 Paperless Trading의 기반을 마련함으로써 선적요청, 선하증권, 원산지증명서, 적하보험, 환어음 등 유관기관 방문 없이 서류 제출 및 서류 접수가 가능하여, 은행이나 수출입 관련기관을 방문할 필요가 없이 언제 어디서나 복잡한 무역 업무를 수행할 수 있게 하고 있다. 또한 전자문서 중복제출 방지 및 유통의 간소화로 인한 비용 및 인력을 절감할 수 있게 해 준다.

(2) 물류포탈

물류포탈(uLogisHub)은 수출입물류업체의 업무기능을 강화하고 효율성을 증대시키기 위하여 물류업체의 업무 프로세스를 자동으로 연계하여 시간과 공간에 대한 제약없이 인터넷을 통해 수출입화물통합업무를 처리할 수 있는 서브포탈이다.

물류포탈은 수출입 물류업무의 주체인 항공사, 선사, 포워더, 보세구역, 보세운송사 등을 위하여 입출항 보고, 승객/승무원명부 제출, 적하목록 제출, 보세운송신고, 반출입신고와 같은 모든 수출입 물류업무 처리절차를 자동화하고 있다.

물류포탈의 주요 서비스로는 수출입물류·통관 업무에서 발생하는 각종 표준화된 신고서식을 전자화하여 중계하는 수출입물류·통관, 항공사, 선사, 포워더가 제출한 적하목록을 항공기나 선박 단위로 취합하여 관세청에 제출하는 적하목록취합시스템(manifest consolidation Systerm : NFCS), 선하증권을 전자적으로 발행등록, 변경, 양수도, 유통하는 전자선하증권(electronic bill of lading : e-B/L)관련 서비스, 수입화물 인도업무에 필요한 화물인도지시서(D/O)와 자가/보세 운송업무를 업체간 방문 없이 실시간 전자적으로 처리하는 해상물류 통합(B2G+B2B) 서비스, 항공사-포워더간 항공 B2B업무를 지원하는 항공eAWB 서비스,

항사전적하목록신고를 시행하는 국가를 대상으로 적하목록정보를 제공하는 항공/해상AMS(Automated Manifest System)서비스 및 항공승객 경보 등이 있다.

(3) 은행포탈

은행포탈(e-L/C ASP 포탈)은 전자신용장의 유통 및 e-Nego 시스템의 활성화를 위한 은행의 E-L/C서비스를 제공하기 위한 포탈 서비스를 말한다. 2008년 전자무역 서비스를 통하여 전자신용장의 유통체계가 완성되었으며, 은행포탈은 수출입기업에게 제공하고 있는 e-L/C서비스 및 e-Nego 서비스를 위한 은행의 업무용 포탈로써, 은행의 신용장 개설 및 통지 업무, e-Nego 업무, 수입신용장관련업무 등의 외환업무 처리를 지원한다. e-Nego 시스템은 uTradeHub의 핵심 인프라로, 신용장 업무에 필요한 데이터 입력을 최소화하여 업무의 효율성을 제고시킬 수 있다.

(4) 통관포탈

통관포탈(uCustoms)은 관세사의 통관 업무를 위해 인터넷 기반에서 관세사 시스템과 연계를 강화하여 통관정보의 상호 공유는 물론 통관업무를 편리하게 수행할 수 있는 시스템이다. 통관포탈시스템에서는 수출입통관 및 환급관련 업무 정보조회 및 출력 서비스와 더불어 관세사의 고객(무역업체) 및 관세사에 정보제공 등의 서비스를 제공하고 있다.

(5) 마케팅포탈

인터넷의 발달은 국경의 개념을 재정립하고 글로벌 마켓의 통합을 가속화하고, 전세계 무역업체들의 글로벌 무역 커뮤니티를 형성하여 국가, 지역, 언어의 장벽 없이 비즈니스에 종사할 수 있는 인터넷 기반의 서비스를 제공하기 위해 구성된 무역 전문사이트의 이용이 급증하고 있다. 그러나 무역에 관련한 수많은 자료들이 인터넷에서 제공되고 있지만, 실제로 필요로 하는 자료를 찾아 활용하는 것은 쉽지 않다. 이는 제공되는 자료들이 신뢰성 있는 자료인지 검증하기가 어려우며, 수많은 기관들이 제각기 자료들을 제공하기 때문이다. 또한 어느 기관에서 어떠한 자료를 DB로 가지고 있는지에 대해 파악하기가 힘들어 필요한 자료를 적재적시에 검색해 활용하기가 매우 어려운 실정이다.

이에 마케팅포탈은 uTradeHub 상에서 무역서비스뿐만 아니라 마케팅 정보까지 원스톱으로 제공하기 위하여 구축되었으며, 국내 유명 무역전문사이트들의 무역관련 정보를 하나로 모아 무역에 관한 전문적인 정보를 검색할 수 있도록 통합검색서비스를 제공하고 있다.

마케팅 포탈은 마케팅정보 종합검색시스템을 비롯하여 한국무역협회, KOTRA 등 공공기관 및 EC21 등 민간업체와 연계하여 해외시장, 거래알선, 전시회, 무역실무정보 등 유형별 연계정보를 제공하고 있다.

(6) 글로벌포탈

글로벌포탈은 국내에 국한되어 있던 전자무역 서비스를 해외까지 넓히기 위해 국외의 무역유관기관과의 연계를 통해 국내 무역업체가 자사의 비즈니스 파트너와 무역관련 정보교환 및 서류전달 등의 서비스를 가능하게 해 준다. 기존의 팩스, 이메일, 전화 등과 인력을 통해 작성되던 정보와 서류를 전자문서로 송수신하여 uTradeHub에서 사용할 수 있게 설계되어 있다. 글로벌포탈은 해외 파트너 및 본지사간의 생산, 재고, 물류 등의 기업 간(B2B) 전자무역서비스와 해외 국가 또는 기관과의 전자원산지 증명, 수입적하목록 자동 신고 등의 기업과 기관 간(B2G) 전자무역서비스를 제공하는 포탈이다. 범아시아 전자무역 네트워크 구축연맹(Pan Asian e-Commerce Alliance), 아시아-유럽 전자무역 네트워크 구축연맹(Asia Europe Alliance for Paperless Trading) 등 국제간 전자무역 사업자간의 협력의 성과도 이를 통해 제공된다.

(7) 전자상거래 무역포탈

전자상거래 무역포탈은 전자상거래로 판매된 물품에 대해 배송요청,

수출통관, 반품재수입신고, 대금결제, 구매확인서 발급 서비스를 제공하며, 통계정보를 통한 다양한 조건으로 실적을 확인할 수도 있다. 그리고 전자상거래 무역포탈을 이용하면 전자상거래 판매물품에 대해 전자상거래 수출신고, 배송요청, 외화입금 요청 등의 업무를 쉽고 빠르게 처리할 수 있다.

[그림 2-4] 전자상거래 무역포탈 서비스 개요
출처 : KTNET 홈페이지(www.utradehub.or.kr)

8) FTA 원산지관리서비스포탈

FTA 원산지관리서비스포탈은 웹기반으로 별도의 설치과정 없이 원산지 판정 및 입증서류 관리가 가능한 서비스로 여러 수출회사와 거래관계가 있는 중견·중소기업의 원산지관리시스템으로 활용하는데 적합한 시스템이다. 즉, FTA 원산지관리시스템은 기업의 일반 업무처리에서 추출한 원산지에 관련된 정보(구매, 원가, 판매 등)를 활용하여 원산지 결정기준에 따라 원산지를 판정하여, 최종 수출업체인 경우는 원산지증명서를 발급하고 부품공급업체인 경우에는 원산지확인서를 발급하고 관련 자료를 보관하는 일련의 FTA 원산지업무 처리를 체계적으로 지원해 주는 시스템이다.

FTA 원산지관리시스템의 기능을 살펴보면, 첫째, FTA 원산지판정을 지원해 주는 원산지결정기준 DB를 제공하며, 둘째, 수출물품(제조물품)

의 BOM(재료명세서) 정보, 원재료 및 수출물품(제조물품)의 재고 정보 및 국내외 원재료의 거래정보 및 원산지 관련 정보 등 원산지 판정을 위한 기초정보를 관리해 준다. 셋째, FTA 협정별 · 제품별 원산지 판정과 원산지증명(확인)서 및 소명서 출력서비스 및 사후검증을 대비한 관련 문서 저장관리서비스를 제공한다. 그리고 전자문서에 의한 협력업체와의 원산지증명(확인) 관련 문서 송수신서비스를 제공하고 있다.

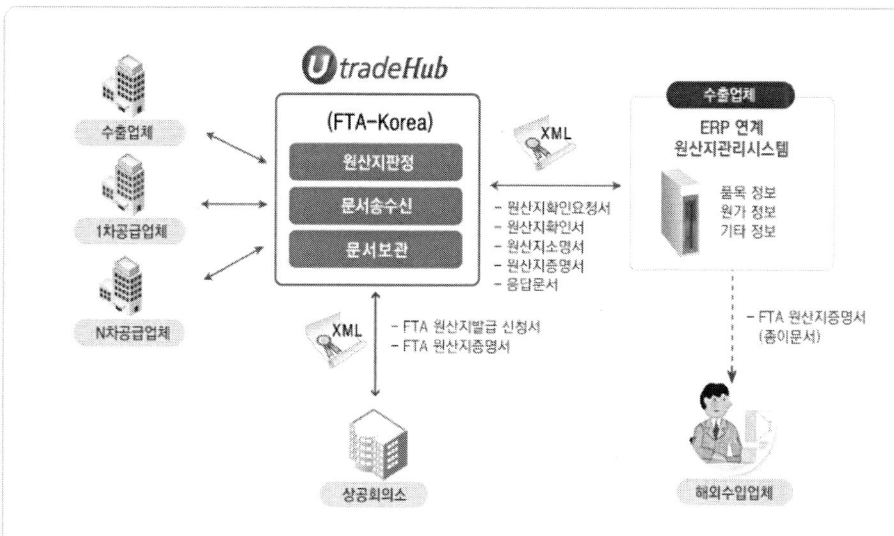

[그림 2-5] FTA Korea 서비스 개요

출처 : KTNET 홈페이지(www.utradehub.or.kr)

3 chapter
무역계약

무역계약은 수출지에 있는 매도인과 수입지에 있는 매수인 사이에 체결되는 국제물품매매계약으로서 매도인은 매수인에게 물품의 소유권을 이전할 것을 약정하고, 매수인은 계약에 부합하는 물품을 인수하고 이에 따른 대금지급을 약정하는 국제적인 계약 절차이다.

본 장에서는 무역계약의 기초개념을 설명하고, 무역계약을 체결할 경우에 매도인과 매수인 사이에 반드시 결정해야 할 무역계약의 기본조건에 대하여 고찰한다.

제 1 절 무역계약의 기초개념

Ⅰ. 무역계약의 기본성격

1. 무역계약의 의의

일반적으로 계약이란 일정한 채권 채무 관계의 형성을 목적으로, 복수 당사자의 상호대립되는 의사표시의 합치에 의하여 성립되는 법률 행위를 말한다. 오늘날 국제간에 성립되는 무역은 주로 물품 매매가 중심이기 때문에, 무역계약에 관한 개념은 계약에 관한 본질적 개념과 국제간에 이루어지는 물품매매를 중심으로 설명된다.

매매계약에 있어서 물품의 소유권이 매도인으로부터 매수인에게 이전하는 경우 그 계약을 매매라 하고, 물품의 소유권의 이전이 장래에 이루어지거나 계약체결 후 이행되어야 할 일정한 조건부로 이루어질 경우 그 계약을 매매합의라 하며, 매매합의는 기간이 경과하거나 물품의 소유권이전의 전제조건이 이루어질때 비로소 매매가 된다.

즉, 물품매매계약이란 매도인이 대금이라는 금전의 대가를 받고, 매수인에게 물품의 소유권을 이전하기로 약정하는 계약이기 때문에, 이를 원용하여 일반적으로 무역계약은 수출업자가 대금이라는 금전의 대가를 받고, 수입업자에게 물품의 소유권을 이전하거나 이전하기로 약정하는 국제 계약을 의미한다.

본질적으로 무역계약과 국내의 물품매매계약은 물품매매계약이 가지고 있는 상업적인 성격과 법리적인 성격을 공통적으로 가지고 있다. 다만, 무역계약과 국내의 물품 매매계약이 구별되는 기본적인 이유는, 국내의 물품매매계약은 동일한 환경 내의 매도인과 매수인 상호간에 성립되는 반면에, 무역계약은 고유한 국제적 성격의 특수성에 기인한다.

2. 무역계약의 주요 원칙

(1) 계약자유의 원칙

계약자유의 원칙은 개인의 사법관계를 각자의 의사에 따라 자유롭게 규율하려는 것으로서, 법의 제한에 부딪치지 않는 한, 완전히 각자의 자유에 맡겨지며, 법도 그러한 자유의 결과를 될 수 있는 대로 승인한다는 원칙을 말하며, '당사자자치의 원칙' 또는 '사적자치의 원칙'이라고도 한다. 즉 계약자유의 원칙은 국가는 일정한 범위 내에서 개인들의 법률관계의 형성에 개입하지 않고 그들의 자유로운 판단에 맡겨 둔다는 것을 의미하고, 또한 국가는 당사자들이 자유로운 결정에 의하여 이루어진 합의에 대하여 법적 구속력을 인정하고 여기에 법적인 보호를 부여할 용의가 있다는 것을 의미한다. 다만, 계약자유의 원칙이 존중되더라도 당사자들이 체결한 계약이 강행법규나 선량한 풍속 및 기타 사회질서에 위반하는 경우에는 일정한 제한이 따른다.

이 원칙은 다음의 4가지로 나눌 수 있는데 그 내용은 다음과 같다.

① **계약체결의 자유** : 어떤 계약을 체결할 것인가의 문제와 또한 체결의 당사자에 대해 자유로이 결정할 수 있는 가능성을 말하는 것으로서, 청약과 승낙으로 성립되는 계약에 있어서, 청약의 자유와 승낙의 자유를 포함하는 원칙이다.

② **계약상대방 선택의 자유** : 계약을 체결하는 경우에 누구하고 계약을 체결할 것인지를 자유롭게 결정할 수 있는 것을 말한다.

③ **계약내용 결정의 자유** : 계약체결의 쌍방 당사자가 그 계약의 내용을 자유로이 정할 수 있는 가능성에 대한 자유의 원칙으로서, 일단 성립한 계약의 내용을 후에 변경하거나 보충하는 것도 이에 포함된다. 그리고, 사적 자치에 의하여 당사자는 일단 성립한 계약을 후에 맺는 다른 계약으로 대치하거나 또는 일부를 이미 수행한 계약관계를 종료시킬 수

도 있다.

④ **계약방식의 자유** : 계약을 성립시키는 실체는 바로 당사자의 합의가 가장 중요하므로, 일정한 방식을 필요치 않는다. 다만, 오늘날에는 계약의 목적이 다양하고 내용이 복잡화되고 있기 때문에 계약내용에 관한 분쟁을 방지하기 위하여 계약의 방식이 서면화되고 있다.

(2) 계약충실의 원칙

계약은 당사자 간에 합법적으로 체결되면 반드시 이행되어야 한다(*pacta sunt servanda*)는 것으로, 오늘날 전 세계 민법과 국제법의 대원칙이 되고 있다. 이를 '계약충실의 원칙' 또는 '계약유지의 원칙'이라고 하며, 우리나라 대법원에서는 '계약준수의 원칙'이라고 표현하고 있다. 다만, 계약충실의 원칙은 강행법규와 사정변경의 원칙에 의해 제한된다.

(3) 신의성실의 원칙

신의성실의 원칙(신의칙)은 사회공동생활의 일원으로서 서로 상대방의 신뢰를 헛되이 하지 않도록 성의있게 행동하여야 한다는 원칙을 말한다. 이러한 신의성실의 원칙은 때와 장소에 따라 변화하는 사실상의 문제로서, 명확한 정의를 내리기 어렵다. 따라서 이는 그 사회의 상식이나 일반 통념에 따라 결정해야 하는 추상적인 개념이라고 할 수 있으며, 그 구체적인 내용은 개개의 재판을 통하여 실현된다. 신의성실의 원칙을 판별하기 위해서는 몇 가지 기준이 적용되고 있는데, 그 주요 내용은 다음과 같다.

1) 채무이행에 있어서의 원칙

채무이행에 있어서의 원칙은 급부의 종류 및 방법, 이행의 시기 및 방법, 장소 등에 관한 사항의 결정에 있어서 주요한 기준이 된다. 예를 들면, 부동산 매매대금이 14만원인 경우 13만 7천원을 지급하고 3천원을 미지급한 경우에 매도인이 최고후 계약을 해제하는 것은 신의측에 반한다(대법원 판례, 1966)고 할 수 있다. 또한 총매매대금이 2,000만원인 매매계약에 있어서 미지급액이 105,000원인 경우 또한 미지급금에 대하여 월 5푼의 지연이자를 지급하기로 한 경우에 미지급액이 있다는 이유만으로 매매계약 전체를 해제하는 것은 신의측에 반한다(대법원 판례, 1971)는 판례가 있다.

2) 모순행위금지의 원칙

모순행위금지의 원칙은 자신의 선행행위와 모순되는 행위는 허용되지 않는다는 원칙을 말하며, 영미법상의 금반언의 원칙(Estoppel)과 유사하다. 즉 어떤 사람의 행위가 그것에 선행하는 행위와 모순되는 것이어서 후행행위대로의 법률효과를 인정하면 선행행위로 말미암아 야기된 다른 사람의 신의를 부정하게 침해하기 때문에 후행행위의 효력을 제한하는 것을 말하며 거래의 안전을 위해서도 매우 중요하다고 할 수 있다. 이 원칙을 적용하기 위해서는 행위자에게 주관적인 귀책가능성이 존재하여야 하며, 상대방의 신뢰가 보호할 가치가 있어야 한다.

예를 들면, 동일물건을 A에게 매각한 후 B에게도 이를 매각하는 이중행위 또는 신용장개설은행이 개설의뢰인으로부터 신용장금액에 해당하는 대가(현금 또는 담보)를 받고 신용장을 개설한 후, 수익자에게 지급할 자금이 없다고 하여 지급을 거절하는 것은 신의성실의 원칙에 반한다고 할 수 있다.

3) 사정변경의 원칙

사정변경의 원칙은 법률행위 성립의 기초가 된 사정이 후에 당사자가 예견하지 못했거나 예견할 수 없었던 중대한 변경으로 인하여 당초의 법률행위의 효과를 그대로 유지하는 것이 오히려 신의칙에 반할 때 그 법률행위의 내용을 변경된 사정에 맞게 수정하거나 그 계약(법률행위)을 해제 또는 해지할 수 있다는 원칙을 말한다. 이는 주로 독일 등 대륙법계 국가에서 인정되고 있으며 한국의 민법과 특별법에서도 인정되고 있다. 이때 사정변경을 인정할 수 있는 요건으로는 다음과 같은 경우를 들 수 있다.

- 계약당시 그 기초가 되었던 사정이 현저히 변경

- 사정의 변경이 법률행위의 성립 후에 그리고 그 소멸 이전에 발생하였을 것
- 그 사정변경을 당사자가 예견하지 못했거나 예견할 수 없었음
- 그러한 사정변경이 당사자들의 책임없는 사유로 인하여 발생
- 당초의 계약내용에 당사자를 구속시키는 것이 오히려 신의칙에 비추어 부당한 경우

4) 실효의 원칙

실효의 원칙은 권리자가 장기간 그 권리를 행사하지 않았기 때문에 상대방이 그 권리가 행사되지 않을 것으로 믿을만한 정당한 사유가 있고, 또한 새삼스럽게 그 권리를 행사하는 것이 신의칙에 반할 때에는 그 권리의 상실을 인정하는 권리를 말한다. 실효의 원칙이 적용되기 위해서는 단순히 권리의 장기간 불행사라는 사실의 존재만으로는 부족하고, 오히려 중요한 것은 그 후의 지체된 권리행사가 불성실한 권리행사로 간주될 특별한 사정이 존재하여야 한다. 즉, 상대방이 권리자의 행위로부터 그 자가 더 이상 권리를 행사하지 않을 것을 기대할 수 있었고, 또한 상대방이 이를 실제로 신뢰하였을 때 실효의 원칙이 고려된다.

이러한 취지에서 한국의 민법에서는 소멸시효제도를 두고, 권리자가 그의 권리를 행사할 수 있음에도 불구하고 일정한 기간동안 그 권리를 행사하지 않을 경우 그 사람의 권리를 소멸시키고 있다. 한국민법은 「채권은 10년간 행사하지 아니하면 소멸시효가 완성한다」(제162조 1항) 「채권 및 소유권 이외의 재산권은 20년간 행사하지 아니하면 소멸시효가 완성한다」(동법 제2항), 그리고 「판결에 의하여 확정된 채권은 단기의 소멸시효에 해당한 것이라도 그 소멸시효는 10년으로 한다」(민법 제165조 1항)고 규정하고 있다.

이러한 소멸시효는 채권자가 채권을 행사하지 않는 동안 진행되고, 시효기간 내에 재판상 청구, 압류 또는 가압류나 가처분 등의 법적 절차를 밟거나, 채무자가 채권의 존재를 승인하거나 변제의사를 밝히면 소멸시

효의 진행을 일단 중단시킬 수 있다(민법 제168조). 그리고 최고(催告)를 하는 경우에는 편지나 내용증명만으로 독촉하는 것만으로는 시효중단의 효력이 약해서 그 후 6개월 내에 재판상의 청구를 하지 않으면 중단의 효력이 없어진다(민법 제174조).

3. 무역계약의 성격

무역계약은 상이한 국가에 영업소를 가진 매도인은 물품의 매도·인도를 약속하고 매수인은 그 대가로 물품대금지급을 약속하는 것이므로, 이것은 다음과 같은 법률적 성질을 갖는다.

첫째, 일반적으로 일정한 조건에 따라 물품을 판매하겠다는 수출업자의 의사표시(offer)에 대하여 수입업자가 이를 구매하겠다는 의사표시(acceptance)를 함으로써 무역거래가 이루어지는 낙성계약(consensual contract)의 특징을 갖는다.

둘째, 수출업자는 약정된 무역조건에 따라 물품을 인도할 의무가 발생하는 동시에 수입업자는 이에 대한 대가로 대금을 지불할 의무가 발생하는 쌍무계약(bilateral contract)의 형태를 갖는다.

셋째, 이상과 같이 합의적이며 쌍무적인 성격을 띤 무역계약은 특별한 예외가 없는 한 물품 인도에 대한 대금 지급을 통해 계약이 성립되는 유상계약(remunerative contract)이다. 모든 쌍무계약은 모두 유상계약이지만, 모든 유상계약이 쌍무계약인 것은 아니다. 유상계약이라도 반대급부를 물품으로 하는 것은 교환계약이지 매매계약은 아닌데, 이는 매매계약은 대상으로서 금전지급을 원칙으로 하기 때문이다.

넷째, 국제계약(international contract)으로서의 성격을 갖는다. 이는 국내 계약의 반대 개념으로, 이국에 영업소를 둔 당사자들 사이에 체결되는 계약이라는 뜻으로 물품과 자금의 국제 이전을 의미한다.

다섯째, 불요식계약(informal contract)의 성격을 갖는데, 이는 국제물품매매계약은 계약의 형식에 관하여 어떤 요건도 필요가 없는 계약이라는 뜻으로, 「국제물품매매계약에 관한 UN협약(CISG)」 제11조는 '매매계약은 서면으로 체결되거나 입증될 필요가 없고, 입증은 증인을 포함한 어떠한 방법에 의해도 되며, 계약형식에 관한 어떠한 요건도 따를 필요가 없다'고 이를 명백히 규정하고 있다.

여섯째, 유인계약으로서의 성격을 갖는다. 이는 계약으로 성립하는 채무가 그 원인사실과 결부되어 그 사실이 없으면 채무도 성립하지 않는다는 관계를 나타낸다. 즉, 국제물품매매계약에서 매도인의 목적물 이전의무와 매수인의 대금지급 의무와는 서로 원인관계로 되어 있어, 매도인의 의무가 원시적 불능으로 무효인 때는 매수인의 채무도 성립하지 않고 결국은 매매계약 자체가 무효가 된다.

4. 무역계약의 성립요건

무역계약은 청약(offer)과 승낙(acceptance)으로 성립하지만 이것이 법적 구속력을 갖기 위해서는 다음과 같은 성립요건을 갖추어야 한다.

(1) 매매당사자가 자유로운 의사의 합치로 계약을 성립시켰다는 상호동의(mutual assent)의 진실성이 있어야 한다.

(2) 약인(consideration)이 있어야 한다. 따라서 무역계약서에서는 일반적으로 "in consideration of mutual covenant and promises herein set forth, it is agreed as follows" 등의 문구를 삽입하여야 한다.

(3) 거래의 목적물이나 거래방법이 합법적(legality of object and method)이어야 한다.

(4) 당사자의 행위능력(capacity of the parties)이 있어야 한다.

5. 무역계약의 종류

(1) 개별계약(Case by Case Contract)

무역계약조건의 해석기준과 계약의 종결에 대한 클레임조항, 중재조항 등을 정하는 일반거래조건협정서를 계약서 이면약정사항으로 건별로 정하여 약정하는 방법, 즉 매거래시마다 매도인과 매수인간에 거래건별로 새로이 계약을 체결하는 것으로서 대부분의 무역계약이 이에 속한다.

(2) 포괄계약(Master Contract)

매매당사자간에 오랜 거래관계로 신뢰가 형성되었을 경우 지정품목에 대해 일정기간 또는 연간계약을 체결하고 필요시마다 FAX 등의 전신방법으로 Offer나 Order를 확정함으로써 거래상품을 선적하게 되는 계약을 말하며 계약서의 형식은 개별계약과 동일하다.

(3) 독점판매계약(Exclusive Sales Contract)

지정품목의 수출입은 매매당사자 외에는 일체의 거래를 하지 않을 것을 전제로 한 계약을 말하며, 매매당사자는 각자의 의무규정을 반드시 준수하여야 한다. 일반적으로 매매당사자간에 준수해야 할 의무로는 우선 매도인은 ① 저렴한 가격으로 청약(offer)하고, 매수인시장의 다른 업자에게 청약하지 않을 것, ② 다른 명의나 제3자를 통해서 우회적으로 침투하지 않을 것, ③ 일정수준의 품질을 보장해 줄 것을 약정해야 한다. 반대로 매수인은 ① 최대한 물품을 판매할 것, ② 가장 좋은 값을 받도록 노력할 것, ③ 수출국 다른 회사의 동종물품을 취급하지 않을 것, ④ 연간 최소판매량을 보장해 줄 것을 약정해야 한다. 특약점(distributor)이나 독점 및 한정판매대리점 거래계약이 여기에 속하며, 정부 또는 공공기관들이 물품을 대량구입할 때 체결하는 경우가 많다.

Ⅱ. 무역계약의 체결절차

1. 해외시장조사

(1) 해외시장조사의 이행 방법

물품을 수출 또는 수입하려면 먼저 목적(대상)시장부터 찾아야 하기 때문에 무역계약을 체결하기 위한 최초의 단계는 해외시장조사(overseas market research)라고 할 수 있다.

수출에서 해외시장조사란 목적 상품의 가장 효율적 수출을 가능하게 하는 시장(국가)을 탐색하기 위하여 행하는 절차로서, 물품판매에 관련된 여러 가지 정보를 과학적 방법으로 최대한 합리적으로 수집, 종합 분석하는 일련의 활동이다.

1) 직접조사

기업의 자체적인 현지 기구 및 조직을 이용하여 조사하거나 현지를 직접 방문하여 시장조사를 실시한다. 시장조사를 가장 정확하게 할 수 있으나, 많은 비용과 시간이 소요된다.

2) 간접조사

거래은행이나 대사관, 영사관, 무역협회, 상공회의소, 무역투자진흥공사 등을 이용하여 해외시장정보를 입수하는 방법이다. 정확성은 다소 뒤떨어지나, 시간과 경비를 줄일 수 있다는 장점이 있다.

3) 위탁조사

해외시장조사 전문기관에 의뢰하여 특정시장이나 특정상품에 대하여 위탁조사하는 방법이 있다. 대표적인 전문기관으로는 Dun and Bradsteet, Mckinsey and Company, Booz allen and Hamilton 등이 있다.

4) 인터넷조사

최근에는 인터넷의 이용이 보편화됨에 따라 인터넷을 활용하여 해외시장조사를 실시할 수 있다. 가장 저렴한 비용으로 신속하게 시장조사를 할 수 있어서 점차 이용이 증가하고 있는 추세이다.

(2) 해외시장조사 내용

해외시장조사에 있어서의 조사내용으로는 ① 인구와 국민성, ② 소득수준과 구매력, ③ 기후와 지리적 여건, ④ 통화체계, ⑤ 판매계통의 유형, ⑥ 교통통신, ⑦ 상관습, ⑧ 해당품목 또는 유사품목의 국내생산과 수입실적, ⑨ 조세체계, ⑩ 금융기구, ⑪ 수출입 규모, ⑫ 각국과의 경쟁관계, ⑬ 사업의 안정성, ⑭ 정부의 경제활동, ⑮ 행정적 내지 법적 체계 등을 들 수 있다.

〈표 3-1〉 해외시장조사 내용

조사항목	조 사 내 용
거래대상국가	● 정치적환경 : 정치체제, 정치적안정, 정치적위험 등 ● 경제적환경: 국민소득, 임금, 물가, 노동력, 국민소득, 국제수지, 경제성장률, 산업구조 등 ● 사회적환경: 인구, 기후, 종교, 문화, 교육수준 등 ● 무역환경 : 품목별, 지역별, 수출입규모, 외환관리, 대금결제조건, 관세율, 환율, 상관습 등
고 객	● 고객층 : 소비자의 지역적 분포, 소득분포, 구매능력 등 ● 고객기호 및 이미지 : 기호, 취향 및 품질, 상표, 생산자 등의 이미지
상 품	● 상품수요 : 수요품목, 품질, 규격, 소요량, 미래수요, 경쟁품, 대체품 및 유사품 현황 ● 상품공급 : 주요공급처, 공급처의 상호, 계절적 특별공급, 현지 국산품 공급량 ● 상품환경 : 경쟁품, 대체품 및 유사품의 현황 ● 가격 : 수입품과 현지국산품의 가격 등 ● 지식재산권 등 : 특허권, 상표권, 공업소유권 등의 저촉 여부
판매경로 및 판매	● 유통 및 서비스 : 수입상, 판매점, 특약점, 백화점, 체인스토어, 도매상, 소매상 등의 유통경로, 사전 및 사후서비스 ● 상품계획 : 품목, 품질, 디자인, 상표, 특허, 포장, 운송방법 ● 판매정책 : 판매촉진(견본, 카달로그, 안내서제공 등), 광고, 전시 등

이러한 내용의 시장조사는 주로 ① 당해상품에 대한 소비자의 만족도나 상품의 장단점 등을 예측 또는 검토하는 '상품연구', ② 판매경로, 거래처, 경쟁관계 등을 조사·검토하는 '판로연구', ③ 소비자들이 소속된 사회적, 경제적 부류, 즉 연령, 성별, 사회적 지위, 소득계층 등과 상품의 사용형태를 연구하는 '소비자분석'의 틀을 기초로 수행할 수 있다.

또한 해외시장조사에서는 판매효과 내지 능률의 극대화를 도모하기 위하여 거래조건의 적절성 여부도 조사해야 하므로 수출하려는 제품의 품질, 인도, 가격 등에 관한 세밀한 조사도 병행해야 한다.

2. 거래처의 선정과 신용조사

(1) 거래처의 선정

해외시장조사의 결과에 따라 자사는 물품의 판매에 유망한 시장을 선정하여 그 시장의 상황 및 상관습 등을 연구·조사한 후 그 시장에서 보다 확실한 거래처를 선정하여 거래관계를 맺어야 한다. 거래처를 선정하는 방법도 해외시장조사시와 마찬가지로 신중하고 정확하면서도 자사에 가장 유리한 업체를 선정하여야 할 것이다.

이러한 거래처를 선정하기 위하여 일반적으로 개별적인 선정방법이나 공공기관에 의뢰하는 방법으로 거래처 후보대상을 물색하여 그 가운데서 가장 적절한 상대를 선정한다.

개별적인 선정방법에는 무역업자 자신이 직접 시찰하는 방법, 민간무역사절단의 일원으로 참가하는 방법, 해외지점 또는 출장소를 이용하는 방법, 대리점이나 거래처를 이용하는 방법, 간행물을 이용하는 방법 등이 있다.

공공기관에 의뢰하는 방법에는 대한무역투자진흥공사(Korea Trade Promotion Corporation: KOTRA), 대한상공회의소(Korea Chamber of Commerce and Industry: KCCI)에 의뢰하는 방법, 한국무역협회(Korea International Trade Association: KITA), 신용보증기금 등에 의뢰하는

방법이 있다.

(2) 신용조사

목적시장의 거래후보자로부터 거래관계를 맺을 것을 희망하는 회답이 왔거나 또는 상대방으로부터 거래를 신청해 왔을 때에 상대방의 신용조사를 하여야 한다. 국제무역거래에서는 무역사기가 빈번히 발생하고 있으므로 해외 수출입업자에 관한 신용조사는 신속하고 정확하여야 한다. 특히 중소기업의 경우는 단 한 번의 무역거래로도 회사의 운명이 결정되므로 더욱 철저하고 신중한 신용조사를 실시하여야 하며, 계속적인 거래관계를 유지하고 있는 기업일지라도 적어도 1년에 1~2회 정기적인 신용조사를 실시하는 것이 거래상 안전하다.

1) 신용조사의 내용

무역을 하기 전에 거래대상자에 대한 신용상태를 조사해서 거래여부를 결정하거나 거래규모를 결정하면 손해를 예방하거나 줄일 수 있다. 신용조회를 할 때 보통 거래당사자의 상도덕(Character), 자본(Capital) 및 능력(Capacity)를 조사한다. 이를 일컬어 신뢰도측정요소(reliability or credit factors)로서의 3 C's라 하며 그 구체적 내용은 다음과 같다.

① 상도덕(Character)

당해 업체의 개성(personality), 성실성(integrity), 평판(reputation), 영업태도(attitude toward business)나 거래형태(mode of doing business), 채무변제이행열의(willingness to meet obligation) 및 계약이행상태(business commitments)에 대한 상도의성에 관련된 내용 등을 조사한다.

② 자본(Capital)

당해 업체의 재무상태(financial standing), 즉 수권자본(authorized capital)과 납입자본(paid-up capital), 유동자산(current or liquid assets)과 고정자산(fixed assets)의 비율(ratio), 재무제표의 분석(analysis of financial connection), 기타 자산 및 부채상태 등 지불능력(solvency)과 직결되는 내용을 조사한다.

③ 능력(Capacity)

당해 업체의 연간 매출액(annual turn-over), 개인 또는 법인 등 업체의 구성형태, 업종(line of business), 거래조건(terms of business), 거래처(business connection), 연혁(historical background)내지 경력(career) 및 영업권(goodwill) 등 영업능력과 장래의 사업성에 관한 내용을 조사한다.

이러한 3 C's 이외에 거래 대상업체가 소속된 국가의 정치 및 사회의 안정, 거래조건(condition), 담보능력(collateral), 거래통화(currency), 소속국가(country) 중에서 2가지를 추가하여 5 C's 라고도 한다.

2) 신용조사의 방법

신용조사를 하는 방법으로서는 ① 신용조사 전문기관, ② 상대방으로부터 신용조회처(credit references)로서 통지해 온 은행 또는 동업자, ③ 자기가 거래하는 외국환은행 등을 이용할 수 있으며, 이 중에서 은행이 통보해 주는 신용조회 결과보고서인 Bank Credit Report가 가장 신뢰할 수 있는 것으로 평가된다.

① 은행 신용조회처(Bank References)

자기와 거래관계가 있는 외국환은행에 의뢰하여 목적지에 있는 그 은행의 지점 및 거래은행으로 하여금 신규 거래처의 영업 및 재무상태를 조사하여 보고하도록 의뢰할 수 있어 무역상사가 손쉽게 이용할 수 있는 신용조사 방법이다. 이 은행의 회답은 그 신용조회를 할 당시의 신용상태에 대한 은행의 의견이라는 점에서 일반적으로「bank opinion」이라고도 한다.

② 동업자 신용조회처(Trade References)

오랫동안 당사와 거래관계가 있는 단골 외국거래처에 의뢰하여 상대방의 신용상태를 조사·보고하게 하는 신용조회(credit inquiries)

를 일반적으로 신용조회장(reference) 또는 동업자 신용조회처(trade references)라고 하며 외국에서 많이 이용되고 있다. 이러한 의미에서 신용조회장(reference)은 제3자인 특정 상인의 영업상의 지위, 시장에 있어서의 신용정도, 재산의 정도, 경영자의 성격 및 명망 등을 단골거래처로부터 조회를 의뢰받았을 때 그 회답으로 발송하는 참조서류를 말한다.

③ 상업흥신소의 이용

상업흥신소(mercantile agency; commercial credit agency)는 신용조사를 전문업으로 하는 단체이며, 국제적으로 유명한 흥신소는 세계 각지에 조사원을 주재 또는 파견하여 현지에서 신용조사만을 전문적으로 실시하고 있다.

④ 신용보증기금의 이용

신용보증기금(Korea Credit Guarantee Fund: KCGF)은 세계적 신용조사망을 갖춘 미국의 Dun & Bradstreet International 사를 비롯한 약 30개국 70여 개사의 해외신용조사 전문기관과 제휴하고 신속·정확한 정보를 제공하고 있다.

⑤ 대한무역투자진흥공사(KOTRA)

KOTRA는 단순품목, 포괄품목, 종합품목에 대한 시장조사를 실시하고 있으며 이 밖에 해외업체의 신용상태도 조사하고 있다.

⑥ 한국무역보험공사

한국무역보험공사의 수출신용정보센터는 해외수입업자 및 수입국은행에 대한 신용조사 및 수입국 정세조사, 신용정보자료 및 수출보험인수제한, 수입자명부 등 제공, 채무추심기관 소개 및 알선, 기타 해외신용정보에 관한 상담 등을 주요 업무로 취급하고 있으며 신용조사비 및 수수료는 무료이다.

3) 신용조회 서한의 작성요령

신용조회서한에는 ① 조회하고자 하는 상사의 정확한 주소 및 회사명 기입, ② 신용조회를 하고자 하는 이유, ③ 신용조회 내용, ④ 신용조회

내용의 비밀엄수 및 신용조회의 결과로 인하여 거래상 불이익이 발생하는 경우에도 조회처의 책임을 묻지 않겠다는 약속, 때로는 수수료의 지급의사도 밝히며 반신용 봉투와 우표(coupon)를 동봉하기도 한다. 또한 ⑤ 감사의 표시와 협조 요청 등의 내용을 언급한다.

4) 은행의 신용조사 보고서 기재사항

신용조회를 의뢰받은 기관은 자신이 조사한 신용정보를 다음의 내용을 포함하여 객관적인 입장에서 솔직하고 신속하게 회신하여야 하며, 신용조회 수수료 또는 비용청구서를 별도로 작성하여 신용조사보고서와 함께 동봉한다.

① 해당회사의 설립 및 영업 연월일
② 해당회사의 구성 및 경영규모, 자본금
③ 해당회사의 업종 및 영업상태
④ 업계에서의 지위 및 평판
⑤ 거래은행명과 거래상황
⑥ 지급의무 이행의 확실성
⑦ 단지 은행의 의견이므로 결과에 대하여 책임을 지지 않는다는 문구

신용조회에 대한 보고서를 작성할 때에는 정확한 수치를 제시하기 보다는 상대방이 판단할 수 있는 정도의 개략적인 내용이나 전반적인 평판만을 제공한다. 예를 들면, low는 1~2, moderate는 3~4, medium는 5~6, high는 7~9의 수를 각각 의미하며, five figure는 만 단위수, six figure는 십만 단위수, seven figure는 백만 단위수, eight figure는 천만 단위수, nine figure는 억 단위수를 각각 의미하므로 신용보고서상에 medium eight figure라고 기재되어 있으면 이는 약 5~6천만 정도를 나타내는 것으로 이해할 수 있다.

3. 거래관계의 권유

목적시장내에서 거래처가 선정되면 다음에는 구체적으로 거래관계를

맺도록 권유해야 한다. 거래를 권유하는 방법으로 개별적인 거래제의장(business proposal) 또는 동일한 내용의 서한을 미리 인쇄하여 수신자명만을 기입한 후 다수의 거래처에 발송하는 권유장(circular letter)을 이용한다. 거래제의장에는 ① 상대방의 주소와 성명·상호명을 알게 된 경로, ② 수출 또는 수입을 희망하는 품목, 가격·지급조건 등, ③ 신용조회를 위한 신용조회처의 제시, ④ 거래개설을 유도하는 문언, ⑤ 기타 참고사항(홈페이지) 등을 포함하여야 한다.

본래는 거래처를 선정한 후 신용조사를 실시하고 신뢰할 만한 업체에 거래제의를 하는 것이 순서이지만, 실제 거래에 있어서는 편의상 거래제의와 신용조사를 동시에 실시하고 있다.

4. 조회

상품구입을 권유받은 자가 그 상품을 구매할 의사가 있으면 그에 관하여 조회(inquiry)를 하는데, 이를 문의라고도 한다. 일반적으로, 조회는 조회서(inquiry letter) 또는 전신으로 한다. 그 내용은 주로 다음과 같다.

① 정가표 및 catalog 또는 견본의 송부를 요구하는 경우
② 미리 무역계약조건(특히 가격조건)을 알아보는 경우
③ 구체적인 청약(offer)의 발행을 요청하는 경우 등

5. 청약

(1) 청약의 의의

청약(offer)이란 청약자(offeror)가 피청약자(offeree)에게 일정한 조건으로 계약을 체결하고 싶다는 취지의 의사표시이며 일정내용의 계약을 성립시킬 목적으로 언어나 행동으로 하는 법적 구속력을 가진 확정적 의사표시이다. 무역거래에서 청약은 주로 전신에 의하여 행

하여지며 전신청약은 다시 서한으로 확인되어야 한다. 무역계약은 낙성계약이기 때문에 한 당사자의 청약과 상대방의 무조건적인 승낙(acceptance)에 의하여 계약이 성립된다.

(2) 청약의 법리적 성질

청약은 교섭단계의 단순한 거래제의가 아니라 상대방의 승낙의 의사표시를 통하여 법률적 효력을 가지는 확정적 의사표시이므로 다음과 같은 법률적 성질을 가지게 된다.

첫째, 청약은 의사표시에 불과하다. 즉 청약은 그 자체 단독으로는 당사자가 목적하고 있는 법률적 효과를 발생시킬 수 없으며, 반드시 상대방의 승낙을 기다려 일정의 법률효과를 발생시키는 것이기 때문에 법률요건으로서의 법률행위가 아니며 그를 구성하는 구성요소로의 법률사실인 의사표시에 불과하다.

둘째, 청약은 법령에 별도로 규정되어 있지 않는 한, 별도의 형식을 요하지 않는 불요식성을 갖는다. 따라서 구두, 서면 또는 행위로써 상대방(offeree)에게 전달하면 된다.

셋째, 청약은 단순한 거래제의가 아니므로 청약내용은 명확해야 하며 조금이라도 확정할 수 없는 것이 있으면 안 된다. 그러므로 계약물품의 가격, 지급조건, 인도조건 등 청약에 필요한 기본요소가 분명하게 나타나도록 작성 하여야 한다. 그러나 이는 계약조항이 전부 모두 명시되어야 한다는 의미와는 구별된다.

넷째, 청약은 특정인에 대하여 할 수도 있고 특정의 개인, 특정단체의 다수인 또는 불특정다수에 대하여 할 수도 있으나 청약시에 상대방을 표시할 필요는 없다. 그러나 청약자는 특정인이어야 하고 승락의 의사표시의 수령자이므로 명시되어야 한다.

다섯째, 상대방이 청약의 내용을 알기 전에는 승낙을 할 수 없으므로 청약은 상대방에게 도달되어야 효력이 발생한다.

여섯째, 청약은 계약을 성립시키려고 하는 의사에 기하여 행하여지는 확정적 의사표시이어야 한다. 그래야만 계약이 체결될 수 있고 그렇지 않으면 청약의 유인이 될 뿐이다. 그러므로 신문이나 방송에 의한 광고, 잡지, 선전책자, 상품안내, 가격표 등의 배포를 통하여 1인 또는 2인 이상의 일반대중을 상대로 하고 있는 경우에는 청약으로 보지 아니하고 단지 청약의 유인(an invitation to make offers)에 불과한 것으로 본다. 청약의 유인은 상대방이 청약을 하게끔 만들려는 의사의 통지이므로 상대방이 이에 응하여 의사표시를 하여도 그것만으로는 계약이 성립되지 않는다.

(3) 청약의 종류

1) 청약의 주체에 따른 구분

청약은 매도인이 자기상품에 대한 규격, 수량, 가격, 기타 여러 가지 조건을 제시하면서 판매를 제의하는 것을 말한다. 이것을 매도인청약 또는 판매청약(selling offer)라고 한다. 이와 반대로 매수인이 매도인에 대해 판매조건의 제시를 요구하는 것을 매수인청약 또는 구매청약(buying offer)라고 한다.

2) 청약의 효력에 따른 구분

① 확정청약

매도인이 외국의 매수인에 대하여 청약하는 경우 당해 청약의 유효기간 내에는 그 내용을 변경, 취소, 회수가 불가능하며 그 유효기간 내에 매수인이 승낙하면 계약이 유효하게 성립되는 청약을 확정청약(firm offer)이라고 한다.

② 불확정청약

보통 유효기간이나 확정적이라는 표시가 없는 청약으로 매도인인 청약자(offeror)가 그 내용을 임의로 변경, 취소, 또는 철회할 수 있고 매수인인 피청약자(offeree)가 이를 승낙해도 다시 매도인의 최종확인이 있어야 계약이 성립되는 청약을 불확정청약(free offer)이라고 한다.

③ 반대청약(수정천약)

매도인의 확정청약에 대하여 매수인이 무조건 승낙을 하게 되면 무역계약은 성립된다. 그런데 매수인이 매도인의 확정청약에 대하여 일부 내용추가, 제한 및 변경을 요구하는 경우가 일반적인데, 이를 반대청약(counter offer)라고 한다. 반대청약은 원청약에 대한 거절이며, 원청약의 효력을 소멸시키는 동시에 피청약자가 제시하는 새로운 확정청약이 된다.

④ 교차청약

교차청약(cross offer)이란 당사자간에 동일한 내용의 청약이 상호 교차된 경우를 의미한다. 예를 들면, 우연히 A가 B에게 청약을 하고 동시에 B가 A에게 완전히 동일한 내용의 청약을 한 경우 이를 교차청약이라 한다. 교차청약에 의한 계약의 성립여부는 한국[1]과 일본에서는 긍정적인데 비해, 영미법에서는 양자의 의사표시의 상호연계를 중시함으로 계약이 성립되지 않는다는 부정적인 입장을 취하고 있다.

3) 조건부청약

조건부청약(conditional offer)이란 청약자의 청약내용이 어떤 조건이나 단서가 붙어 있는 청약을 말하며, 대부분 "offer subject to~" 로 시작되며 피청약자의 승낙만으로는 계약이 성립되지 아니하고 다시 청약자의 최종 확인이 있어야만 법적 구속력을 갖게 된다. 조건부청약은 형식상으로는 불확정청약에 속하지만 엄밀한 의미에는 청약이라기보다 청약의 유인이라고 할 수 있다.

① offer subject to our final confirmation(최종확인조건부 청약): 시황이 불안정할 때나 매입하는 상대방이 확실하지 않은 경우 또는 매도인측에서 가까운 장래에 가격을 변경하려는 경우에 주로 이용되는 청약으로서 Sub-con Offer(확인조건부청약)이라고도 한다.

② offer subject to prior sale(선착순판매조건 청약): 매수인이 많던가

---

1) 한국민법 제533조에는 「당사자간에 도일한 내용의 청약이 상호 교차한 경우에는 양 청약이 상대방에 도달한 때에 계약이 성립한다」고 규정하고 있다.

제조업자의 공급 및 재고에 제한이 있는 경우에 사용되는 청약으로서, 재고가 없으면 판매할 수가 없으므로 재고잔류조건 청약(~being unsold)과 동일한 의미로 사용되고 있다.

③ offer subject to being unsold(재고잔류조건 청약): 당해 물품의 재고가 있는 경우에만 판매가능하다는 조건이 붙어 있는 청약으로서 선착순판매조건 청약(~prior sale)과 유사하다.

④ offer subject to market fluctuation(시세변동조건부 청약): 시세의 변동에 따라 청약의 발행자가 상대방에게 사전통고 또는 사전 양해없이 청약에 명시한 가격을 변경할 수 있다는 조건이 붙어 있는 청약으로서 사전 통고 없이 변경하는 조건부 청약(~change without notice)과 동일하다.

⑤ offer subject to on sale or return(잔품반환조건부 청약): 신제품이나 신시장 개척 시 또는 재고품을 처분할 때 주로 사용되는 청약으로서, 판매 후 남은 잔품은 Offer 발행자에게 반환할 것을 조건으로 하며 위탁판매수출의 경우에 많이 이용된다.

⑥ offer on approval(승인점검부 청약): offer와 함께 견본을 보내어 피청약자가 견본을 사용해 본 후 만족하면 승낙할 것을 조건으로 하는 청약으로 신제품이나 신시장 개척 시에 주로 이용되고 있다.

(4) 청약의 효력과 소멸

청약의 효력의 발생 시기에 관해서는 세계 각국 및 무역에 관한 국제규칙 등에서 도달주의를 채택하고 있다. 따라서 청약이 상대방에게 인지될 수 있는 상태가 되어야 도달된 것으로 간주되어 효력이 발생하게 됨으로 청약의 불착 및 연착에 따른 불이익은 청약자에게 있다고 할 수 있다. 그리고 이러한 청약의 효력은 ① 청약자가 청약이 상대방에게 도달되기 전에 동 청약을 철회하거나, ② 피청약자가 청약의 내용에 대하여 거절의 의사표시를 하거나, ③ 청약의 유효기간이 경과되거나, ④ 당사자중 일방이 사망하는 경우, 또는 ⑤ 청약이 된 후 계약의 이행이 위법이 되는 경우와 같이 후발적 위법이 발생하는 경우 동 청약은 효력을 상실한다고 할 수 있다.

6. 승낙

(1) 승낙의 의의

청약자의 청약내용대로 계약을 성립시키려는 피청약자의 동의의 의사표시를 승낙이라 하며, 계약은 청약(offer)에 대해서 승낙(acceptance)이 있음으로써 비로소 무역계약이 성립된다. 이때 승낙은 원칙적으로 청약의 모든 내용에 대하여 무조건적이고 절대적이어야 하며, 이를 일부 변경하거나 추가하면 반대청약(counter offer)으로 간주된다.

승낙은 청약자가 승낙기간을 정한 경우에는 그 정한 기간 내에, 만약 이러한 기간을 정하지 아니한 경우에는 상당한 기간 내에 청약자에게 도달하여야만 유효하다.

(2) 승낙의 성격

승낙은 피청약자가 청약자의 청약을 받아 계약을 성립시킬 목적으로 하는 의사표시이다. 따라서 매매계약의 성립을 위한 유효한 승낙이 되기 위해서는 다음과 같은 요건을 반드시 갖추어야 한다. 첫째, 승낙은 청약과 같이 계약 성립의 요소가 되는 의사표시이므로 그 내용은 원청약의 내용과 완전히 일치하여야 한다. 이것이 청약과 승낙의 표시내용에 관한 이른바 '경상의 원칙(mirror image rule)'으로 청약의 내용과 조금이라도 다른 승낙은 아무런 계약을 성립시킬 수 없다. 둘째, 승낙은 합의에 의하여 계약을 성립시키는 것이 목적이므로 그 내용은 절대적(absolute)이고 최종적(final)이며 무조건적(uncondition)이어야 한다. 따라서 변경을 부가한 승낙을 하였을 때에는 완전히 유효한 승낙이 아니라 원청약의 거절과 동시에 새로운 청약을 한 반대청약(counter offer)으로 간주한다. 셋째, 승낙은 피청약자가 청약자인 특정인에 대하여 하여야 한다. 즉 승낙은 청약의 상대방만이 할 수 있으며 그 이외의 타인이 승낙하여도 계약은 성립되지 않는다.

(3) 승낙의 효력발생시기

원칙적으로 계약은 피청약자가 청약자의 청약을 승낙함으로써 성립되지만 무역계약은 격지자간의 상거래이므로 승낙의 효력 발생시기에 관하여 당사자간에 문제가 될 수 있다. 승낙의 효력의 발생시기에 관하여 전화나 텔렉스와 같은 대화자간의 거래에서는 모두 도달주의를 채택하는데 반하여 우편이나 전보와 같은 격지자간의 거래에서는 한국(민법 제531조)과 일본, 그리고 영미법 계통에서는 발신주의를 채택하고 있고, 독일이나 국제물품에 관한 UN협약 등에서는 도달주의를 채택하고 있음에 유의하여야 할 것이다. 그러나 최근에는 FAX나 Telex 또는 E-mail 등의 통신수단을 많이 이용하게 됨에 따라 실무에서는 도달주의를 중시하고 있다.

〈표 3-2〉 승낙의 효력 발생 시기

<table>
<tr><th colspan="2">준거법
통신수단</th><th>한국법</th><th>일본법</th><th>영국법</th><th>독일법</th><th>ULFCIS</th><th>UNCCIS</th></tr>
<tr><td colspan="2">의사표시에 관한 일반원칙</td><td>도달주의</td><td>도달주의</td><td>도달주의</td><td>도달주의</td><td>도달주의</td><td>도달주의</td></tr>
<tr><td rowspan="2">승낙의 의사 표시</td><td>대화자간(대화, 전화)</td><td>도달주의</td><td>도달주의</td><td>도달주의</td><td>도달주의</td><td>도달주의</td><td>도달주의</td></tr>
<tr><td>격지자간(우편, 전보)</td><td>발신주의</td><td>발신주의</td><td>발신주의</td><td>도달주의</td><td>도달주의</td><td>도달주의</td></tr>
</table>

인터넷 등을 이용한 전자상거래의 경우에도 일반적으로 격지자간의 거래로 분류하고 있으나, 동시적인 도달 가능성을 고려하여 도달주의를 채택하고 있다.[2]

2) 장흥훈 · 장동식 · 이재은, 『무역개론』, 청목출판사, 2019, pp. 388-394.

제2절 무역계약서의 형태와 기본거래조건

Ⅰ. 무역계약서의 형태

1. 주문서와 주문승낙서

주문서(Order Sheet)란 매수인이 자기가 구입하고자 하는 상품의 내역을 기재하고 서명하여 매도인에게 발송하는 상용문서를 말하며, 회사에 따라 그 제목, 인쇄내용 등이 다르지만 표제로는 일반적으로 order, order sheet, order form, order blank, purchase order, purchase note 등이 사용되고, 매약서(買約書)로서는 일반적으로 confirmation of purchase, purchase note 등을 사용하고 있다.

그리고 주문승낙서(Acknowledgement of Order)는 매수인의 주문서를 승낙한다는 취지를 기재하고 서명하여 매도인이 매수인에게 보내는 상용문서를 말하며, 표제로는 일반적으로 acceptance of order, acknowledgement order, confirmation of order 등이 사용되고 매약서(賣約書)로서는 일반적으로 confirmation of sales, sales confirmation, sales note 등이 사용된다.

2. 매도계약서(Sales Note)와 매입계약서(Purchase Note)

매도계약서(Sales Note)는 매도인이 작성하여 매수인에게 보내는 특정물품의 판매서이다. 매도인이 매도계약서 2통(in duplicate)을 작성하여 정식으로 서명한 다음 매수인에게 발송하고 매수인은 이를 검토한 후 이의가 없으면 반대 서명한 다음 1통은 자신이 보관하고 나머지 1통은 매도인에게 반송한다. 동시에 매수인도 매입계약서를 2통 작성하여 서명한 다음 매도인에게 발송하고 매도인이 서명된 1통을 매수인에게 반송한 후 상호 간의 계약내용을 확인한다. 매매계약서(Sales Agreement)는 매도인(수출업자)과 매수인(수입업자)이 서로 만나서 합의를 한 후 동일한 계약서에 이름을 기재하고 서명한 상용문서를 말한다. 매도계약서(sales note)는 수출계약서(export contract, sales contract, sales confirmation, sales memo)라고도 부른다.

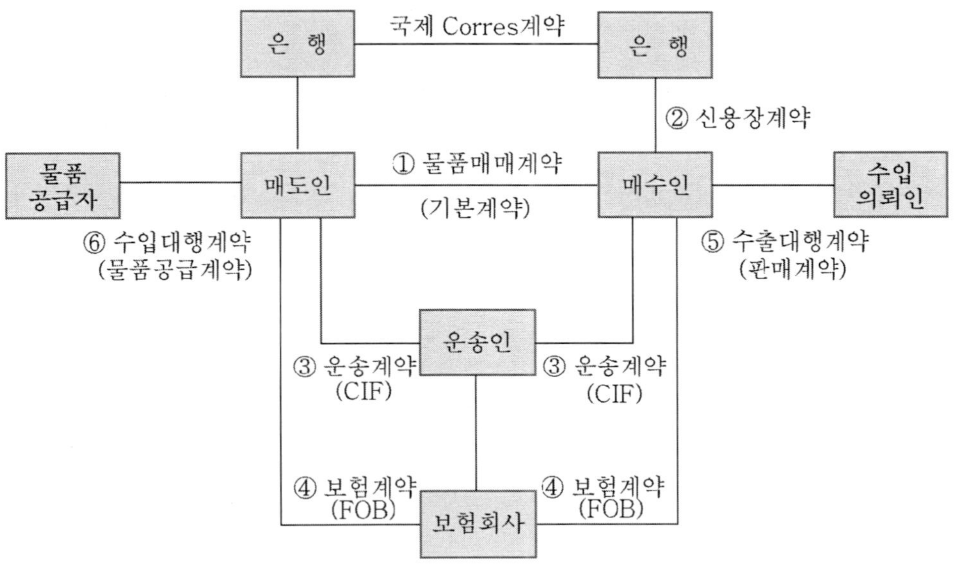

〈그림 3-1〉 무역계약의 구조(기본계약과 종속계약)

Ⅱ. 개별계약서의 주요 기재내용

일반적으로 이용되는 개별계약방식에 의한 수출입계약서는 표면약관과 이면약관으로 구성되어 있다. 무역계약서의 표면약관에 포함되는 사항은 거래건별로 확정하여야 하는 개별약정사항으로서, 당해 거래시의 물품의 품질수준, 수량 및 가격 등 거래상품에 관한 사항과 선적일자, 결제방법 및 보험조건 등이 여기에 해당한다. 무역계약서의 이면약관에 속하는 사항은 무역에 관한 일반거래조건(General Terms and

Conditions)으로서 무역계약에 대리인이 개입되지 않고, 계약상 권리와 의무의 당사자인 본인 대 본인계약(Principal to Principal Basis Contract)이라는 사항과 계약서의 표면약관에서 합의한 품질, 수량, 가격 및 선적조건 등을 정하는 기준 등 개별약정사항을 해석하는 기준과 계약불이행과 관련한 조항으로서 불가항력조항, 클레임조항, 중재조항 및 준거법조항 등 수출입거래시 일반적으로 적용되는 공통사항이 여기에 포함된다.

1. 표면약관

표면약관은 거래시마다 결정하여야 할 사항을 계약서의 표면에 기재한 약관으로서 타자조항 또는 개별조항(특약사항)이라고도 한다. 표면약관에는 일반적으로 서두(Letterhead), 계약서의 명칭, 계약성립의 확인문언, 주요 거래조건 및 기타 거래조건, 표면약관과 이면약관의 우선순위, 양당사자의 서명 등이 기재된다.

2. 이면약관

이면약관은 모든 거래에 공통되는 사항으로서, 일반적으로 무역정의 및 준거법(trade definitions and governing law), 품질보증(warranty), 면책사항(infringement), 중재조항(arbitration clause) 등 장래의 계약이행상의 책임을 면제하기 위한 내용들이 인쇄되어 있기 때문에 일반조항 또는 인쇄조항이라고도 한다. 계약서상의 표면약관과 이면약관이 모순되는 경우에는 표면약관이 우선적으로 적용되며, 계약서의 내용이 수기, 타자, 인쇄로 혼합되어 있는 경우에는 수기, 타자, 인쇄의 순으로 적용된다.

3. 의향서

무역계약은 당사자간의 격지자간 거래이고 언어나 법률문화에 차이가 존재하기 때문에 계약이 체결되기까지는 상당한 시간이 소요되기도 한다. 무역계약이 단순히 물품매매계약인 경우에는 단기간에 계약서가 작성되기도 하지만, 복잡한 매매계약이나 플랜트수출계약 등은 계약이 체결되기까지는 수차례 실무협상을 통하여 각 조건별로 부분적인 합의를 하고, 이를 의사록(Minutes of Meeting)이나 서한(Letter), 또는 각서(Memorandum of Agreement) 형식으로 기록하게 되는데, 이를 의향서(Letter of Intent)라고 한다. 즉 의향서는 정식으로 계약이 체결되기 전에 계약실무자들이 합의한 내용을 정리한 문서를 말한다. 이 경우 그러한 MOU 등이 효력이 있는지 당사자를 구속하는지 등은 표제여부와 관계없이 그 내용에 따라 결정된다. 그 내용이 거래의 주요사항에 대한 당사자들의 합의사항을 포함하고 있고 계약의 실질적 내용을 충분히 규정하고 있어서 그 내용을 법원이 강제력을 가지고 구체적으로 실행하는 것이 가능하다면 계약으로서의 효력이 인정될 수 있을 것이나 통상 이와 같은 요건을 구비하지 못하기 때문에 이러한 MOU 등은 당사자들을 구속하지 않는 경우가 일반적이다.

의향서를 작성하는 목적은 계약의 최종 결정자료로 사용하기 위하여 협상실무자가 작성하는 경우도 있고, 당사자가 계약서를 작성하기 전에 기본적인 사항에 대하여 상호 확인하기 위해 작성하기도 한다. 또한 계약체결에 따라 설비투자가 필요한 조건으로 되어 있는 경우 의향서를 작성하여 금융기관에 제시함으로써 융자를 받는데 활용하기도 한다.

일반적으로 의향서는 계약이 체결되기 전의 합의사항을 메모한 것이드로 법적인 구속력이 인정되지 않는 예비적 성격의 문서에 불과하다. 그러나 의향서의 내용을 확인한 후 담당자들이 서명해 두면, 분쟁이 발생하여 본 계약서의 해석상의 문제가 발생하는 경우 법률적인 효력이 인정되기도 한다.

따라서 의향서의 법률적 효력을 부인하기 위해서는 '~subject to contract'라는 표현을 기재하고, 계약을 의미하는 contract, agreement라는 용어나 의무를 의미하는 shall, will 등의 용어를 사용하지 말고 desire, intent, expect, be thinking of 등의 용어를 사용하는 것이 바람직하다. 또한 계약서를 작성할 때 본 계약서만이 유일한 합의서이며, 그 이전의 각종 제안서, 회의록, 의향서(letter of intent), 양해각서, 가계약, 이면계약 등은 인정하지 않는다는 완전합의조항(entire agreement clause)을 명시해 두는 것이 좋다.

〈예시〉 의향서의 구속력을 부인하는 경우

"This MOU/LOI/TERM SHEET/LOC shall not bind the signatory(ies) of this MOU/LOI/TERM SHEET/LOC unless and until a separate, formal and written agreement(s) has(have) been made and entered into by the sign.

4. 일반거래조건협정서

일반거래조건협정서는 매매계약 전반에 걸친 당사자간의 협정서로서 Agreement on General Terms and Condition(of Business) 또는 Memorandum on General Terms and Condition(of Business)라고 불린다. 계약당사자 간에는 거래관습과 적용가능한 법(준거법)이 상이함으로 매 계약 시마다 계약서를 새로 작성할 경우 적지 않은 시간과 경비를 소요하게 되는 바, 매매계약 전반에 관한 사항에 대하여는 매번 별도의 계약 없이 그대로 사용하고 품목, 수량, 단가, 선적일 등 세부사항에 대해서만 갱신하여 사용함으로써 계약체결을 단순화시킬 수 있다. 동 협정서(Agreement)에 기재되는 내용들은 ① 거래의 기본에 관한 조건, ② 거래상품에 관한 기초조건, ③ 매매계약이행에 관한 조건, ④ 무역분쟁의 해결에 관한 조건이다.

〈표 3-3〉 일반거래조건협정서의 구체적 내용

범 주	구체적인 계약내용
기본조건	· 당사자(Principal) 및 서명 · 계약확정문언 · 계약의 유효기간(Validity) 등
거래상품에 관한 조건 (정형거래조건 포함)	· 품질조건(Terms of Quality) · 수량조건(Terms of Quantity) · 가격조건(Terms of Price) · 포장조건(Terms of Packing)
계약이행에 관한 조건 (정형거래조건 포함)	· 선적조건(Terms of Shipment) · 결제조건(Terms of Payment) · 보험조건(Terms of Insurance)
분쟁해결에 관한 조건	· 불가항력조항(Force Majeure) · 클레임조항(Claim Clause) · 중재조항(Arbitration Clause) · 준거법(Governing Laws)

계약당사자가 계약서의 이면약관에 자신에게 유리한 조항을 일방적으로 인쇄하여 상대방에게 송부하고 서로 자신의 계약서를 정식계약서로 사용하겠다고 주장하는 경우 양당사자가 사용하고자 하는 서식에 관하여 논쟁이 발생할 수 있는데, 이를 '서식전쟁(Battle of the Forms)'이라도 한다. 따라서 계약당사자는 계약불이행시 발생할 수 있는 분쟁에 대한 해결책으로서 이면약관을 일치시키고 이에 서명하여 둠으로써 계약서 자체에 관한 또 다른 분쟁이 발생하지 않도록 하는 것도 실무적으로 중요하다.

〈예시〉 일반거래조건협정서

Agreement on General Terms and Conditions (of Business)

This Agreement made and entered into between DAEHAN Trading CO., Ltd, Seoul(hereinafter called the sellers) and DALTON & Co., INC, New York(hereinafter called the Buyer) witnesses as follows :

(1) Business :

Business is to be transacted between Sellers and Buyers as Principals to principals, on their own account and responsibility for the sale of the Sellers' Sporting Shoes in New York.

(2) Quality :

The Sellers are to supply the Buyers with samples free of charge and the quality of the goods to be shipped be fully equal to that of the sample on which an order is given.

(3) Quantity :

The minimum quantity for an order is to be the standard contents of one package. Assortment of various articles is to be accepted so long as the total quantity exceeds the minimum just explained.

(4) Prices :

Prices are to be quoted in U.S. Dollars on the basis of C.I.F. New York unless otherwise specified.

(5) Firm Offer :

Firm Offers are to remain effective for forty-eight hours after the time of dispatch, excluding Sundays and National Holidays.

(6) Orders :

Except in cases where firm offers are accepted all orders are to be subject to the Sellers' final confirmation.

(7) Discount :

The special discount of 3 per cent from the contract price is to be accorded on an order exceeding 1,000 pairs in quantity.

(8) Packing :

Proper export wooden case packing is to be carried out, each case bearing the mark <A1> with port mark, running case number, and the country of origin.

(9) Shipment :

Shipment is to be made within the time stipulated in each contract, except in circumstances beyond the Sellers' control. The date of bills of lading shall be taken as conclusive proof of the date of shipment, Unless expressly agreed upon, the port of shipment shall be at the Sellers' option.

(10) Force Majeure :

The Sellers shall not be responsible for the delay in shipment due directly or indirectly to force majeure including mobilization, war, riots, civil commotions, hostilities, blockades, requisition of vessels, prohibition of export, fires, floods, earthquakes, tempests, strikes, lockouts and any other contingencies, which prevent shipment within the period stipulated. In the event of any of the aforesaid causes arising, documents proving its occurrence or existence shall be submitted by the Sellers to the Buyers without delay.

(11) Delayed Shipment :

In all cases of force majeures stipulated in Article 10, the period of shipment stipulated shall be extended for a period of twenty-one days. In case shipment within the extended period should still be prevented by a continuance or the consequences any of the causes mentioned in Article 10, it shall be at the Buyers' option either to allow the shipment of late goods or to cancel the order by giving the Sellers the notice of cancellation by telex or facsimile.

(12) Insurance :

All shipments are to be covered on ICC(B) including War Risks for the invoice amount plus ten per cent, and the insurance policy is to be made out in U.S. Dollars and claims payable at New York.

(13) Payment :

Draft is to be drawn at 60 d/s under Irrevocable Letter of Credit which should be opened in favor of the Sellers immediately upon contract, for the corresponding value of an order, with full set of shipping documents, viz. Bill of Lading, Insurance policy, Commercial Invoice and other documents which each contract requires.

(14) Credits :

The letter of credit shall be established in favor of the Sellers by cable or mail, as the cable may be, immediately upon contract for the corresponding value of an order and shall be maintained for fourteenth days beyond the latest date set forth for shipment for negotiation of relative drafts. If the Buyers fail to establish the letter of credit as specified above, the Sellers shall reserve the right to cancel the contract.

(15) Claims :

Any claim exceeding 10 per cent of the invoice amount is to be cabled within 10 days from the date of final discharge of goods at destination. Any claim beyond the amicable adjustment between Sellers and Buyers is to be settled by arbitrators at destination.

(16) Arbitration :

Claims and disputes, failing amicable settlement between the Sellers and the Buyers, shall be submitted to two arbitrators appointed by each party, and should they be unable to agree, the decision of an umpire selected by the arbitrators, including the apportionment of the expenses of the arbitration, shall be final. Arbitration under this provision shall be carried out in U.S.A.

This Agreement shall be valid on and after December 1, 2022.

5. 무역계약서의 주요 내용

(1) 표제

표제는 계약 내용을 한 눈으로 알아보기 쉽도록 하기 위한 것으로서 표제 그 자체가 계약서라고 되어 있든 혹은 각서 · 합의서 · 협정서 등으로 되어 있든, 그 표제에 의하여 구속력이 발생하는 것은 아니며, 합의된 내용에 의하여 결정되게 된다. 즉, 해당문서에 표현되어 있는 내용을 법률적으로 판단하여 계약으로 인정된다면 그 표제가 어떻게 되어 있든 그 문서의 법률적 성질은 계약서이다.

〈예시〉

Headings in the Agreement have been inserted for convenience of reference only and are not to be used in construing or interpreting this Agreement.

(2) 전문

전문에는 통상 a) 계약체결지, b) 계약체결일자, c) 당사자, d) 법인 설립준거법, e) 주소, f) 당사자의 약칭 등을 표시한다. 계약 당사자를 표시하는데 있어서 개인의 경우에는 그 주소와 full name을, 법인의 경우에는 주된 사무소의 소재지, 정확한 법인명 및 설립 준거법을 포함하여 기재하여야 하며 특히 미국 등 연방국가인 경우에는 어느 주에 속해 있는지를 밝혀야 한다.

〈예시〉

THIS AGREEMENT made and entered into, in Seoul on the seventh day (a) of August, 2022, by and between ABC INTERNATIONAL CORP., a corporation (b) (c) duly organized and existing under the laws of the Republic of Korea and having (d) its principal office at 937, Namdaemun-ro 2-Ga, Jung-Gu, Seoul, Korea (e) (hereinafter referred to as "PRINCIPAL"), and Mr. Henry Smith Jr. residing (c) at 10 Broadway, New York 11037, U.S.A.(hereinafter referre d to as "AGENT" (e) (f) WITNESSETH

(3) 설명조항

설명조항은 당사자가 계약체결에 이른 경위나 당사자의 목적, 즉 계약의 주된 내용의 개요를 기재하는 것이 관례이다. 원칙적으로 설명조항에 기재된 내용은 특별한 법적 효력을 갖지 아니하며, 계약내용에도 영향을 미치지 아니한다. 그러나 계약 내용이 조항만으로는 불명확한 경우에 설명조항은 계약당사자의 진의를 파악하는 하나의 자료가 될 수 있다. 또 당사자는 "표시에 의한 금반언"(estoppel by representation)의 법리에 따라서 설명조항의 내용에 반하는 사실을 주장할 수 없는 경우가 생길 수 있으므로 설명조항은 되도록 간단하게 서술하여야 한다.

〈예시〉

> WHEREAS, PRINCIPAL is engaged in the business of manufacturing and exporting various Korea-made products(h ereinafter referred to as "PRODUCTS") for sale of its majority in the world-wide markets including Indonesia ; and WHEREAS, AGENT desires to be appointed an agent to solicit orders for PRODUCTS, and PRINCIPAL is willing to make such appointment, but only subject to the terms and conditions set forth below;

(4) 약인 및 대가

설명조항(WHEREAS Clause) 다음에 관행으로서 대가의 존재를 확인하는 이른바 약인(約因)을 기재하는 것이 보통이다. 영미법상 약인(consideration)이란 계약당사자로 하여금 계약을 체결하게 한 동기, 유인 즉 계약의 원인으로서 당사자 일방에 발생하는 권리, 이익, 이득 또는 상대방이 부담하는 손실, 손해, 책임 등을 말한다. 영미법에서는 요식계약(Formal Contract) 이외의 계약(Simple Contract)에서는 약인이 존재하지 않으면 계약이 성립하지 아니한다.

〈예시〉

> NOW, THEREFORE, in consideration of mutual covenants and promises contained herein, both parties agree as follows ;

(5) 정의조항

계약서에서 반복 사용되는 용어는 반복될 때마다 긴 문언을 여러번 쓰는 번잡함을 피하고 읽기 쉬운 간결한 계약서로 하기 위하여 정의조항에서 미리 그 용어의 개념을 정의하고, 그것을 인용하는 경우의 약호까지도 미리 정하여 두면 편리하다.

〈예시〉

> Unless the context clearly requires otherwise, the following terms in this Agreement shall have the meanings attributed to them below ;
>
> (A) "KNOW-HOW" means
> (a) rearrangement of machinery layout
> (b) effective operation of machinery
> (c) technical improvement of trainning process
>
> (B) "TERRITORY" means the entire territory of Indonesia

(6) 계약서의 주된 내용

계약서의 내용에서는 계약당사자가 계약을 체결하고자 하는 계약의 목적과 상호간의 권리·의무를 명확하게 하여야 한다. 계약서에서 당사자가 의도한 바를 법률적으로 정확히 표현하고 있는지, 또는 계약서의 내용이 법령에 위반하거나 세법상 불리한 내용이 없는지를 면밀히 검토하여야 한다.

(7) 계약기간

계약의 효력발생시기에 대하여 특별히 표시하지 않은 경우에는 계약서를 작성하여 양 당사자의 서명이 이루어진 날, 그날이 명확하지 않으면 전문중에 기재되어 있는 계약서의 작성일자가 효력발생시기가 된다.

계약은 통상적으로 계약기간의 만료, 해제조건의 성취, 약정해제권의 행사, 법정해제권의 행사에 의하여 종료된다. 계약기간의 만료 및 법정해제권의 행사에 의한 계약의 종료는 당연한 것이지만, 해제조건과 약정해제권의 발생원인에 대하여는 당사자의 합의에 의하여 정할 수 있는 것이므로 계약을 종료할 필요가 있는 사유를 신중하게 빠짐없이 기재하여야 한다.

〈예시〉

The term of this Agreement shall be three(3) years from the effective date of this Agreement and shall be automatically extended for further three(3) years provided that PRINCIPAL shall give, at least three months prior to termination, a written notice to AGENT.

(8) 불가항력조항

불가항력조항(Force Majeure clause)은 영미법상 Frustration에서 유래한 것으로, 계약당사자의 귀책사유가 아닌 불가항력으로 인하여 계약을 이행하지 못한 경우 그러한 불이행에 대하여 당사자의 면책을 규정하고 있는 조항을 말한다.

여기서 불가항력은 어느 일방이 통제할 수 없는 우발적 사태나 사고를 말하는 것으로서, 천재지변(Acts of God)과 인위적인 불가항력이 있다. 전자는 주로 낙뢰, 폭풍우, 지진, 홍수, 해일 등의 자연적인 재해를 말하며, 후자는 전쟁, 동맹파업, 폭동, 내란, 소요, 공장폐쇄, 테러행위 등을 말한다.

〈예시〉

Any delay or failure by either party hereto in the performance hereunder shall be excused if and to the extent caused by occurrences beyond such parties' control, including but not limited to, acts of God, strikes or other labor disturbances, war, sabotage and any other cause or causes, whether similar or dissimilar to those herein specified which cannot be controlled by such party.

(9) 양도조항

영미계약법상으로도 계약상의 권리 또는 의무는 당사자의 의사 또는 법률의 규정에 의하여 일정한 조건하에 제3자에게 양도할 수 있다. 따라서 당사자가 계약양도에 대해 별다른 규정을 하지 않은 경우에는 계약

양도가 가능하게 되므로 계약양도를 금지하려고 하는 때에는 그 뜻을 계약상에 명기해 두어야 하는데, 이를 「양도조항(Assignment clause)」이라고 한다. 또한 계약양도에 대하여 조건을 붙이거나 일정한 절차를 필요로 경우에는 그 조건이나 구체적 절차에 대하여 계약상 명확히 규정하여야 한다.

〈예시〉

(a) None of the parties of this Agreement may directly or indirectly sell, assign or otherwise dispose of this Agreement to any third party unless it is assigned by the operation of law.
(b) This Agreement and any rights or obligations arising hereunder may not be assigned by either party without obtaining the prior written consent of the other party.

(10) 중재조항

무역거래 당사자간의 사법상의 분쟁을 법원의 소송에 의하여 해결하지 아니하고, 사인에 의하여 행하여지는 중재판정에 따라 해결하기로 하는 당사자간의 합의를 기재한 내용이 「중재조항(Arbitration clause)」이다. 대부분의 나라에서 중재조항이 있는 경우에는 소송의 제기가 있더라도 피고가 중재조항의 존재를 주장(방소항변)하면 소송을 각하 또는 정지함과 함께 중재판정부의 중재판정을 집행할 의무를 부담한다. 중재조항에는 중재기관, 중재지, 중재법 등을 명기하여 둘 필요가 있다. 중재기관을 선정함에 있어서는 권위 있는 중재기관의 중재규칙 내용을 검토한 후 중재기관을 결정하되 그 기관이 권장하는 표준중재조항을 계약서에 삽입하는 것이 안전하고 확실하다.

〈예시〉

> **대한상사중재원의 표준중재조항(국제거래의 경우)**
> "Any disputes arising out of or in connection with this contract shall be finally settled by arbitration in Seoul in accordance with the International Arbitration Rules of the Korean Commercial Arbitration Board."
> The number of arbitrators shall be [one / three]
> The seat, or legal place, of arbitral proceedings shall be [city / country]
> The language to be used in the arbitral proceedings shall be [language]

(11) 재판관할권조항

무역계약은 당사자자치의 원칙이 존중되고 있기 때문에 분쟁을 해결하는 방법도 다양하다. 만일 계약서에 중재조항을 규정하지 않은 경우에는 그 계약을 둘러싼 분쟁은 최종적으로 국가가 행하는 재판에 의하여 해결하게 된다. 이 경우에 소송을 제기할 재판소를 당사자간에 미리 약정하여 어느 특정국가의 관할 법원을 재판지로 할 것인지를 미리 설정해 놓은 것이 「재판관할권조항(Jurisdiction clause)」이다. 재판관할의 합의가 있는 경우에도 이러한 합의가 관계 당사국에서 유효한지 또는 선정된 재판소가 외국인(또는 외국법인)의 출소권을 인정하는지 또는 선정된 재판소는 판결의 집행을 처리하기에 적당한지 등을 검토할 필요가 있다.

〈예시〉

> 중재판정에 따른 집행을 관할법원에서 하는 것으로 규정할 경우
> (a) Any Arbitration award rendered shall be final and binding upon the parties and may be enforced in any competent jurisdiction.
> (b) Any and all disputes arising from this Agreement shall amicably be settled as promptly as possible upon consultation between the parties hereto.
> The parties hereto agree that, should either party has been in a position to resort to a lawsuit, injunction, attachment, or any other acts of litigation, the Seoul District Court shall have the Jurisdiction.

(12) 준거법조항

계약당사자로서는 계약의 성립, 이행, 해석이 어느 나라의 법률에 따라 행하여지는가는 대단히 중요한 문제이다. 계약서를 아무리 상세히 작성하여도 법역을 달리하는 당사자간의 국제거래에서는 해석상 의문이 발생하는데, 이 경우 계약의 해석과 관련하여 어느 국가의 법률을 적용할 것인지를 계약서에 명시해 둔 것이 「준거법조항(Governing law clause; Applicable law clause)」이다. 다만, 준거법을 지정한 경우라도 그 지정된 법률이 적용되는 것은 계약의 성립, 이행에 관한 것 등의 실정법측면이며 국제소송의 경우 소송절차 등 소송법측면은 준거법과 관계없이 법정지법에 의하는 것으로 된다.

〈예시〉

> The formation, validity, construction and the performance of this Agreement are governed by the laws of Republic of Korea.

(13) 완전합의조항

계약서의 작성에 있어서 기존 계약과의 관계를 검토하고 본 계약이 성립한 이상 본 계약서만이 유일한 합의서이며, 그 이전의 각종 제안서, 회의록, 의향서(letter of intent), 양해각서, 가계약, 이면계약 등은 인정하지 않는다는 것이 「완전합의조항(Entire Agreement clause)」이다. 계약서의 양식에 따라 이를 'Complete Agreement' 또는 'Integration'이라는 용어도 쓰는데, 이를 「통합조항(Merger clause)」이라고도 부른다.

그러므로 이 조항은 양당사자간의 합의내용을 최종적으로 완결하는 것이며, 기존의 서면 또는 구두에 의한 합의, 협상, 의사표명, 양해, 약정 등은 모두 본 계약에 흡수되고 소멸된다는 것을 구체적으로 명시함으로써 후일의 계약상의 혼란에 따른 분쟁을 예방하기 위한 조항이다.

영미법에서는 오래전부터 이와 같은 사실을 하나의 불문율로 받아들였는데, 이것이 바로 「구두 증거 배제의 원칙(The Parol Evidence Rule)」이다. 이 원칙은 일단 글자로 된 계약서가 한 번 만들어지면 그 계약서 이전에 계약 당사자들이 나누었던 모든 구두로 된 계약은 무효라는 뜻이다. 그런데 말로 이루어진 구두 약속뿐만 아니라 문서로 된 약속이라고 할지라도 최종적으로 통합된 계약서 이전에 서로 주고받은 내용과 최종적으로 합의된 통합 계약서의 내용이 서로 충돌될 때는 법원에서 최종 계약서 이외에는 어떠한 외부 증거도 받아들이지 않겠다는 것이 바로 구두 증거 배제의 원칙이다.

〈예시〉

> This Agreement sets forth the entire agreement and understanding between the parties as to the subject matter of this Agreement and merges and supersedes all prior discussions, agreements and understandings of any and every nature between them, and neither party shall be bound by any condition, definition, warranty or representation other than as expressly provided for in this Agreement or as may be on a subsequent date duly set for in writing and signed by a duly authorized officer of the party to be bound.

(14) 계약서의 수정 및 변경

계약서의 수정 및 변경은 구두 또는 서면에 의한 합의로써 이를 행할 수 있다. 그러나 계약서의 내용은 당사자 사이의 권리와 의무에 관한 매우 중요한 사항이므로 그 내용의 일부 수정변경에 관하여 그 방법과 절차를 미리 약정하여 두는 것이 좋다. 예를 들면, 국제간의 산업설비수출이나 대형선박 건조 등 장기계약(long-term contract)의 경우에는 계약성립 시에는 예견할 수 없었던 사유가 발생하거나 국제물가의 상승에 따른 원자재비용, 임금인상 등으로 인하여 본래 계약의 내용대로 계약을 이행하는 것이 곤란한 경우에는 이행곤란조항(hardship clause), 가격조정조항(price adjustment or escalation clause), 가격점검조항((price review clause), 수정변경조항(variation and change order clause), 납기자동연장조항 등을 계약서에 두고, 이에 비례하여 계약기간을 연장하거나 계약가격을 변경하는 것을 말한다.

〈예시〉

> This Agreement is not changed, modified or amended by the parties of this Agreement except as such change, modification or amendment is in writing and signed by both parties.

(15) 분리가능조항

계약의 일부 조항이 법원의 판결이나 법률의 개폐로 인하여 실효 또는 무효가 되었더라도 해당 조항만 무효이지 기타조항의 계속적인 유효성은 조금도 침해되지 않는다는 내용을 명시한 것을 「분리가능조항(Severability clause)」이라고 한다. 다만 계약조항의 중요한 부분이 실효가 되는 때에는 계약전부가 실효가 되는 경우도 있다는 점에 유의하여야 한다.

〈예시〉

> If any provision of this Agreement or the application of any such provision to any person or circumstance shall be determined by any arbitration or court of competent jurisdiction to be invalid or unenforceable to any extent, S company may upon fifteen(15) days notice elect to (1) terminate this Agreement or (2) continue this Agreement, in which case the remainder of this Agreement or the application of such provision to such person or circumstance (other than those which it is so determined to be invalid and unenforceable), shall not be affected thereby and each provision of this Agreement shall be valid and shall be enforced to the fullest extent permitted by law.

(16) 주권면제(국가면제)의 포기조항

국제거래는 국가가 각각 다른 사인 또는 민간기업 상호간에 이루어진 거래가 일반적이지만, 최근에는 국가 또는 정부기관과 외국 민간기업간에 이루어지는 이른바 국가계약(state contract)도 급격히 늘어나고 있는 실정이다

「주권면제(Sovereign immunity)」는 국가계약의 당사자는 상대방국가(또는 국가기관)를 피고로 하여 소송을 제기하는 경우 상대방국가는 문제의 행위가 당해 국가의 주권행사에 해당하는 경우 해당 법원은 당해 소송에 대하여 재판관할권을 행사할 수 없으며, 자국 영역 내에 있는 타

국재산 중 당해 국가의 주권행사와 관련된 재산에 대해서도 강제집행권을 행사할 수 없다는 것을 말하며, 최근에는 이를 「국가면제(State immunity)」라고 부른다. 「주권면제의 포기조항(waiver of sovereign Immunity)」은 국영무역에서와 같이 국가가 당사자가 되는 경우 상업적 거래에 대하여 미리 이러한 재판권면제를 포기하도록 하자는데 그 목적을 두고 있다. 따라서 그 거래내용이 당사자의 순수한 주권적 내지 공적인 것은 주권면제의 포기대상이 되지 않으며, 상업적·사법적인 것에 한정된다.

〈예시〉

This Agreement constitutes a commercial act made by the Purchaser and the Purchaser is therefore generally subject to setoff, suit, judgment and execution and neither it or its property has the right of immunity from setoff, judgment, attachment or execution on the grounds of sovereignty in regard to its obligations and liabilities under this Agreement. To the extent that the Purchaser or any of its property has or hereafter may acquire any such right of sovereign immunity, the Purchaser hereby irrevocably waives all such right to immunity from legal proceedings, attachment prior to judgment, other attachment, or execution of judgment on the grounds of sovereignty in any action arising hereunder on behalf of itself and all its present and future property.

5. 서식전쟁

현대적인 거래 과정에서 피청약자가 청약의 조건과 상이한 내용이 인쇄된 양식을 사용하여 청약에 대한 회신을 하는 경우에는 계약서의 내용상의 차이가 발생한다. 당사자들은 자신의 이익에 중요하다고 판단하고 있는 사항들, 예를 들면, 품질, 수량, 가격, 선적, 결제조건 등에 대해서는 개별적으로 협상을 진행한다. 그러나 그 외의 사항에 대해서는 자신들이 사용하게 되는 양식을 사전에 인쇄해 놓고 사용함으로써 그 이면약관의 내용에 대해서는 앞서 언급한 항목들과 달리 개별적으로 협의하는 경우가 그리 많지 않다. 이러한 이유로 양자간에 개별적으로 협의하는 사항은 물론이고 사전에 인쇄된 사항의 불일치로 인한 계약성립 여부 및 계약조건에 대한 분쟁이 발생하게 되는데, 이를 「서식전쟁(battle of forms)」이라고 한다.

서식전쟁을 해결하기 위한 해법으로는 경상의 원칙에 입각한 「최후발포이론(Last-shot doctrine)」과 「충돌제거이론(Knock-out doctrine)」이 제시되고 있다. 그러나 최후발포이론은 지나치게 경직되어 있고 형식에 치우치고 있다는 비판이 있어 법원도 동 원칙의 경직성을 완화하기 위한 논리를 개발하여 판결해오고 있다.

(1) 최후발포이론(Last-shot doctrine)

최후발포이론은 서식전쟁의 문제를 해결하기 위해 보통법(common law)에서 전통적으로 적용되던 것으로, 동 이론에 따르면 청약과 승낙의 내용이 일치하지 않는 한 계약은 존재하지 않는다.

즉, 일방이 상대방의 청약에 대하여 당해 거래에의 적용을 목적으로 작성된 일반조건을 포함한 서신을 사용하여 행한 의사표시는 승낙이 아닌 청약에 대한 거절이며 동시에 대응청약으로서 취급된다. 그러므로 계약의 성립하려면 상대방의 청약의 내용에 대하여 무조건적이고 절대적으로 가감 없는 승낙을 하여야 계약이 성립하게 된다. 이처럼 청약의 내용과 승낙의 내용이 마치 거울에 비친 것과 같이 완전히 일치해야 한다는 의미에서 이를 「경상의 원칙(Mirror image rule)」이라 하며, 또한 당해 계약의 내용(조건)은 승낙된 청약 즉, 최후로 제시된 서식속의 내용이 되므로 이를 「최후발포이론(Last-shot doctrine)」이라고 한다.

현재에 이르러서는 대부분의 보통법(common law)국가들이 최후발포이론을 더 이상 채용하지 않거나 적어도 급진적으로 그 적용을 제한하고 있으나, 동 원칙은 여전히 영국법 및 CISG 등에서 서식전쟁문제를 해결하기 위해 지배적으로 사용되고 있는 원칙이다.

(2) 충돌제거이론(Knock-out doctrine)

동 원칙은 특별히 서식교전문제를 다루기 위해 고안된 것으로 청약과 승낙에 대한 일반원칙에 기초하고 있지 않다. 따라서 동 원칙에 따르면, 청약과 승낙이 완전히 일치하지 않은 경우에도 계약은 존재할 수 있고, 이때 양자가 사용한 서식 내용 중 (본질 면에서는) 공통된 사항이 계약의 내용이 된다. 이와 달리, 위 공통된 부분을 제외한 나머지 상이한 내용은 서로 상대방을 파괴하여 사라지고 당해 공백은 법률의 일반원칙에 의해 메워진다. 이와 같이 공통된 부분을 제외한 나머지 부분은 서로를 파괴하여 사라지게 된다는 점에서, 이를 「충돌제거이론(Knock-out doctrine)」이라고 한다. 동 원칙을 채택하고 있는 국가로는 미국, 독일, 프랑스가 있고, 국제상사계약에 관한 UNIDROIT원칙과 EU계약법원칙(Principles of European Contract Law, 1998)에서도 채용되고 있다.

Ⅲ. 무역거래 기본조건

1. 품질조건

품질은 무역거래에서 가장 중요한 사항이며, 무역거래에서 품질조건의 상이함에서 오는 분쟁이 가장 많으므로 특히 유의해야 한다. 따라서 품질조건(Terms of quality)에서는 ① 품질의 결정방법, ② 품질의 결정시기 등을 명확히 하여야 한다.

〈품질조건의 예시〉

The Sellers are to supply the Buyers with samples free of charge and the quality of the goods to be shipped be fully equal to that of the sample on which an order is given.

(1) 품질결정방법

무역거래에 있어서의 품질을 결정하는 방법으로는 ① 견본 ② 표준품 ③ 상표 ④ 규격 ⑤ 명세서 등에 의하여 결정되는데 그 어느 것에 의해 품질이 결정되는가에 따라 견본매매, 표준품매매, 상표매매 또는 명세서매매, 점검매매라고 한다.

1) 견본매매

국제간의 매매는 견본에 의하는 것이 상품의 품질을 상대방에게 올바르게 인식시킬 수 있으며 간편하다. 그러므로 오늘날 무역거래에서는 견본에 의해 품질수준을 약정하는 방법이 가장 널리 이용되고 있다.

특히 제조가공품은 견본매매(sale by sample)를 원칙으로 하고 있다. 견본은 말할 것도 없이 실제로 매매목적물의 일부이며 또한 해당상품 전체의 품질을 대표하는 것이다.

2) 표준품매매

표준품매매(sale by standard)는 농산물이나 수산물과 같이 수확이 예상되는 물품과 목재 등과 같이 정확한 견본의 제공이 불가능한 경우에 일반적으로 사용된다. 이 경우에는 그 표준품을 정하여 거래를 하고, 실제 인도된 물품과 표준품과의 차이가 존재하는 경우에는 계약내용이나 관습에 따라 대금결제를 하게 된다.

표준품매매 방식에는 다음과 같은 방법이 사용되고 있다.

① FAQ

FAQ(Fair Average Quality : 평균중등품질조건)는 주로 곡물이나 과일 등의 농산물에 사용되는 품질조건으로, 인도물품의 품질은 그 계절에 출하되는 상품의 평균중등품질일 것을 조건으로 한다. 선물거래(future dealing)의 경우에는 전년도 수확물의 평균중등품질을 조건으로 한다.

② GMQ

GMQ(Good Merchantable Quality : 판매적격품질조건)는 목재, 냉동

어류 등과 같이 외관상으로는 품질을 판단하기가 곤란하거나 견본의 이용이 곤란한 상품의 거래에 주로 이용되는 품질조건이며, 인도되는 물품의 품질은 그 시장에서 판매적격(merchantability)이어야 함을 매도인이 보증하는 조건이다.

③ USQ

USQ(Usual Standard Quality : 보통품질조건)는 주로 원면거래에서 이용되는 품질조건으로 공인검사기관에 의한 보통의 품질을 표준품의 품질로 결정하는 조건이다. 예를 들면, 인삼이나 오징어 등은 해당 조합이나 공인검사기관에 의하여 1등품, 2등품, 또는 최상품, 상품 등으로 판정되어 수출되는 경우를 들 수 있다.

3) 상표매매

상표매매(sales by trade mark or brand)란 세계적으로 널리 공인된 상품의 경우에는 상표(trade mark) 내지 브랜드(brand)에 의하여 품질이나 등급을 알 수 있으므로 견본을 제시하지 않고 그 상표만으로 거래가 이루어지는 경우를 말한다. 주로 주문자 상표를 부착하여 수출하는 OEM(Original Equipment Manufacturing)방식이 이에 해당한다.

예컨대 Parker 만년필, Revolon의 화장품류, Wembly의 넥타이, 오메가시계, 코카콜라 등의 매매는 주로 상표 또는 브랜드매매(sale by trade mark or brand)이다.

4) 명세서매매

명세서매매(sale by specification)는 기계, 선박, 항공기, 의료기구 등과 같이 견본의 제시가 곤란한 상품의 경우에 사용된다.

상품의 재료, 구조, 성능 등의 명세를 적은 명세서를 작성하고, 경우에 따라 사진, 청사진, 카탈로그 등을 첨부하여 품질을 결정할 수 있다.

5) 규격매매

규격매매(sale by type or grade)는 물품의 규격이 국제적으로 통일되어 있거나 수출국의 공적 표준으로 특정되어 있는 경우에 이용되는 매매방법을 말한다. 일반적으로 국제표준화기구(ISO) 등에서 정한 규격인 전기, 전자제품과 같은 공산품에서 주로 이용된다.

6) 점검매매

매수인이 현품을 직접 확인한 후 매매계약을 체결하는 경우의 품질결정방법을 점검매매(sale by inspection)라 한다. 국내거래에서의 점두매매가 그 전형적인 것이라 할 수 있으며, 국제거래에서는 보세창고도거래조건(Bonded Warehouse Transaction)이 이에 해당한다.

(2) 품질결정시기

무역거래에서 계약물품은 보통 원거리의 해상운송을 필요로 하기 때문에 수출지에서 선적할 때의 품질과 수입지에서 양륙된 시점의 품질 사이에 차이가 생기는 경우가 있다. 따라서 인도되는 물품의 품질보증에 대해서는 선적 시로 할 것인지, 양륙 시로 할 것인지를 미리 협정해 두어야 분쟁을 예방할 수 있다.

1) 선적품질조건과 양륙품질조건

품질의 최종적 결정시기를 선적시로 하는가 양륙시로 하는가에 따라 선적품질조건과 양륙품질조건으로 나누어진다. 여기서 선적품질조건(shipped quality terms)이란 인도상품의 품질이 선적시에 약정한 품질과 동일하게 선적하면 매도인의 의무가 끝나는 조건이다. 일반적으로 Incoterms의 FOB, CFR, CIF규칙이나 표준품매매의 FAQ조건이 이에 해당한다고 할 수 있다. 따라서 선적품질조건에서 매도인은 운송중의 변질된 물품에 대하여는 책임을 지지 않는다.

양륙품질조건(landed quality term)은 인도상품의 품질이 양륙시에 계약품질과 일치하여야 매도인이 의무가 끝나는 조건으로서, 비록 선적할 때에 선적물품이 이상이 없었다고 할지라도 운송중의 상품에 손상, 멸실, 변질이 되었다면 매도인이 책임을 져야 한다. 도착지인도조건에 해당하는 Incoterms의 DAP, DPU, DDP규칙이나 표준품매매의 GMQ조건이 이에 해당한다고 할 수 있다

2) Rye Terms과 Tale Quale

이는 곡물류의 거래에서 선적시와 양륙시의 품질의 차이에 대해 매매당사자 중 누가 책임을 지느냐에 대하여 관용되고 있는 특수조건이다. 이는 런던시장에서 농산물의 거래에 관용되고 있는 조건이라 할 수 있다. 여기서 Rye Terms(R.T.)는 곡물의 양륙품질조건이고, Tale Quale(T.Q.)조건은 곡물의 선적품질조건이다.

3) Sea Damaged

이는 선적품질조건과 양륙품질조건을 절충한 조건부 선적품질조건으로, 원칙적으로는 선적품질조건이지만 해상운송 중에 바닷물 등에 의하여 발생한 해수손에 대해서는 매도인이 책임을 부담하는 것으로 약정하는 경우를 말한다.

2. 수량조건

(1) 수량단위

무역거래에 있어서 수량조건은 상품의 종류, 성질 및 관습 등에 따라 중량, 용적, 개수, 포장단위, 길이, 면적 중에 어느 하나를 사용하고 명백히 해야 한다.

〈수량조건의 예시〉

The minimum quantity for an order is to be the standard contents of one package. Assortment of various articles is to be accepted so long as the total quantity exceeds the minimum just explained.

1) 중량

곡물류, 수산물 등은 보통 중량(Weight)을 기준으로 하여 매매된다. 중량의 단위로서는 ton, kg, 파운드(lb) 등이 널리 이용된다. 또한 ton의 경우는 다음과 같이 국가마다 다른 경우가 있으므로 반드시 정확한 중량단위를 사용하여야 한다.

English Ton(Long Ton: Gross Ton) = 2,240lbs (약 1,016kg)
American Ton(Short Ton: Net Ton) = 2,000lbs (약 907kg)
French Ton(Metric Ton: Kilo Ton) = 2,204.6lbs (1,000kg)

2) 용적

용적(Measurement)을 단위로 하는 거래는 목재나 액체 등에서 볼 수 있다. 목재는 보통 Super foot에 의해 거래되지만 목재의 산지에 따라 수량단위를 여러 가지로 사용하고 있다. 그리고 원유의 거래에는 Barrel, Liter, Gallon 등이 이용되며 곡물류의 거래에는 Bushel이 이용된다.

3) 개수

잡화, 라디오, 시계, 현미경, 기계 등의 거래 단위로서 개(piece), 다스(dozen : 12개), 그로스(gross = 12개 × 12 = 144개), great gross (12개 × 12 × 12 = 1,728개), small gross(12개 × 10 = 120개) 등이 이용된다.

4) 포장단위

일정한 수량을 내용으로 한 포장을 거래단위로 사용하는 경우는 면화, 시멘트, 밀가루, 유류, 통조림, 비료 등의 거래에서 볼 수 있다.

포장단위에는 Keg(작은 통), Bag, Bale(꾸러미), Case, Drum, Can 등 포장용기가 단위로 사용되고, 무용기포장물에는 Bundle, Coil 등의 단위가 사용된다.

5) 길이

길이(length)는 섬유제품, 전선 등의 거래단위로 이용된다. 길이의 단위로는 Yard, inch, foot, meter 등이 사용되고 있다.

6) 면적

면적(square)을 단위로 하는 거래는 유리, 합판, 타일(tile) 등에서 볼 수 있으며, Square foot(sft.)가 거래단위로 이용된다.

(2) 수량의 결정시기

1) 선적수량조건

선적수량조건(shipped quantity terms ; shipped weight terms)은 선적수량이 계약된 수량과 일치하는지의 여부를 선적시점에서 검량한 결과로서 판정하는 조건이다.

이 조건에 의하면 선적시에 약정된 수량과 일치하는 한, 운송도중의 감량에 대해서는 매도인은 아무런 책임을 지지 않는다.

거래가 FOB규칙이나 CIF규칙으로 이루어지는 경우에는 별도의 특약이 없는 한 선적수량조건을 적용한다.

2) 양륙수량조건

양륙수량조건(landed quantity terms ; landed weight terms)은 양륙항에서 화물을 양륙할 당시의 수량을 대금계산의 기준으로 한다.

DAP규칙이나 DDP규칙 같은 양륙지 인도조건의 경우에는 원칙적으로 양륙수량조건을 적용한다.

(3) 수량 과부족에 관한 조건

석탄, 소금, 광석, 쌀, 유지류(油脂類) 등과 같이 산화물(bulk cargo)에 대해서는 계약수량과 실제로 인도하는 수량이 일치하기 곤란한 경우가 있다. 이와 같이 화물의 성질상 계약수량을 정확하게 인도하기 곤란한 경우에는 어느 정도의 과부족에 대하여 상호간에 문제 삼지 않는다는 조건을 협약하게 되는데, 이러한 조항을 과부족용인약관(more or less terms : M/L Clause)이라고 한다.

이와 같은 과부족용인약관이 무역계약서에 기재되어 있을 때는 문제가 없지만, 그렇지 않는 경우에는 과부족인정의 범위가 문제가 될 수 있다. 신용장통일규칙 제 30조에 의하면 신용장금액 또는 상품의 수량이나 단가에 "about" "approximately" 등의 표현이 사용되었을 경우 신용장에서 언급한 금액, 수량, 단가의 10%까지의 과부족을 허용하고 있다. 그러나 실제로 과부족이 예상되는 경우에는 매매당사자들이 몇 %까지의 과부족을 인정할 것인가를 명확하게 약정해 두는 것이 바람직하다. 예컨대 "5% more or less at seller's option"과 같이 표시해 두면 5%까지의 과부족은 매도인의 의사에 따르게 된다.

3. 가격조건

무역거래를 이행할 때에 가격조건에 관해서는 크게 두 가지 문제가 발생한다. 첫째, 무역거래를 이행의 표시통화인 거래통화문제(송장통화문제)가 발생한다.

수출입상이 무역거래를 통해 의도한 이익을 확보하기 위해서는 물품의 단가를 산정하는데 사용되는 화폐는 환율변동에 따른 환위험을 회피할 수 있어야 한다.

〈가격조건의 예시〉

Prices are to be quoted in U.S. Dollars on the basis of C.I.F. New York unless otherwise specified.

우리나라는 대외무역거래의 가격표시 및 결제통화로서 외국환관리규정에 규정된 지정영수통화 또는 지정지급통화에 한하여 인정되고 있다. 지정영수통화는 일반적으로 IMF 8조국 통화와 스위스 연방국의 통화, 홍콩 통화 등을 말하며, 지정지급통화는 원화를 제외한 모든 외국통화를 말한다. 이러한 지정영수통화는 ① 환율 안정성(stability)이 보장되며, ② 국제거래의 대금을 결제할 때 사용할 수 있는 통화에 대한 교환성(convertibility)이 있다. 또한 ③ 국제외환시장 등에서 유통성(circulativeness)이 인정되어 자유롭게 매매가 가능하다.

둘째, 수출입을 이행하는 데 있어서 소요되는 비용과 위험을 누가 부담할 것인가 하는 무역거래조건에 대한 문제가 발생한다. 수출입을 이행하는 소요되는 비용과 위험을 매도인과 매수인 중에서 누가 부담하느냐의 문제는 대단히 중요하다고 할 수 있으며, 이는 물품인도의 시간적, 장소적 분기점과 직결된다고 할 수 있다.

국제상업회의소(International Chamber of Commerce : ICC)는 무역조건의 해석의 상이함으로 인해 야기될 수 있는 거래상의 오해나 분쟁을 회피·제거하고, 국제거래에서 거래당사자간의 비용 및 위험부담의 범위를 명확히 제시하기 위하여 Incoterms를 제정하였다. Incoterms는 1936년에 최초로 제정된 이래 변화하는 상관습에 대응하기 위해 8차례 개정이 이루어졌으며, 2020년 1월 1일부터 'Incoterms® 2020 Rules' 또는 'Incoterms Rules'이 시행되고 있다. 또한 Incoterms(International Commercial Terms)는 'ICC Rules for the use of domestic and international trade terms(국내 및 국제거래조건의 사용에 관한 ICC 규칙)'이라는 공식 부제를 달아 모든 국내·국제거래에 이 규칙을 사용할 수 있도록 하였다.

〈표 3-4〉 Incoterms® 2020의 구성 체계

구 분		약 어	정형거래조건
모든 운송방식 규칙	선적지 인도	EXW FCA CPT CIP	Ex Works(공장인도규칙) Free Carrier(운송인인도규칙) Carriage Paid To(운송비지급인도규칙) Carriage and Insurance Paid to(운송비·보험료지급인도규칙)
	도착지 인도	DAP DPU DDP	Delivered At Place(도착지인도규칙) Delivered at Place Unloaded(도착지양하인도규칙) Delivered Duty Paid(관세지급인도규칙)
해상·내수로 운송방식 규칙	선적지 인도	FAS FOB CFR CIF	Free Alongside Ship(선측인도규칙) Free On Board(본선인도규칙) Cost and Freight(운임포함인도규칙) Cost, Insurance and Freight(운임·보험료포함인도규칙)

Incoterms® 2020은 〈표 3-4〉와 같이 두 개의 그룹으로 분류할 수 있다. ① 운송형태에 관계없이 사용될 수 있는 규정(rules for any mode or modes of transport)으로 수출지나 수입지에 관계없이, 지정된 지점이나 장소 또는 모든 운송형태(육상·해상·항공운송 등)에 관계없이 인도하

는데 초점을 둔 EXW, FCA, CPT, CIP, DAP, DPU, DDP 등 7개 규칙으로 분류하였고, ② Incoterms 1936 제정의 근간인 전통적인 해상·내수로 전용규정(rules for sea and inland waterway transport)으로 FAS, FOB, CFR, CIF 등 4개 규칙으로 분류하였다.

〈표 3-5〉 거래조건별 비용부담의 한계

	제조원가	포장및검사	내륙반출비	수출허가및통관비	운송비/운임	보험료	수입허가및통관비	내륙반입비
EXW	○	○	×	×	×	×	×	×
FCA	○	○	○,×	○	×	×	×	×
CPT	○	○	○	○	(○)	×	×	×
CIP	○	○	○	○	(○)	○	×	×
DAP	○	○	○	○	○	○	×	×
DPU	○	○	○	○	○	○	×	×
DDP	○	○	○	○	○	○	○	○
FAS	○	○	○	○	×	×	×	×
FOB	○	○	○	○	×	×	×	×
CFR	○	○	○	○	(○)	×	×	×
CIF	○	○	○	○	(○)	(○)	×	×

주: ○ : 매도인이 부담, × : 매수인이 부담
○,×: 매도인이 부담, 매수인이 부담하는 경우(매도인의 영업장소 구내인 경우)
(○) : 매도인이 기본운송비와 최소담보 보험료만을 부담

4. 인도조건(선적조건)

무역거래에서 매도인의 최대의무는 계약물품을 안전하게 인도하는 것이라 할 수 있다. 이러한 물품인도의무의 원만한 이행을 위해서는 당사자간에 인도시기, 인도 장소, 인도방법 등의 세 가지 요소에 대한 약정이 필요하다.

인도시기는 소유권 이전시기가 되는 것이 일반적이고, 인도방법은 현

물인도(actual delivery)로 할 것인가 또는 서류인도(symbolic delivery)로 할 것인가의 문제이며, 인도시기와 인도장소는 물품에 대한 위험(책임)부담의 분기를 나타내는 시간과 장소의 문제를 결정한다.

〈선적조건의 예시〉

Shipment is to be made within the time stipulated in each contract, except in circumstances beyond the Sellers' control. The date of bills of lading shall be taken as conclusive proof of the date of shipment, Unless expressly agreed upon, the port of shipment shall be at the Sellers' option.

(1) 선적시기의 결정방법

1) 특정선적조건

선적시기를 일정한 기간 또는 기일로 약정하는 방법을 특정선적조건이라 한다. 그러한 형태로는 "May shipment" 또는 "Shipment shall be made during May, 2022" 등으로 어느 1개월을 특정하는 단월조건이 있다.

또한 "May/June shipment" 또는 "Shipment shall be made from May to June, 2022"로 정하는 연월조건(延月條件)이 있다.

"Shipment shall be made during first half of May, 2022", "Shipment shall be made at the beginning of May, 2022" 등으로 비교적 단기간의 선적을 약정하기로 한다. 이러한 경우 어느 달(月)의 상반(first half)은 당해 월의 1일부터 15일까지를 의미하며, 하반(second half)은 16일부터 말일까지를 의미한다. 그리고 상순(beginning), 중순(middle) 및 하순(end)은 당해 월의 1일부터 10일까지, 11일부터 20일까지 그리고 21일부터 말일까지로 해석한다.

선적기한, 즉 최종 선적일을 표시하는 방법으로는 "Latest shipping date : May 10, 2022." "Shipment shall be made by May 10, 2022." 등

이 있다. 때로는 "Shipment shall be made on or about May 10, 2022"라는 표현을 쓰기도 한다.

여기서 'on or about'는 당해 일자를 포함하여 명시된 일자의 전후 5일까지의 기간 내 선적하여야 한다는 뜻이다. 즉, 위 예문의 경우는 2022년 5월 5일부터 5월 15일까지의 기간 내에 선적하여야 한다는 뜻이다.

한편 선적기간의 약정에 있어서 신용장(L/C)의 수령일로부터 기산(起算)하는 "Shipment should be made within two months after seller's receipt of L/C."의 형식도 있다.

2) 즉시선적조건

즉시선적조건이란 선적시기를 어느 월이나 일 또는 며칠 이내 등으로 명확하게 약정하지 않고 막연하게 '즉시' 또는 '조속히' 선적하도록 하게 하는 조건이다.

예컨대 immediately, promptly, quickly, as soon as possible, as early as possible, at once, without delay 등의 용어로 선적을 요구하는 형식이 계약에서 가끔 볼 수 있다.

이러한 표현은 애매하여 매매당사자간에 분쟁이 발생할 소지가 있으므로 가급적 피하는 것이 좋겠지만 만약 이러한 표현을 써서 선적시기를 약정했다면 어떻게 취급해야 할 것인가가 문제시된다.

이에 대하여 신용장통일규칙 제3조에서는 '이러한 용어의 표현이 신용장에 명시되었을 경우에는 은행은 무시해야 한다.'라고 규정되어 있기 때문에 이러한 신용장을 은행에서 매입해서는 안 된다.

(2) 분할선적과 할부선적

매매목적물의 수량이나 금액이 많아서 매도인이 한꺼번에 생산 또는 집화(集貨)하여 제공하기 어렵거나, 시장상황 또는 판매가능성의 제약 때문에 매수인이 한꺼번에 전량 · 전액을 인수하기 곤란한 때, 또는 운송사정상 문제가 있는 경우에는 여러 회로 나누어 선적을 하게 되는데 이를 분할선적(partial shipment)이라고 하며, 신용장상에 분할선적을 금지한다는 문언이 없는 한 일반적으로 분할선적은 허용되는 것으로 간주한다.

〈분할선적 금지문언의 예〉

- Partial shipments are not allowed. - Partial shipments are prohibited.

반면에 할부선적(installment shipment)은 계약물품의 분할회수, 수량, 각 분할분의 선적시기 등을 상호 협의하에 구체적으로 약정한 후 정해진 방법에 따라 선적하는 것을 말한다. 예컨대 "January and February shipment equally divided" (1월과 2월 선적은 균등하게 분할된다)라고 약정했다면 1월과 2월에 구분하여 절반씩 각각 선적하면 될 것이고, "Half in January and the balance two months after"라고 했다면 절반은 1월에, 그리고 나머지는 2개월 후에 선적하면 될 것이다. 또한, "Shipment : 30 cases during January, and 10 cases during February, 2022"라고 했다면 30상자는 1월에, 그리고 10상자는 2월에 선적하면 될 것이다.

즉 할부선적은 특정기간에 계약된 물품을 1회에 전량 선적하지 않고 2회 이상으로 나누어 선적한다는 점에서는 분할선적과 동일하지만, 분할선적은 계약상에 금지하는 문언이 없는 한 수출업자가 임의로 분할하여 선적할 수 있으나 할부선적은 반드시 정해진 기간내에 약정한 선적분을 선적하여야 한다는 점에 차이가 있다.

(3) 환적과 직항선적

환적(transshipment)이란 선적항에서 선적된 화물을 목적지로 운송도중에 다른 선박에 옮겨 싣는 것으로 이적(移積)이라고도 한다.

원래 환적은 운송계약 당초부터 예기되어 있어 운송도중에 예기치 않았던 사정에 봉착해서 환적하는 재선적(reshipment)과는 구별되는 개념이다. 그러나 환적은 재선적을 포함하는 개념으로 파악해도 좋다.

물품이란 타 운송기관에 환적하기 위하여 또는 선적이나 양륙을 하기 위하여 하역작업을 할 때에 멸실이나 손상의 우려가 가장 크므로, 환적은 매매당사자가 가능한 한 이를 피하려고 하므로 일반적으로 "Transhipment is prohibited"라는 환적 금지약관을 삽입한다.

만일 환적을 허용하는 경우 계약서상에 "Transhipment is permitted"라고 표시해야 하며, 또 환적항을 지정하려면 "Transhipment at Hong Kong permitted"와 같이 표시하여야 한다. 그러나 해상운송이나 복합운송의 과정에서는 환적은 일반적으로 예기되는 것이라는 점을 감안하여 신용장상에 환적에 대해서 금지의 특약이 없는 한 환적을 허용하는 것이 관례이다.

한편 직항선적(direct shipment)이란 관례항로(customary route)에 의하여 운항되어 운항도중에 다른 항구에 기항하지 않고 목적지로 직접 항해하는 직항선(direct steamer)에 의하여 물품을 운송하는 것을 의미하므로, 이는 곧 '환적금지'의 의미를 내포하고 있다.

따라서 "Direct shipment(direct steamer) by customary route." 등으로 약정한 경우에는 처음부터 통상적인 항로를 예정하지 않거나 환적을 전제로 하고 있는 선박에 적재하면 계약위반이 되어 클레임이 제기될 수 있다.

(4) 선적지연과 선적일의 증명

선적지연(delayed shipment)은 약정된 선적시기에 선적을 이행하지 않는 것을 말한다. 매도인의 고의 또는 과실에 의한 선적지연은 명백한 계약위반(계약불이행)이므로 매도인이 책임을 져야 한다.

그러나 선적지연이 천재지변(Acts of God)이나 전쟁, 동맹파업, 기타 불가항력(force majeure) 등으로 발생한 때에는 매도인의 책임사유가 아니므로 면책된다.

이런 경우에는 그대로 방치해 두면 안되며, 반드시 선적을 방해하는 불가항력의 존재를 입증할 수 있는 서류를 매수인에게 지체없이 송부하여야 한다.

〈선적지연조항의 예시〉

> In all cases of force majeures stipulated in Article XX, the period of shipment stipulated shall be extended for a period of twenty-one days. In case shipment within the extended period should still be prevented by a continuance or the consequences any of the causes mentioned in Article XX, it shall be at the Buyers' option either to allow the shipment of late goods or to cancel the order by giving the Sellers the notice of cancellation by telex or facsimile.

불가항력의 경우에는 일반적으로 3주 혹은 1개월 정도의 선적유예가 인정되는 것이 보통이지만, 일률적인 것이 아니므로 계약에서 유예(연장)기간을 얼마로 할 것인가 또는 계약자체를 취소하여 무효화할 것인가의 여부를 미리 정하여야 한다.

〈불가항력조항의 예시〉

> The Sellers shall not be responsible for the delay in shipment due directly or indirectly to force majeure including mobilization, war, riots, civil commotions, hostilities, blockades, requisition of vessels, prohibition of export, fires, floods, earthquakes, tempests, strikes, lockouts and any other contingencies, which prevent shipment within the period stipulated. In the event of any of the aforesaid causes arising, documents proving its occurrence or existence shall be submitted by the Sellers to the Buyers without delay.

한편 당해 불가항력의 상황이 장기간 계속된다면 선적불능의 사태도 계속될 것이므로 계약존속의 필요성 또는 실효성이 문제가 된다. 그러므로 1차적으로 선적유예가 허용되었던 그 기간이 경과했는데도 불가항력의 상황이 계속되어 선적이 불가능해진 경우에는 추가적으로 선적기간

연장을 허용할 것인가 또는 계약을 취소할 것인가의 여부는 전적으로 매수인의 결정에 따르는 것이 관례이다.

선적일 증명방법에 대하여는 선적선화증권 발행일(B/L date) 또는 선적필 운송서류(transport document)의 발행일을 선적일로 간주하는 것이 일반적인 원칙이다. 따라서 대부분의 무역계약서나 일반거래약정서에서는 이를 명확히 하기 위하여 "The date of Bill of Lading shall be taken as conclusive proof of the day of shipment."(선화증권의 일부(日附)는 선적일의 결정적인 증거로 간주한다)라는 문언을 삽입한다.

5. 해상보험조건

CIF조건이나 CIP조건에서와 같이 매도인이 매수인을 위하여 해상보험 또는 운송보험으로 부보하여야 하는 경우에는 어떠한 보험약관에 의해 부보해야 하는지의 여부가 문제 될 수 있다.

보험조건은 담보하는 위험과 손해의 범위에 따라 여러 가지 형태로 나누어지며, 그에 따라 지불해야 하는 보험료도 각기 상이하므로 어느 조건으로 부보하느냐에 따라 매도인의 비용부담이 달라진다.

〈해상보험조건의 예시〉

All shipments are to be covered on ICC(B) including War Risks for the invoice amount plus 10 %, and the insurance policy is to be made out in U.S. Dollars and claims payable at New York.

해상적화보험의 경우 협회약관은 런던보험자협회(The Institute of London Underwriters : ILU)와 로이즈보험자협회(Lloyd's Underwriters Association : LUA)가 합동으로 제정한 정형적인 보험약관들이 있는데 이를 ICC(Institute Cargo Clauses : 협회적화약관)라 부른다.

이러한 약관들에는 구약관으로서 AR(All Risks : 전위험담보약관),

WA(With Average : 분손담보약관), FPA(Free from Particular Average : 분손부담보약관) 등이 있다. 이들은 1981년에 신약관인 ICC로 전면 개편되어 AR를 ICC(A), WA를 ICC(B), FPA를 ICC(C) 등으로 바꾸었다.

그러나 1982년 1월부터 신약관을 전면적으로 실시하겠다던 당초의 의도는 그대로 관철되지 못하였고, 현재는 구약관인 AR, WA, FPA 등과 신약관인 ICC(A), ICC(B), ICC(C) 등이 혼용되고 있다.

6. 대금결제조건

(1) 결제시기에 의한 분류

쌍무계약인 무역거래에서는 매도인은 물품을 인도할 의무가 있고, 매수인은 대금을 결제할 의무가 있으며, 무역계약에서는 대금결제조건이 가장 중요하고 핵심을 이룬다.

1) 선불조건

물품이 선적 또는 인도되기 전에 미리 그 대금을 지급하는 선불(advance payment)조건으로는 상품의 구매를 위한 주문을 할 때 동시에 현금결제가 이루어지는 C.W.O(Cash With Order : 주문불)방식이 있다. 대금의 일부만을 선불로 지급하는 경우 xx% advance money가 되며 잔금은 보통 선적 후 화환어음으로 결제된다.

그리고 주문과 함께 전신송금(Telegraphic Transfer : T/T) 등에 의해 송금하는 단순송금방식이 있다. 또한 신용장방식에 의해서도 선불(선지급)을 할 수 있는데, 수출업자가 신용장을 수령하고 미리 대금을 결제되는 전대신용장을 들 수 있다.

2) 동시불조건

수출국에서 물품을 선적, 인도할 경우나, 또한 물품을 대표하는 선적서류를 제시하면 동시에 대금결제가 이루어지는 동시불조건에는 C.A.D.(Cash Against Documents : 선적서류상환불)가 있다. 또한 수입국에서 현물인도와 동시에 대금을 지급받을 수 있는 C.O.D.(Cash On Delivery : 현물상환불) 등이 있다.

신용장방식에서는 어음발행인(drawer)인 매도인이 발행한 환어음을 어음지급인(drawee)이 일람(一覽)과 동시에 어음대금을 지급해야 하는 일람불(일람출급) 신용장방식이 있다.

〈신용장 발행조건의 예시〉

> The letter of credit shall be established in favor of the Sellers by cable or mail, as the cable may be, immediately upon contract for the corresponding value of an order and shall be maintained for fourteenth days beyond the latest date set forth for shipment for negotiation of relative drafts. If the Buyers fail to establish the letter of credit as specified above, the Sellers shall reserve the right to cancel the contract.

무신용장거래에서 어음을 추심(collection)해서 대금을 회수하는 경우 환어음이 매수인에게 제시되었을 때 어음대금을 지급하여야 선적서류가 매수인에게 인도되는 지급도 방식(Documents Against Payment : D/P) 이 있다.

3) 후불조건

물품의 선적, 인도, 선적서류의 인도가 있는 후 일정한 기간이 경과되어야 대금결제가 이루어지는 외상거래조건이 곧 후불(연불 : deferred payment)조건이다. 연불에는 단기연불과 중장기연불의 두 가지로 구분할 수 있다.

단기와 장기의 구분기준이 일정하지 않아 통일적으로 말하기는 어려우나 대체로 물품의 선적이나 인도 후 또는 선적서류의 인도 후 1년 이내에 결제되면 단기연불, 1년 초과 10년 이내(때로는 20년까지)의 기간에 결제되면 중장기연불이라 할 수 있다.

단기연불조건에는 신용장방식의 거래에서 어음이 매수인에게 제시된 후 일정기간이 경과해야 어음대금이 지급되는 기한부어음(Usance bill)에 의한 기한부 신용장방식이 있다.

무신용장거래에서 어음을 추심해서 대금을 회수하는 경우, 어음제시가 있어도 매수인은 대금지급을 하지 않고 어음인수(acceptance)만을 하여 선적서류를 인수하고 수입물품을 판매한 대금으로 어음만기일에 대금지급을 하게 되는 인수도 방식(Documcunts against Accptance : D/A)이 있다.

중장기연불조건은 물품의 선적 또는 인도 후 대체로 1년 이상 10년 이내에 결제가 완료되는 조건으로 플랜트, 선박, 철도차량 등 거래의 비중이 큰 중공업제품의 거래에 쓰여진다.

(2) 결제수단에 의한 분류

1) 현금결제조건

현금으로 수출입대금을 직접 결제하는 방식으로는 C.W.O., C.A.D., C.O.D. 등이 있다. CAD와 COD는 전술한 바와 같이 동시불조건이므로 국내거래에서는 널리 활용할 수 있다.

그러나 격지자간의 거래인 수출입거래에서 CAD는 수출국에서 수입업자를 대신해서 대금을 결제해 줄 수 있는 수입업자의 대리인, 출장소, 지점, 은행 등이 없으면 거래가 불가능하다.

COD는 수입국에서 수출업자를 대신해서 대금을 받을 수 있는 수출업자의 대리인, 출장소, 지점, 은행 등이 없으면 거래가 불가능하다.

2) 환어음결제조건

국내거래에서는 보통 채무자인 매수인이 매입대금결제용 어음을 발행하지만, 무역거래에서는 거꾸로 채권자인 매도인이 채무자를 지급인(drawee)으로 하는 환어음을 발행하여 이를 매입 또는 추심을 하여 수출대금을 회수하는 이른바 역환방식(逆換方式)을 활용한다.

〈화환어음 결제방식의 예시〉

Draft is to be drawn at 60 d/s under Irrevocable Letter of Credit which should be opened in favor of the Sellers immediately upon contract, for the corresponding value of an order, with full set of shipping documents, *viz.* Bill of Lading, Insurance policy, Commercial Invoice and other documents which each contract requires.

무역거래에서 쓰여지는 어음은 화환어음(documentary bill)이 원칙이고, 드물게는 무담보어음(clean bill)에 의하는 경우도 있다.

전자는 환어음에 선화증권이나 보험증권 등의 선적서류가 담보물로 첨부되어, 어음지급불능이나 지급거절과 같은 어음사고가 발생하였을 경우 채무자가 선화증권으로 물품을 찾아 이를 매각할 수 있는 안전한 어음이다.

후자는 선적서류를 미리 매수인에게 송부하고 별도로 어음만 발행함으로써 담보물이 첨부되지 않은 불안전한 어음이다. 따라서 전자는 은행에 자유롭게 매각·매입시킬 수 있고, 후자의 경우는 은행이 매입에 선뜻 응하지 않기 때문에 유의할 필요가 있다.

무역거래에서 상용되는 어음을 신용장에 의한 어음과 무신용장거래에 의한 어음으로 대별할 수도 있다. 신용장방법에 의한 거래에서 사용되는 어음은 기술한 바와 같이 일람불어음(sight bill)과 기한부어음(usance bill)이며, 무신용장거래인 추심결제방식에 의한 수출입에서 발행되는 어음은 기술한 D/P어음과 D/A어음이다.

화환어음이 발행되는 조건의 신용장을 화환신용장(documentary L/C)이라 부르고 그렇지 않은 것은 무담보신용장(Clean L/C)이라 부른다. 오늘날의 무역결제는 화환어음방식에 의하는 것이 가장 보편적이다.

3) 송금환결제조건

전신환(Telegraphic Transfer : T/T)이나 우편환(Mail Transfer : M/T)에 의하여 송금함으로써 대금을 결제하는 조건으로는 전술한 단순송금방식에 의한 수출입거래를 가장 대표적인 것으로 들 수 있다.

7. 포장조건

수출포장이란 계약물품을 운송, 하역, 보관 등의 처리에 있어서 수출품을 손상으로부터 보호하고, 상품으로서의 가치를 유지하기 위하여 적절한 재료와 용기로 계약물품을 둘러싸는 기술 작업 및 포장한 상태를 말한다.

포장은 적절한 재료와 최소한의 비용으로 안전하고 확실하게 수출품을 포장하여 장기간·장거리의 해외운송 중 계약물품을 보호하는데 주목적이 있다. 수출포장은 일반적으로 튼튼해야 하지만 지나치게 재료나 용기의 중량·부피가 필요 이상으로 크게 되면 운송비 부담이 커진다.

〈포장조건의 예시〉

Proper export wooden case packing is to be carried out, each case bearing the mark <A1> with port mark, running case number, and the country of origin.

따라서 수출포장은 ① 가벼워야 하고, ② 부피가 적어야 하고, ③ 비용이 저렴하여야 하고, ④ 튼튼하여야 하고, ⑤ 식별이 용이해야 하는 요건을 충족시켜야 한다.

수출포장을 할 경우에는 계약물품의 성질, 종류, 포장비, 운송비, 도착지와 운송도중의 기후와 환적의 여부와 회수, 수입국의 물품포장에 관한 상관습과 법규 등을 충분히 고려하여 가장 합리적이고 안전한 포장을 하여야 한다. 포장조건에 대해 매매당사자들은 일반적으로 ① 포장의 조건, ② 포장의 종류 ③ 화인(貨印) 등에 관하여 합의하여야 한다.

8. 분쟁해결 및 중재조항

무역거래에서는 품질, 수량, 가격, 선적, 보험조건, 대금결제, 포장 등에 관련하여 당사자간에 무역 분쟁(trade disputes)이 빈번히 발생하며, 분쟁이 단순한 불평(complaint)을 넘어서 손해배상 등 어떠한 행동 내지 조치를 요구할 때 이를 무역클레임이라 한다.

클레임을 해결하기 위해서는 화해(amicable settlement), 조정(conciliation), 중재(arbitration) 및 소송(litigation) 등의 여러 방법에 있지만, 무역거래에서는 중재가 가장 보편적인 해결방법으로 활용되고 있다.

〈클레임조건의 예시〉

Any claim exceeding 10 per cent of the invoice amount is to be cabled within 10 days from the date of final discharge of goods at destination. Any claim beyond the amicable adjustment between Sellers and Buyers is to be settled by arbitrators at destination.

중재가 가장 널리 채택되는 이유는 다음과 같은 이점이 있기 때문이다.

① 무역전문가의 판정을 받을 수 있어 공정한 해결이 기대된다.

② 단심이므로 신속히 완결될 수 있다.

③ 절차가 공개되지 않으므로 당사자의 비밀이 보장된다.

④ 비용이 적게 들어 경제적이다.

⑤ 중재판정의 결과는 「New York Convention, 1958」에 의해 외국에서도 집행력이 미친다.

무역클레임을 중재로 해결하기 위해서는 무역분쟁이 발생하기 전에 계약서에 중재조항(arbitration clause)을 미리 설정해 두거나, 분쟁이 발생한 후에는 당해 분쟁을 중재로 처리한다는 사후중재합의를 하여야 한다. 따라서 중재조항을 계약에 사전에 포함시켜 두는 것이 현명하며, 이 때에는 중재의 3대 요소라 할 수 있는 ① 중재기관, ② 중재지, ③ 준거법에 관한 사항을 그 내용으로 삽입해야 한다.

대한상사중재원에서는 표준중재조항(standard arbitration clause)을 제정하여 이를 계약서에서 중재조항으로 삽입하여 분쟁발생시에 신속하게 해결할 수 있도록 권고하고 있다.[3)]

〈대한상사중재원(KCAB)의 표준중재조항〉

〈국제거래의 경우〉

"Any disputes arising out of or in connection with this contract shall be finally settled by arbitration in accordance with the International Arbitration Rules of the Korean Commercial Arbitration Board."

The number of arbitrators shall be [one / three]

The seat, or legal place, of arbitral proceedings shall be [Seoul / South Korea]

The language to be used in the arbitral proceedings shall be [language]

3) 장흥훈 · 장동식 · 이재은, 『전게서』, 2019, pp. 394-421.

4
chapter

정형거래조건(INCOTERMS®2020)

제 1 절 Incoterms의 제정과 전개과정
제 2 절 Incoterms®2020

국제상거래에 종사하는 상인들은 1800년대 초부터 FOB나 CIF와 같은 정형거래조건(trade terms)을 사용하여 무역계약에 따른 불편과 어려움을 극복하여 왔다. 이러한 정형거래조건을 통하여 수출입업자들은 물품이 매도인에게서 매수인에게로 인도되는 동안 물품에 관한 위험 및 비용부담문제, 물품운송과 수출입통관절차 등에 관하여 국제물품매매계약에서 가장 보편적이고 공통적인 기본문제들을 해결할 수 있게 되었다.

본 장에서는 정형거래조건인 Incoterms®2020의 특성과 개별 거래규칙에 대하여 고찰한다.

제 1 절 Incoterms의 제정과 전개과정

Ⅰ. Incoterms의 제정과 발전과정

1. Incoterms의 제정

국제물품매매계약에서 수출업자와 수입업자간에 가장 민감한 부분은 무역거래에서 발생되는 여러 가지 비용을 수출업자와 수입업자 중 누가 부담하느냐를 나타내는 가격조건(price terms)이라고 할 수 있다. 국내거래와는 달리 무역은 원거리 거래이므로 수출지에서 수입지까지 상품이 이동될 때마다 발생되는 비용을 누가 어디까지 부담하여 단가에 반영할 것인지를 매번 계약을 체결할 때마다 협상한다면 번거롭기 때문에 사전에 통일시켜 이를 정형화할 필요성이 대두되었다.

'정형거래조건(trade terms)'은 물품이 매도인으로부터 매수인에게 이르는 동안 수출입통관 및 운송 등에 따른 위험과 비용부담에 관하여 당사자의 의무를 명확하게 해주는 정형화된 거래요소를 말한다. 그러나 이러한 정형거래조건은 당사자들의 국가나 지역에 따라 상관습 및 법체계를 달리하고 있어서 종종 해석상의 오해와 분쟁을 야기시켜 왔다.

이에 따라 국제민간조직 기구인 국제상업회의소(International Chamber of Commerce: ICC)는 각 나라의 무역관행의 차이와 무역조건의 해석상의 상이로 발생하는 마찰을 없애고 국제무역거래의 관습과 용어의 통일을 위하여 개별국가 또는 지역에 따라 달리 사용되어 오던 기존의 정형거래조건을 중심으로 최대공약수적인 내용을 집약하여 1936년에 「무역조건의 해석에 관한 국제규칙」(International Rules for the Interpretation of Trade Terms : Incoterms 1936)으로 제정하였다.

여기서 Incoterms는 International commercial terms를 조합한 것으로, 그 후 국제무역환경의 변화에 따라 정형거래조건(trade terms)의 내용을 개정할 필요성이 생겨 1953년, 1967년, 1976년, 1980년, 1990년, 2000년, 2010년, 2020년까지 대략 10년 주기로 8차에 걸쳐 개정되었다.

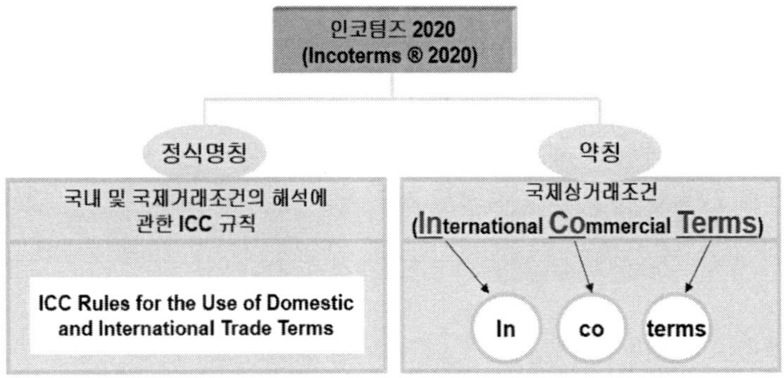

국가마다 상관습에 따라 거래조건이 다를 수가 있어 분쟁이 발생할 수도 있으므로 국제적으로 통일된 정형거래조건(trade terms)을 설정해 두고, 계약체결시에 필요한 조건을 계약당사자가 채택하게 하면 무역계약을 훨씬 수월하게 체결할 수 있을 것이다.

2. Incoterms의 주요 발전과정

Incoterms를 연속적으로 개정해야 하는 이유는 Incoterms를 동시대의 상업적 관행에 적응시킬 필요가 있기 때문이다.

(1) Incoterms 1990

Incoterms 1990은 전자자료교환(EDI: Electronic Data Interchange)시스템의 도입에 대비하고, 컨테이너화·복합운송의 발달 등 운송형태의 다양화에 부응하고, 각 거래조건의 내용에 대한 이해도를 제고시키기 위하여 개정되었다.

(2) Incoterms 2000

Incoterms 2000은 FCA조건이 해상무역거래에서와 같이 FOB인수지점, 즉 선측난간(ship's rail)이 아닌 컨테이너화(containerization)에 의한 육지의 특정지점이 인수지점으로 되는 빈번한 경우를 처리하기 위해 개정되었다. 또한 종이서류 대신에 사용되고 있는 EDI메시지를 증거서류로 인정하였다. 특히 FAS조건에서는 수출통관과 이에 따른 모든 제비용을 Incoterms 1990에서와는 달리 매도인이 부담하도록 하였으며, DEQ조건에서도 매수인이 수입통관 및 이에 따른 모든 제비용을 부담하도록 변경하였다. 또한 FCA조건에서 각 운송수단에 따라 달리 적용되었던 매도인과 매수인의 의무를 간소화시켰다.

(3) Incoterms® 2010

Incoterms® 2010에서는 「무역거래조건의 해석에 관한 국제규칙(International Rules for the Interpretation of Trade Terms)」이라고 불리던 기존 Incoterms의 명칭을 「국내 · 국제거래조건의 사용에 관한 ICC 규칙(ICC rules for the use of domestic and international trade terms)」이라는 공식부제(公式副題)로 채택함으로써, EU 등에서 국경의 중요성이 점차 감소하여 국내거래와 국제거래의 차이가 소멸되고 있음을 감안하였다.

전체적인 구성 및 체계에 있어서도 Incoterms 2000에서는 4개의 큰 범주(categories)인 E그룹, F그룹, C그룹, D그룹으로 분류해 오던 방식을 지양하고, 「모든 운송방식에 적용되는 규칙」과 「해상운송 및 내수로 운송방식에 적용되는 규칙」으로 단순화하여 무역당사자들이 비교적 쉽게 활용할 수 있도록 하였으며, Incoterms도 구체적인 계약내용에 있어서 「조건(terms)」이라는 용어 대신에 신용장통일규칙(UCP) 등과 같이 「규칙(rules)」이라는 용어를 사용하도록 하였다.

또한 Incoterms® 2010은 범세계적으로 관세자유지역(customs-free zone)이 확대되고, 전자적 통신수단(electronic communications)의 사용

이 증대되고 있으며, 2001년 9.11테러를 계기로 국제적으로 물류상 보안(security)에 대한 규제가 강화되고, 국제운송실무의 변화가 지속되고 있는 현실에 순응하고자 하였다.

개별규칙에 있어서는 기존의 DAF, DES, DDU조건 대신에 운송방식에 관계없이 사용될 수 있도록 DAT와 DAP규칙을 신설하였으며, 해상운송에서 전통적으로 위험분기점의 개념으로 활용되었던 「본선난간(ship's rail)」의 개념을 삭제하였다. 따라서 Incoterms 2010의 FOB, CFR 및 CIF조건에서 위험이전 시점은 본선난간으로 규정되어 있었으나, Incoterms®2010부터는 FOB, CFR 및 CIF규칙에서 「본선에 적재한 때(on board the vessel)」로 변경되었다.

(4) Incoterms®2020

Incoterms®2020의 주요 특성과 내용에 대해서는 다음에 서술하는 제2절을 참조하기 바란다.

Ⅱ. Incoterms 규칙의 활용 방법

1. Incoterms의 규정 내용

Incoterms는 그 자체가 매매계약이 아니므로 매매계약을 대체하지 않는다. 따라서 Incoterms는 특정종류의 물품이 아니라 모든 종류의 물품거래관행을 반영하여 적용되며, 산화물(bulk cargo)형태의 철광석이나 전자장비컨테이너, 항공운송용 팔레트거래에도 적용 가능하다.

- 비용부담의 분기점 (allocation of cost): 무역계약을 이행할 때 발생하는 비용부담의 이전시점으로 수출단가 산정의 기준이 된다. 일반적으로 운송비용, 포장비용, 적재 및 양하비용, 점검 및 보안관련 비용에 관하여 규정한다.
- 위험부담의 분기점 (transfer of risk): 수출화물이 이동과정 중에 발

생될 수 있는 위험 즉, 멸실 및 손상 등에 대한 책임이 매도인으로부터 매수인에게로 이전되는 시점을 말한다.

- **물품의 인도시점 (delivery of goods)**: 화물에 대한 소유권이 매도인에게서 매수인에게로 이전되는 시점을 말하며, 매도인의 위험부담의 분기점은 물품의 인도시점과 항상 일치한다.
- **기타 당사자의 의무**: 운송계약 체결, 선박 수배 및 통지, 선적 통지, 보험계약 체결, 서류의 전달, 수출입허가 및 통관절차를 누가 수행하는지를 규정하고 있다.

그러나 Incoterms규칙은 매매계약의 존부, 매매물품의 성상(性狀), 대금지급의 시기·장소·방법 또는 통화, 매매계약위반에 따른 구제수단, 계약상 의무이행의 지체 및 그 밖의 위반의 효과, 제재의 효력, 관세부과, 수출 또는 수입금지, 불가항력 또는 이행곤란(hardship), 지적재산권, 의무위반에 따른 분쟁해결방법·장소 또는 준거법, 매매물품의 소유권/물권이전 등은 규정하지 않고 있다. 이와 같은 내용에 대해서는 국제물품매매계약에 관한 UN협약(CISG)과 같은 국제적인 법률체계를 활용하거나 건강과 안전, 환경 등에 관한 국내 강행법이 적용되도록 하고 있다.

2. Incoterms의 활용 방법

Incoterms규칙을 계약에 삽입하고자 하는 경우에는 다음과 같은 문구를 삽입하여 그러한 의사를 명백하게 하여야 한다.

- "[선택된 Incoterms®규칙], [지정항구, 장소 또는 지점] Incoterms®2020"
- 예컨대, CIF Shanghai Incoterms®2020, 또는 DAP No.123, Street, Importland Incoterms®2020

주의하여야 할 점은 ICC가 Incoterms를 2010년 개정판부터 상표등록하였으므로 원래 그대로 「Incoterms®2020」라고 표기하여야 하며, incoterms에서와 같이'i'를 소문자로 표기하거나 개별 정형거래조건을 지칭하기 위하여 'Incoterm'이라는 단수형을 사용하는 것은 옳지 않다. Incoterms규칙에서 [연도] 표기는 분쟁발생시 당사자, 재판관, 중재인이 적용가능한 버전을 알 수 있어야 하므로 매우 중요하다고 할 수 있다. 또한 [지정항구, 장소 또는 지점]를 정확히 명시하여야 한다. C규칙에서 지정장소는 매도인이 운송 및 비용을 부담하는 물품운송의 목적지이지만, 물품의 인도장소나 인도항구는 아니다. C규칙 이외의 모든 Incoterms규칙에서의 지정장소는 물품의 인도지점, 즉 위험이전을 표시하고 있으며, D규칙에서의 지정장소는 인도장소이자 목적지이므로 매도인은 약정한 목적지까지 운송을 책임져야 한다.

제 2 절 Incoterms®2020

Ⅰ. Incoterms®2020의 특징

1. 운송방식에 따른 구분법

Incoterms®2020에서는 기존 Incoterms®2010규칙에 도입된 구분법, 즉 11개의 정형거래조건을 모든 운송에 적용되는 규칙(7가지)과 해상운송과 내수로운송에 적용되는 규칙(4가지)으로 양분하고 있다. 즉 모든 운송에 적용되는 규칙은 EXW, FCA, CPT, CIP, DAP, DPU, DDP의 7가지 규칙이 이에 해당하고, FAS, FOB, CFR, CIF의 4가지 규칙은 오로지 해상운송과 내수로운송방식에 한하여 적용되는 규칙이다.

모든 운송방식에 적용되는 규칙		해상운송과 내수로운송방식에만 적용되는 규칙	
(Rules for Any Mode or Modes of Transport)		(Rules for Sea and Inland Waterway Transport)	
EXW	Ex Works	FAS	Free Alongside Ship
FCA	Free Carrier	FOB	Free On Board
CPT	Carriage Paid To	CFR	Cost and Freight
CIP	Carriage and Insurance Paid to	CIF	Cost Insurance and Freight
DAP	Delivered At Place		
DPU	Delivered at Place Unloaded		
DDP	Delivered Duty Paid		

2. 본선적재표기가 있는 선화증권과 FCA규칙

FCA규칙에서 선적선화증권의 취득이 불분명하였으나, Incoterms® 2020에서는 매도인과 매수인은 운송인에게 선적선화증권(B/L)을 발행하도록 지시할 것에 합의할 수 있고, 이 경우 매도인은 매수인에게 선적선화증권(shipped B/L)을 제공하여야 한다.

3. 비용 규정

비용부담에 관하여 기존 Incoterms®2010규칙의 A6/B6보다도 상세하게 A9/B9에서 규정하고 있다. 그 이유는 일반조항속의 비용부담규정보다는 특별조항을 보게 되는 상관행을 중시하여 일목요연하게 비용리스트를 제공하고자 하는데 있다. 특히 현재의 컨테이너운송의 거래관행을 적극 반영하여 총중량검증제(Verified Gross Mass: VGM)에 따른 추가 비용부담을 구체적으로 명시하였다.

4. CIF와 CIP간 부보수준의 차별화

Incoterms®2010규칙의 CIF 및 CIP에서는 매도인이 자신의 비용으로 부보함에 따라 최소부보조건(ICC(C)조건)으로 부보하는 것이 원칙이었으나, Incoterms®2020규칙에서는 CIF규칙에서는 1차산품을 부보하는 경우가 많으므로 ICC(C)조건으로 부보하되 당사자들이 합의하면 ICC(A)조건으로도 부보할 수 있도록 하고, CIP규칙에서는 ICC(A)조건의 부보를 원칙으로 하고 당사자들이 합의하는 경우 ICC(C)조건으로도 부보가 능하도록 개정하였다.

5. FCA, DAP, DPU 및 DDP에서 자신의 운송수단에 의한 운송 허용

기존 Incoterms®2010규칙에서는 물품운송의 경우 제3자 운송인(third-party carrier)이 개입하는 것을 가정하였으나, 개정 Incoterms®2020규칙에서는 매도인 자신도 운송을 제3자에게 아웃소싱하지 않고 직접 운송을 할 수 있도록 명확하게 규정하였다.

6. DAT에서 DPU로의 명칭변경

Incoterms®2010규칙에서 DAT와 DAP의 유일한 차이점은, DAT는 매도인이 물품을 도착운송수단으로부터 양하한 후 터미널에서 인도하였고, DAP의 경우에는 물품을 양하하지 않고 운송수단에 적재한 상태로 인도하여 매수인이 양하하여 임의처분할 수 있도록 하였다. 또한 '터미널'의 용어를 넓게 해석하여 지붕의 유무를 탈피하여 모든 장소가 포함되도록 하였다. Incoterms®2020규칙에서는 순서를 바꿔 양하 전에 인도가 일아나는 DAP가 DAT보다 앞에 오도록 하였으며, DAT는 DPU(Delivered at Place Unloaded)로 변경하여 물품을 양하한 후 터미널뿐만 아니라 모든 장소(목적지)에서 인도가 이루어질 수 있도록 하였다.

7. 운송의무 및 비용조항에 보안관련 요건 삽입

Incoterms®2010규칙에서도 보안관련 내용이 A2/B2(허가, 승인, 보안통관 및 기타 수속절차) 또는 A10/B10(정보에 관한 협조 및 관련 비용)에 삽입되었으나, 이를 보다 구체화하여 보안관련의무를 명시적으로 A4와 A7에 할당하여 운송요건을 강화하였으며, A9/B9에서 보안관련비용을 구체적으로 명시하였다.

8. 사용자를 위한 구체적인 설명문 제시

Incoterms®2020규칙에서는 사용지침(Guidance Note)을 강화하여 사용설명문(Explanatory Note)으로 대체함으로서, Incoterms규칙의 사용용도, 위험이전시기, 비용분담 등을 구체화하였다. Incoterms규칙은 임의규칙이므로 당사자들은 합의하에 얼마든지 Incoterms규칙을 변형하여 사용할 수 있다. 그러나 이러한 경우에는 많은 위험이 있으므로 변경을 하는 이유를 명확하게 하여야 한다. 예컨대 Incoterms®2020규칙의 개별규칙에서 비용부담을 변경하는 경우에는 인도장소와 위험이전 분기점도 변경하는 것인지를 명백하게 기술하여야 한다.

9. 개별조항의 순서 변경

Incoterms®2020규칙의 개별조항의 순서를 다음과 같이 변경하여 인도와 위험의 중요성을 강조하였다.

〈Incoterms®2020의 개별조항 순서〉

	THE SELLER'S OBLIGATIONS (매도인의 의무)		THE BUYER'S OBLIGATIONS (매수인의 의무)
A1	General obligations of the seller (매도인의 일반의무)	B1	General obligations of the buyer (매수인의 일반의무)
A2	Delivery(인도)	B2	Taking Delivery(인도의 수령)
A3	Transfer of risks(위험의 이전)	B3	Transfer of risks(위험의 이전)
A4	Carriage(운송)	B4	Carriage(운송)
A5	Insurance(보험)	B5	Insurance(보험)
A6	Delivery/Transport Document (인도/운송서류)	B6	Delivery/Transport Document (인도/운송서류)
A7	Export/Import Clearance(수출/수입통관)	B7	Export/Import Clearance(수출/수입통관)
A8	Checking / packaging / marking (검사/포장/화인표시)	B8	Checking / packaging / marking (검사/포장/화인표시)
A9	Allocation of Costs (비용의 분배)	B9	Allocation of Costs (비용의 분배)
A10	Notices(통지)	B10	Notices(통지)

Ⅱ. Incoterms®2020에서 위험 및 비용의 분기점

구분 / 거래조건	위험이전	비용이전	수출입절차
EXW (Ex Works) (공장인도규칙)	• 지정 인도장소(매도인의 영업장, 창고 등)에서 매수인의 처분에 맡겨진 때	• 매도인은 위험이전까지 모든 비용부담	• 수출허가/통관 매수인부담 • 수입허가/통관 매수인부담
FCA (Free Carrier) (운송인인도규칙)	• 매수인이 지명한 운송인 또는 그 밖의 당사자에게 인도된 때(매도인의 영업장 또는 기타의 장소)	위와 같음	• 수출허가/통관 매도인부담 • 수입허가/통관 매수인 부담
CPT (Carriage Paid To) (운임지급인도규칙)	• 매도인에 의해 지명된 운송인 또는 기타 당사자에게 물품을 인도한 때	• 매도인은 FCA 조건+지정된 목적지까지의 운송비(복합운송개념에서의 운송비)부담	위와 같음
CIP(Carriage and Insurance Paid To) (운임·보험료지급 인도규칙)	• 매도인에 의해 지명된 운송인 또는 기타 당사자에게 물품을 인도한 때	• 매도인은 CPT 조건+지정된 목적지까지의 적화보험료 부담	위와 같음
DAP (Delivered at Place) (도착지 인도규칙)	• 지정된 목적지의 합의된 지점에 도착한 운송수단에서 양하하지 않은 상태로 매수인의 처분하에 놓인 때	• 매도인은 위험이전까지의 모든 비용 부담(양하비 매수인부담)	위와 같음
DPU (Delivered at Place Unloaded) (도착지양하 인도규칙)	• 지정된 목적지의 합의된 지점에서 도착한 운송수단으로부터 양하된 상태로 매수인의 처분하에 놓인 때	• 매도인은 위험이전까지의 모든 비용 부담(양하비 매도인부담)	위와 같음
DDP (Delivered Duty Paid) (관세납부 인도규칙)	• 지정된 목적지의 합의된 지점에 도착한 운송수단에서 양하하지 않은 상태로 매수인의 처분하에 놓인 때	• 매도인은 위험이전까지의 모든 비용 부담(양하비 매수인부담)	• 수출허가/통관 매도인부담 • 수입허가/통관 매도인 부담
FAS (Free Alongside Ship)(선측인도규칙)	• 물품이 지정선적항의 부두에 혹은 부선으로 선측에 인도되었을 때(일반적으로 선적항의 부두)	• 매도인은 위험이전까지 모든 비용부담	• 수출허가/통관 매도인부담 • 수입허가/통관 매수인 부담
FOB (Free On Board) (본선인도규칙)	• 물품이 지정선적항에서 매수인이 지정한 본선상에 적재한 때	위와 같음	위와 같음
CFR (Cost and Freight) (운임포함인도규칙)	• 물품이 지정선적항에서 본선상에 적재하여 인도한 때	• 매도인은 적재시까지의 모든 비용+목적항까지의 운임	위와 같음
CIF (Cost, Insurance and Freight) (운임·보험료포함 인도규칙)	• 물품이 지정선적항에서 본선상에 적재하여 인도한 때	• 매도인은 적재시까지의 모든 비용+목적항까지의 운임 및 적화보험료	위와 같음

Ⅲ. Incoterms®2020의 개별 규칙

1. 모든 운송방식에 적용되는 규칙

(1) EXW(insert named place of delivery) Incoterms®2020

EXW(Ex Works : 공장인도규칙)는 매도인이 자신의 영업장내 또는 기타 지정된 장소(작업장, 공장, 창고 등)에서 물품을 매수인의 처분하에 둘 때 매도인의 인도의무가 완료되는 규칙으로, Ex Store, Ex Factory, Ex Mill, Ex Mine, Ex plantation 및 Ex Warehouse와 같은 의미로 사용되고 있다. 이 규칙은 국내거래에 적합하고, 국제거래에서는 통상 FCA규칙이 보다 적합하다. 따라서 이 규칙은 매도인의 의무가 가장 작은데 반하여, 매수인의 의무는 가장 큰 거래조건이다.

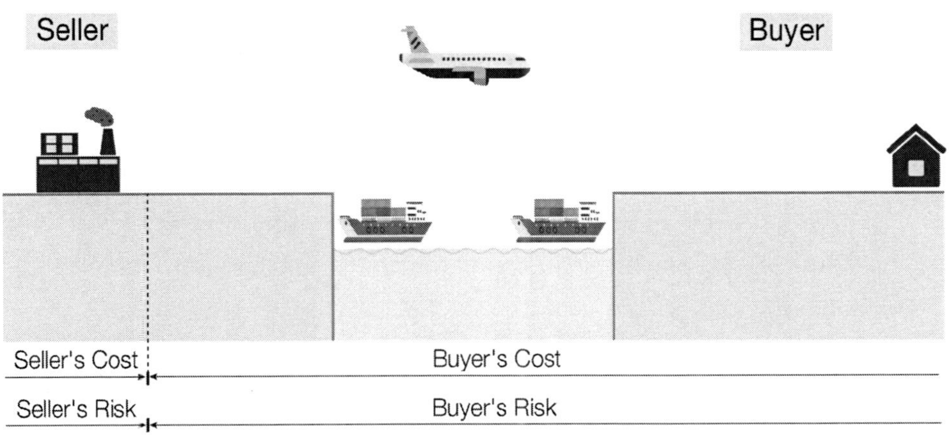

① 별도의 합의가 없는 한, 매도인은 매수인에 의해 제공된 운송수단에 물품을 적재하거나 수출통관을 이행할 의무가 없다. 매도인이 물품을 적재하는 경우에는 매수인의 위험과 비용으로 하여야 하며, 매도인이 물품을 적재하는데 유리한 위치에 있는 경우에는 매도인이 자신의 위험과 비용으로 물품적재의무를 부담하는 FCA가 통상적으로 보다 적절하다.

② 수출을 목적으로 매도인으로부터 EXW규칙으로 구매하는 매수인은 매도인으로서는 수출을 이행하는 매수인의 요청에 따라 단지 협조를 제공할 의무를 부담할 뿐이고 수출통관을 이행할 의무가 없다는 것을 유의하여야 한다. 따라서 매수인이 직접 또는 간접으로 수출통관을 이행할 수 없는 경우에는 EXW를 사용하지 않는 것이 좋다.

③ 매수인은 매도인이 조세 또는 보고의 목적으로 필요한 경우 물품의 수출에 관한 정보를 매도인에게 제공할 한정적 의무를 부담한다.

(2) FCA (insert named place of delivery) Incoterms® 2020

FCA(Free Carrier : 운송인인도규칙)는 매도인이 자신의 영업장구내 또는 기타의 지정된 장소에서 매수인이 지정한 운송인이나 제3자의 운송인에게 물품을 인도하는 것을 의미한다. 매도인의 영업구내에서 물품을 인도하고자 하는 경우에, 당사자들은 영업장의 주소를 지정인도장소로 명시하여야 한다. 그러나 다른 어떤 장소에서 물품을 인도하고자 하는 경우에 당사자들은 그러한 다른 인도장소를 명시하여야 한다. 여기서 인도의 지정장소를 두 가지를 지정하였는데, 인도의 지정장소가 매도인의 영업장 구내인 경우에는 물품이 매수인이 제공한 운송수단에 적재된 때 물품 이전에 관한 위험 부담이 매수인에게 이전된다. 그리고 인도의 지정장소가 매도인의 영업장 구내가 아닌 경우에는 물품이 매도인의 운송수단에 적재된 채 양하준비된 상태로 매수인이 지정한 운송인 또는 제3자의 처분에 놓였을 때 물품이전에 대한 매도인의 위험이 매수인에게 이전된다.

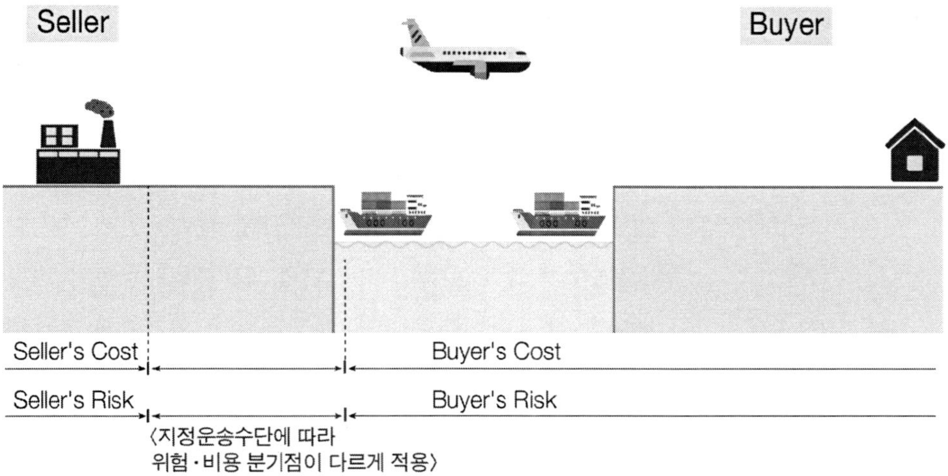

따라서 매도인은 계약에서 지정된 장소 또는 지점에서 매도인이 수출통관을 이행한 상태로 계약물품을 인도하였을 때 매도인의 인도의무가 종료되는 규칙이다.

① 당사자들은 지정된 인도장소내의 지점을 가능한 한 명확하게 명시해야 한다. 왜냐하면 위험이 동 지점에서 이전하기 때문이다.

② 만약 매수인이 특정 지점을 지정하지 않았을 경우, 매도인은 운송인이 계약물품을 인수할 수 있는 특정한 장소 또는 지역을 선택할 수 있다.

③ FCA규칙은 복합운송을 포함하여 모든 형태의 운송에 사용될 수 있다.

④ FCA규칙에서는 적용 가능한 경우 매도인이 물품의 수출통관을 이행하지만, 물품을 수입통관하거나, 수입관세를 지급하거나 수입통관 절차를 수행할 의무가 없다.

여기서 "운송인"이라 함은 운송계약을 체결하여 철도, 육로, 해상, 항로, 내륙수로 및 복합운송방식에 의해 운송을 수행하거나 혹은 주선하는 사람(운송주선인 : freight forwarder)을 의미한다. 매수인이 매도인에게 운송인이 아닌 운송주선인과 같은 특정인에게 물품을 인도하도록 지시했다면, 매도인이 그 운송주선인의 임의 처분하에 물품을 인도하였을 때 매도인의 의무를 종료하는 것으로 간주한다.

(3) CPT(insert named place of destination) Incoterms®2020

CPT(Carriage Paid to : 운송비지급인도규칙)는 매도인이 합의된 장소(당사자간에 이러한 장소의 합의가 있는 경우)에서 매도인이 지정한 운송인 또는 제3자에게 물품을 인도하여야 한다. 그리고 매도인이 지정된 목적지까지 물품을 운송하는데 필요한 운송계약을 체결하고 물품의 운송비(carriage)를 부담하는 조건이다.

CPT규칙은 FCA규칙에 추가적으로 매도인이 지정목적지까지의 운송계약을 체결하고 운송비를 지급해야 하는 조건이다. 그리고 CPT, CIP, CFR 또는 CIF가 사용되는 경우에, 매도인은 물품이 목적지에 도착한 때가 아니라 운송인에게 물품을 교부하는 때에 그의 인도의무를 이행한 것으로 된다.

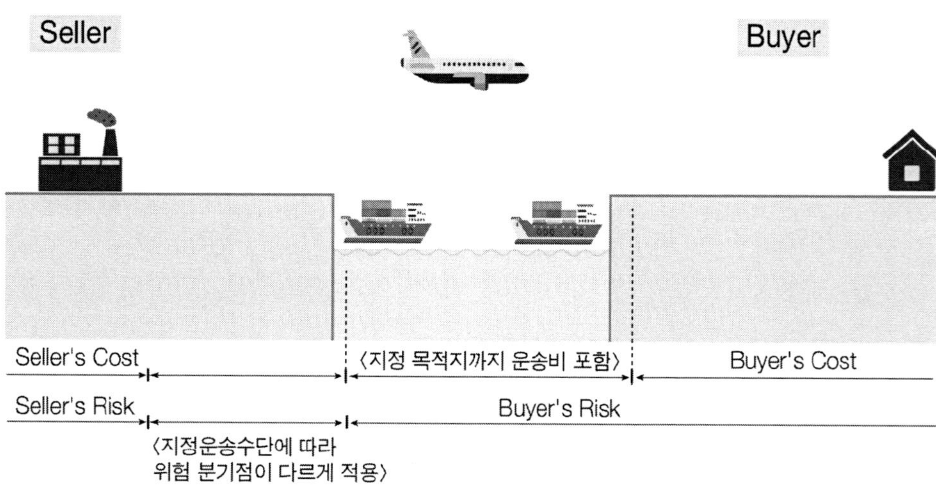

① 물품이 운송인에게 인도된 이후에 발생하는 물품의 멸실 및 손상에 대한 모든 위험과 모든 추가적인 비용은 물품이 운송인의 임의 처분하에 인도되었을 때부터 매도인에게서 매수인에게로 이전된다.

② "운송인(Carrier)"이라 함은 운송계약을 체결하여 철도, 육로, 해상, 항로, 내륙수로 및 복합운송방식에 의해 운송을 수행하거나 혹은 주선하

는 사람을 의미한다. 만약 지정목적지까지의 운송에 여러 운송인이 참여하게 되는 경우 물품이 최초의 운송인에게 인도될 때 위험이 이전된다.

③ CPT규칙에서는 적용 가능한 경우 매도인이 물품의 수출통관절차를 이행하여야 하지만, 물품을 수입통관하거나 수입관세를 부담하거나 수입통관절차를 수행할 의무가 없다.

④ CPT규칙은 복합운송과 컨테이너운송 또는 트레일러나 부선에 의한 roll-on/roll-off 운송을 포함하여 모든 형태의 운송에 사용될 수 있다.

(4) CIP(insert named place of destination) Incoterms®2020

CIP(Carriage and Insurance Paid to : 운송비·보험료지급인도규칙)는 매도인이 합의된 장소(당사자간에 이러한 장소의 합의가 있는 경우)에서 매도인이 지정한 운송인 또는 제3자에게 물품을 인도하고, 매도인이 지정된 목적지까지 물품을 운송하는데 필요한 운송계약을 체결하고 물품의 운송비(carriage)를 부담하는 조건이다.

또한 매도인이 지정된 목적지까지 운송·보험계약을 체결하고 물품의 운송비와 보험료를 지급하되, 이에 추가하여 운송 중 물품의 멸실 또는 손상 등의 위험에 대하여 매도인이 운송보험을 체결해야 하는 의무가 추가되어 있는 조건이다.

① CIP규칙에서 매도인은 운송보험계약을 체결하고 보험료를 지불하여야 한다. 이 경우 목적지 국가가 자국의 보험자에게 부보하도록 요구하는 경우에는 어려움을 야기할 수 있는데, 이러한 경우에는 CPT규칙으로 매매하는 것을 고려하여야 한다.

② CIP규칙에서는 매도인이 최대 담보조건인 Institute Cargo Clause (ICC) A 약관이나 이와 유사한 약관에 따른 광범위한 담보조건으로 부보하여야 한다.

③ CIP규칙은 적용 가능한 경우 매도인이 물품의 수출통관절차를 이행하여야 한다.

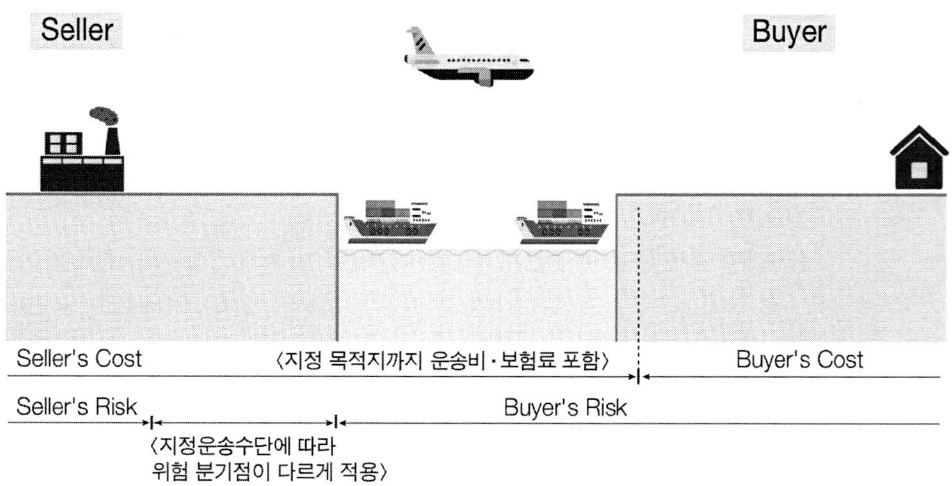

④ CIP규칙은 복합운송을 포함하여 모든 형태의 운송에 사용될 수 있다.

⑤ CIP규칙은 운송도중에 발생할 수 있는 물품의 멸실이나 손상에 대한 위험에 대비하여 매도인이 매수인을 위하여 운송보험을 부보해야 한다는 점을 제외하고는 CPT규칙과 동일한 조건이다.

(5) DAP(insert named place of destination) Incoterms® 2020

DAP(Delivered At Place : 도착지인도규칙)는 수입통관을 이행하지 않은 계약물품이 지정된 목적지에서 양하할 준비를 갖추어 도착하는 운송수단에 적재된 채 양하 준비된 상태로 매수인의 처분 하에 놓였을 때에 매도인의 인도의무가 완료되는 조건이다.

① DAP규칙에서 매도인은 지정된 목적지까지 물품을 운송하는데 관련된 모든 위험을 부담하여야 한다.

② 당사자들은 합의된 목적지 내의 지점을 가급적 명확하게 명시하여야 한다. 그러한 지점까지의 위험은 매도인이 부담하기 때문이다.

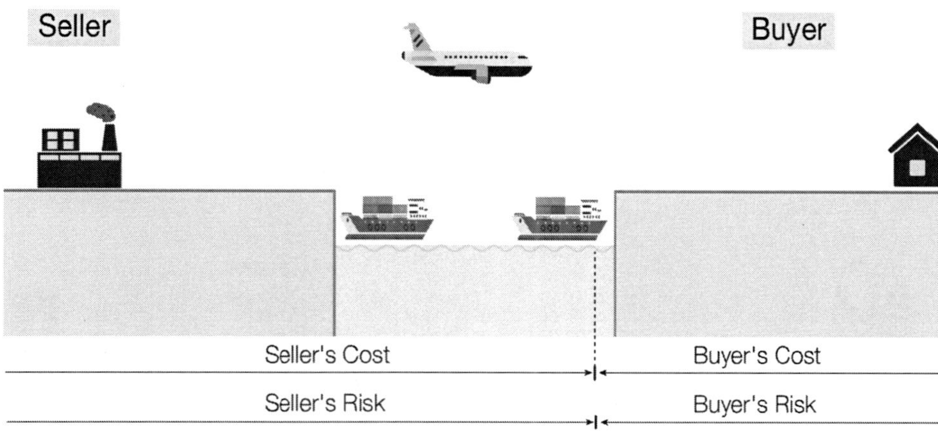

③ 매도인이 그의 운송계약에 따라 목적지에서 양하(unload)에 관한 비용이 발생한 경우에, 매도인은 당사자간에 달리 합의되지 않았다면 그러한 비용을 매수인으로부터 별도로 상환받을 권리가 없다.

④ DAP규칙은 적용 가능한 경우 매도인이 물품의 수출통관절차를 이행하여야 한다. 그러나 매도인은 물품의 수입통관절차를 이행할 의무가 없으며, 이를 매도인이 이행하도록 할 경우에는 DDP규칙을 사용하여야 한다.

(6) DPU(insert named place of destination) Incoterms®2020

DPU(Delivered At Place Unloaded : 도착지양하인도규칙)는 계약물품을 지정된 목적지에서 도착운송수단으로부터 양하된 상태로 매수인의 처분하에 놓았을 때 매도인의 인도의무가 완료되는 규칙이다. 따라서 DPU규칙은 Incoterms규칙에서 인도와 목적지의 도착이 동일하게 된다.

① DPU규칙에서 매도인은 도착 운송수단으로부터 수입지의 지정 목적지에서 물품을 양하한 후 수입통관 미필 상태에서 매수인에게 인도하는 규칙으로 매도인이 수입통관의 의무를 갖지 않는다.

② DAP규칙과 DPU규칙의 유일한 차이점은, DAP는 매도인이 계약물품을 지정된 목적지에서 도착 운송수단에 적재한 상태로 양하를 위하

여 매수인의 처분하에 두었을 때 인도가 완료된다. 반면에 DPU는 매도인이 계약물품을 지정된 목적지에서 도착 운송수단으로부터 양하한 후 인도하여야 한다.

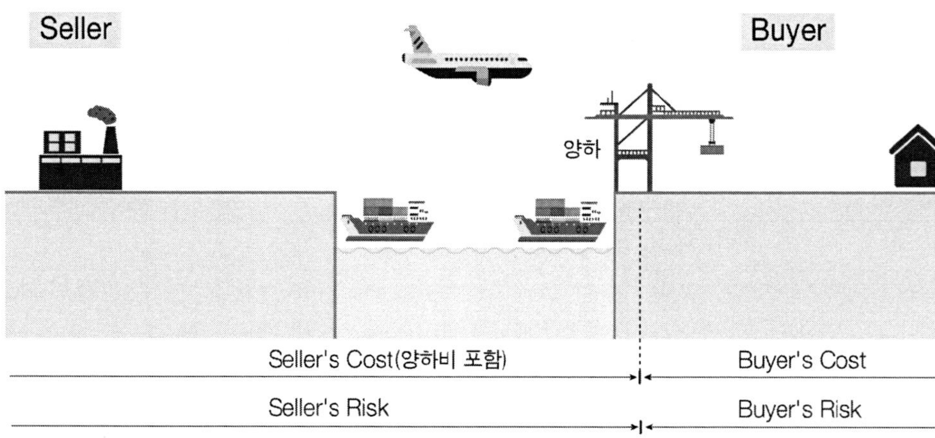

③ 따라서 당사자들은 매도인이 양하의 위험과 비용을 부담하기를 원하지 않는 경우에는 DPU를 피하고 그 대신 DAP를 사용하여야 한다. DPU규칙은 매도인이 목적지에서 물품을 양하하도록 하는 유일한 Incoterms규칙이다.

(7) DDP(insert named place of destination) Incoterms® 2020

DDP(Delivered Duty Paid : 관세지급인도규칙)는 매도인이 물품을 수입국의 지정된 목적지에서 수입통관절차를 거친 후 도착 운송수단에 적재한 채 양하 준비된 상태로 매수인의 처분하에 놓았을 때 매도인의 인도의무가 완료되며, 목적지에서 매도인의 모든 위험이 매수인에게 이전되는 규칙이다.

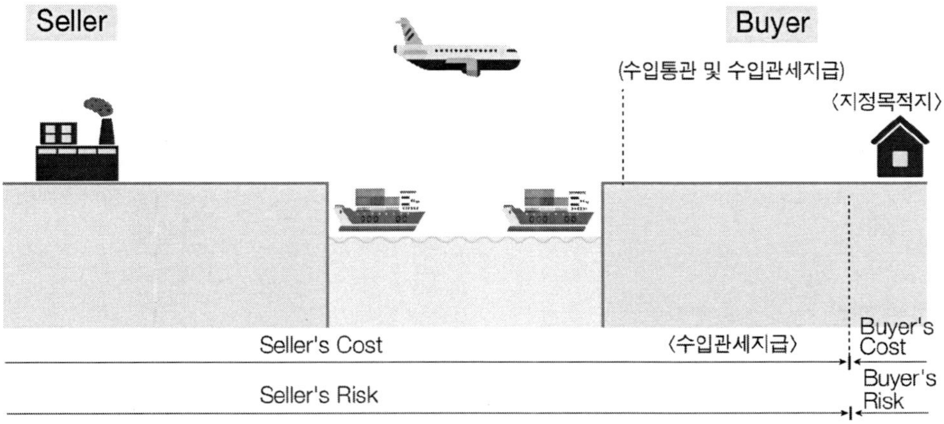

① 매도인은 그 지점까지 관세, 조세, 기타 물품인도비용을 포함한 모든 위험과 비용을 부담해야 하며, 수출통관, 수입통관도 이행하여야 한다.

② EXW규칙이 매도인의 최소 의무를 규정하는데 반해 DDP규칙은 매도인의 최대 의무를 규정하고 있다.

③ DDP규칙은 매도인이 직접 또는 간접적으로 수입허가를 취득할 수 없다거나 수입통관절차를 이행할 수 없는 경우에는 사용될 수 없다.

④ 매도인은 계약 물품을 합의된 지정 목적지까지 운송하는 계약을 체결하여 운송하여야 한다.

⑤ 매도인이 그의 운송계약에 따라 목적지에서 양하에 관한 비용을 지출한 경우에, 당사자간에 달리 합의되지 않았다면 그러한 비용을 매수인으로부터 별도로 상환받을 권리가 없다.

⑥ DDP규칙은 복합운송을 포함하여 모든 형태의 운송에 사용될 수 있다.

2. 해상운송과 내수로운송에 적용되는 규칙

(1) FAS(insert named port of shipment) Incoterms®2020

FAS(Free Alongside Ship : 선측인도규칙)는 매도인이 물품을 지정된 선적항에서 매수인이 지정한 본선의 선측(예컨대 부두 또는 바지선(barge))에 계약물품을 적치한 때 또는 그렇게 인도된 물품을 조달(procure)한 때 물품의 멸실 또는 훼손에 관한 모든 위험과 비용이 매수인에게 이전하는 규칙이다.

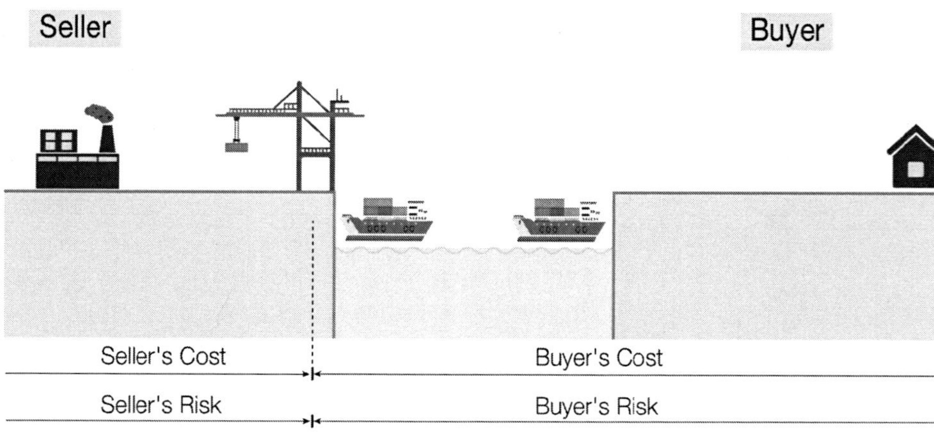

① 당사자들은 지정선적항 내의 적재지점을 가급적 명확하게 명시하는 것이 바람직하다. 그러한 지점까지 비용과 위험을 매도인이 부담하고 또한 그러한 비용 및 관련 화물취급비용이 그 항구의 관행에 따라 다양하기 때문이다.

② FAS규칙에서 매도인은 자신의 위험과 비용 부담으로 모든 수출허가 또는 기타 공적인 승인을 취득해야 하고, 물품의 수출통관절차를 이행하여야 한다. 따라서 매수인으로 하여금 수출통관을 하도록 하고자 하는 경우에는 매매계약상에 이를 명확히 명시하여야 한다.

③ FAS규칙은 해상이나 내수로 운송에만 사용될 수 있으며 표기방식으로 FAS Busan, Korea 등으로 하면 된다.

④ FAS규칙은 FOB계통의 조건으로서 일반화물의 매매보다는 본선에서의 선적 및 양륙에 많은 비용이 드는 원목, 원면, 곡물 등의 부피가 큰 산화물(bulk cargo)의 매매에 주로 사용된다.

⑤ 여기에 '조달(procure)'을 규정한 것은 특히 일차산품거래

(commodity trades)에서 보편적인 수차에 걸쳐 연속적으로 이루어지는 연속매매(string sales)에 대응하기 위함이다.

⑥ 물품이 선측에 놓이기 전에 운송인에게 교부되는 경우, 예컨대 컨테이너터미널에서 운송인에게 교부되는 경우에는 FAS규칙 대신에 FCA규칙을 사용하는 것을 고려하여야 한다.

(2) FOB(insert named port of shipment) Incoterms®2020

FOB(Free On Board : 본선인도규칙)는 매도인이 계약물품을 지정선적항에서 매수인이 지정한 선박에 적재(on board the vessel)하거나 또는 이미 그렇게 인도된 물품을 조달하는 규칙을 의미한다.

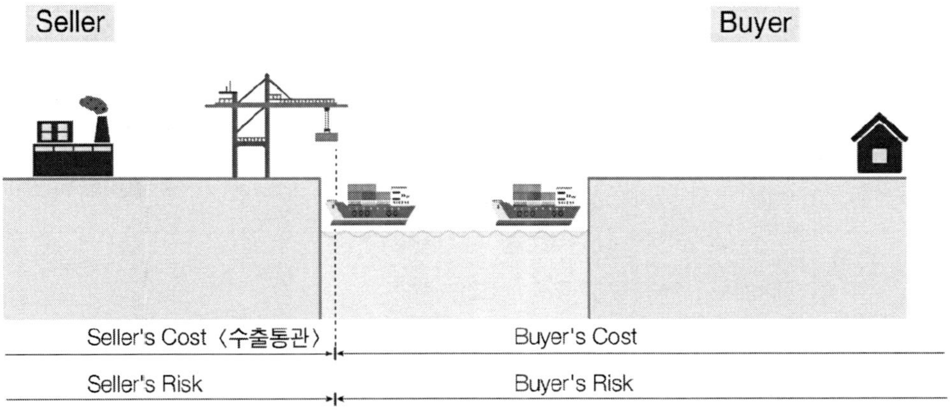

① FOB규칙에서 본선에 적재될 때까지의 인도 과정에서 발생하는 모든 비용과 위험은 매도인의 부담이며, 그 후 발생하는 모든 비용과 위험은 매수인이 부담한다.

② FOB규칙에서는 적용 가능한 경우 매도인이 물품의 수출통관절차를 이행하여야 한다.

③ FOB규칙은 해상이나 내수로 운송에만 사용될 수 있다. 이와는 달리 물품이 컨테이너터미널에서 교부되는 경우에는 적절하지 않으며, 이러한 경우에 당사자들은 FOB규칙 대신에 FCA규칙을 사용하는 것을 고려하여야 한다.

④ FOB규칙에서 매수인은 자신의 비용부담으로 목적항까지 물품의 운송계약을 체결하고, 선박명・선적장소・선적시기 등을 매도인에게 통지하여야 한다.

⑦ 매도인은 매매계약에 일치하는 물품 및 상업송장과 그밖에 계약에 일치하여 요구될 수 있는 모든 증거를 제공하여야 하며, 제공되는 서류는 종이서류 또는 전자적 방식이 될 수 있다.

따라서 FOB규칙은 매수인이 지정한 선적항의 본선상에서 계약물품을 인도하는 것을 조건으로 하는 매매계약으로 Incoterms의 규칙 중 CFR, CIF와 함께 가장 많이 사용되는 대표적인 선적지 매매조건이다.

(3) CFR(insert named port of destination) Incoterms® 2020

CFR(Cost and Freight : 운임포함인도규칙)는 매도인이 지정목적항까지 물품을 운송하는데 필요한 운송계약을 체결하고 소요되는 운임과 비용을 지급해야 한다. CFR은 매도인이 계약 물품을 선적항의 본선상에 적재한 때 또는 이미 그렇게 인도된 물품을 조달하는 것을 의미한다. 인도된 후 발생하는 물품의 멸실과 손상의 위험은 물품이 본선상에 적재될 때 매수인에게 이전되는 조건이다.

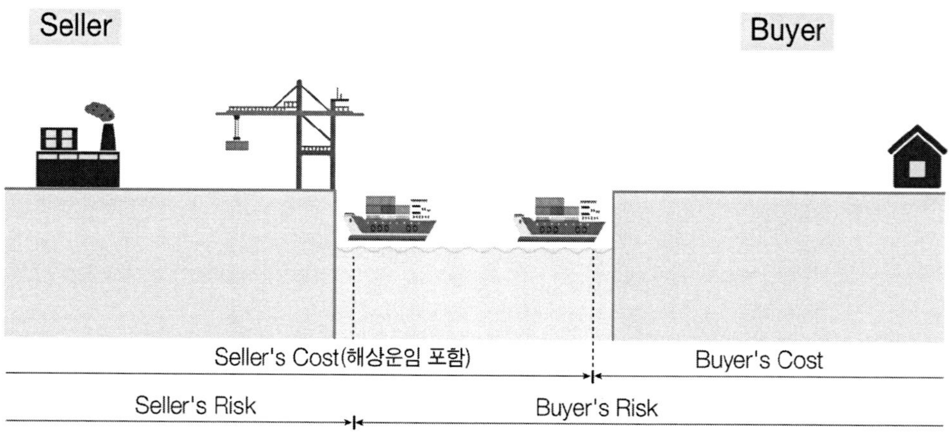

① CFR규칙에서는 적용 가능한 경우 매도인이 물품의 수출통관절차를 이행하여야 한다.

② CFR규칙은 해상운송 또는 내수로 운송에만 사용될 수 있다. 물품이 컨테이너터미널에서 운송인에게 교부되는 경우에는 일반적으로 그러하듯이 둘 이상의 운송방식이 사용되는 경우에 적절한 규칙은 CFR규칙이 아니라 CPT규칙을 사용하는 것이 적절하다.

③ CFR규칙에서는 비용부담의 분기점과 위험부담의 분기점이 서로 다르다. 매도인은 선적항에서 물품을 본선상에 인도한 때까지의 물품에 관련된 모든 비용과 목적항까지의 해상운송 비용(운임)을 별도로 부담하여야 한다. 반면에 매수인은 목적항까지의 운임을 제외하고 물품이 선적항에서 본선상에 인도된 때부터 모든 추가적인 비용을 부담하여야 한다.

④ 물품이 선적항에서 본선상에 적재된 때 물품의 멸실과 손상에 대한 모든 위험은 매수인에게 이전된다.

⑥ CFR규칙에서는 물품이 선박에 적재되어 인도되는 항구와 물품의 목적항으로 합의된 항구가 다르므로, 위험과 비용이 서로 상이한 장소에서 분기된다는 점에 유의하여야 한다.

⑦CFR규칙에서는 항상 목적항을 명시하면서도 선적항은 명시하지 않을 수도 있지만, 위험은 선적항에서 매수인에게 이전하므로 선적지 인도규칙으로 분류된다. 선적항이 특히 매수인의 관심사항인 경우, 예컨대 매수인이 매매대금에서 운임요소가 합리적인지를 확인하고자 하는 경우에 당사자들은 계약에서 선적항을 가급적 정확하게 특정하는 것이 바람직하다.

(4) CIF(insert named port of destination) Incoterms®2020

CIF(Cost, Insurance and Freight : 운임·보험료포함인도규칙)는 매도인이 CFR규칙과 동일한 의무를 가지고 있으나, 이에 추가하여 운송중의 물품의 멸실 및 손상에 대한 위험에 대하여 매도인이 해상보험계약을 체결하여야 하는 규칙이다. 즉, FOB가격에 목적항까지의 해상운임과 해상보험료가 가산된 조건이다.

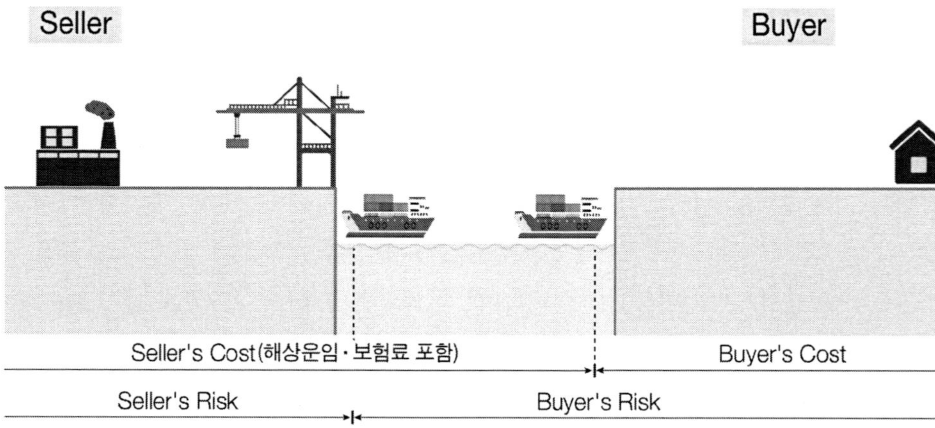

CIF규칙은 다음과 같은 특성을 갖고 있다.

① CIF규칙은 서류인도(Symbolic Delivery)에 의하여 계약이 이행된다. 즉 매도인이 적법한 선화증권(B/L)이나 해상화물운송장(SWB), 또는 내수로운송증권 등이 매수인에게 인도되어야 매도인의 물품인도가 완료된 것으로 간주한다.

② CIF규칙은 운임 및 해상보험료는 목적지항까지 매도인이 부담하지만, 위험은 선적지항의 본선상에서 매수인에게 이전되므로 선적지인도규칙으로 간주된다.

③ CIF규칙에서 매도인은 해상보험계약을 체결하고 해상보험료를 지급한다. 이 경우 매도인은 별도의 약정이 없는 경우 최소한의 부보조건인 Institute Cargo Clause(ICC) C 약관이나 그와 유사한 약관에 따른 제한적인 담보조건으로 부보하여야 한다. 부보범위를 확장하고자 한다면 매수인은 매도인과 별도의 합의를 하든지 스스로 자신의 추가보험을 들어야 한다.

④ CIF규칙에서는 적용 가능한 경우 매도인이 물품의 수출통관절차를 이행하여야 한다.

⑤ CIF규칙은 해상이나 내수로 운송에만 사용될 수 있다. 물품이 컨테이너터미널에서 운송인에게 교부되는 경우에는 일반적으로 그러하듯이 둘 이상의 운송방식이 사용되는 경우에는 CIP규칙을 사용하는 것이

더욱 적절하다.

⑥ CIF규칙은 계약가격이 선적항에서의 약정 물품의 선적원가(FOB 가격), 목적항까지의 보험료 및 운임 등 3가지 요소가 하나의 거래조건에 통합된 매매형태이다.[1)]

⑦ CIF규칙은 임의규칙이라는 Incoterms의 특성상 당사자가 자유롭게 기본적인 가격구성요소에 수수료, 이자, 외환비용 등을 포함시켜 특수한 가격형태로 변형하여 사용될 수 있다.

CIF규칙의 변형된 형태는 다음과 같다.

CIF & C - 외국의 중계무역상 또는 대리점 등에게 지급할 수수료 (commission)가 포함

CIF & I - 화환어음의 할인비용, 즉 이자(interest)가 포함

CIF & E - 외환비용(cost of exchange)을 포함

CIF landed - 매도인에게 도착항에서의 양륙비를 부담시키는 조건

CIF & C.I. - CIF가격에다 Commission과 Interest를 함께 포함시킨 조건

CIF cleared - CIF가격 이외에 수입국에서의 통관비용을 가격에 포함시킨 조건

1) 장흥훈 · 장동식 · 이재은, 『무역개론』, 청목출판사, 2019, pp. 400-410.

5 chapter

수출입절차

수출입업자가 무역거래를 이행하기 위해서는 일정한 수출입절차를 거쳐야 한다. 그러나 수출절차와 수입절차를 이행하기 전에 우선 수출입을 규제하는 특별한 법규와 절차가 있는지 검토하는 것이 중요하다. 일반적으로 대금을 결제하는 수단에 따라 수출입절차의 과정이 다르게 나타난다.

본 장에서는 국제거래에서 가장 안전하게 사용할 수 있는 신용장에 의한 대금결제를 중심으로 수출절차와 수입절차에 대하여 학습한다.

제 1 절 수출절차

Ⅰ. 수출절차의 개요

수출절차라 함은 수출계약이 체결되는 단계부터 수출대금이 수취될 때까지 거치게 되는 일련의 법적·행정적인 절차를 의미한다.

수출절차는 무역계약을 체결한 후 수출신용장(L/C)의 접수, 수출승인 및 수출요건 확인, 원자재 확보 및 무역금융지원, 수출검사, 운송계약 및 보험계약 체결, 수출통관, 물품선적, 수출대금회수, 관세 환급, 사후관리 등의 절차를 거친다.

그러나 거래형태나 수출물품의 특성에 따라서 수출용 원자재 수입과 관련절차, 내국신용장의 개설, Waiver의 발급, 원산지증명, 소요량증명과 관세 환급 및 사후관리를 포함하는 등 많은 절차를 거치게 된다.

Ⅱ. 수출절차의 실무

상품을 수출하고자 할 때에는 우선 수출할 시장을 결정하고 그 시장 내의 유력한 거래처를 물색한 다음 거래제의를 하여 수출계약을 체결하여야 한다. 일단 수출계약이 체결되면 수출업자는 수출신용장을 접수하여 수출승인을 받고 수출지원금을 받아 원자재를 확보한다.

그리고 제품을 생산하여 수출검사를 받은 후 수출통관을 하여 선적하고 대금을 회수하게 된다. 여기서는 가장 일반적인 신용장 결제의 경우를 중심으로 하여 수출절차를 살펴보면 다음과 같다.

1. 수출신용장의 접수

신용장조건의 무역계약을 체결한 수출업자가 신용장(Letter of Credit: L/C)을 수령한 사실은 수입상이 무역계약을 이행했다는 증거가 되며, 그 시점부터 수출상의 수출이행의무가 개시된다.

신용장은 수출업자가 계약을 제대로 이행하는 증거로서 당해 신용장에 명기된 일정한 서류를 제시하면 수입업자의 거래은행인 신용장 개설은행이 대금결제를 보증하는 문서화된 약속이다.

일단 신용장을 수취한 수출업자는 수출대금의 확실한 회수를 위하여 신용장이 계약내용과 일치하는지 확인하여야 하고, 기타 이행이 불가능한 특수한 조건이 신용장에 포함되어 있지는 않은지 주의 깊게 검토하여야 한다.

2. 수출승인 및 수출요건 확인

수출신용장을 받은 후에는 수출하고자 하는 품목이 수출입공고상 수출제한승인품목인 경우 산업통상자원부장관의 수출승인(Export License)을 받아야 한다. 또한 만약 수출하고자 하는 품목이 마약법, 약사법, 식품위생법, 석유사업법, 전략물자수출입관련법 등의 특별법에 의해 제한된 품목인 경우에는 합당한 수출허가를 받아야 한다.

위와는 달리, 수출품목이 자동수출승인품목인 경우에는 수출승인이나 수출허가의 절차 없이 인도를 수행할 수 있다.

한편 수출의 대금결제조건이 정상외 결제방법에 해당하는 경우에는 한국은행총재 또는 외국환은행장의 정상외 결제허가 또는 인증을 받아야 한다.

수출승인의 유효기일은 수출승인일로부터 1년까지이다. 다만 물품인도조건, 대금결제기간, 기타 거래상의 필요에 따라 20년의 범위 내에서 연장될 수도 있다.

3. 원자재 확보 및 무역금융지원

수출승인을 받은 후에는 당해 수출품을 제조하기 위한 소요원자재를 국내에서 구입하거나 외국에서 수입하여 확보하여야 한다.

수출물품을 확보하기 위해서는 원자재를 가지고 자체적으로 가공·제조하거나, 제조업체로부터 완제품을 구매·조달하여야 한다. 수출물품에 소요되는 원자재를 조달하는 방법으로는 국내에서 구매하는 방법과 외국에서 수입하는 방법이 있다. 수출용 원자재를 국내에서 구매하는 경우 수출업자는 무역금융을 활용하여 원자재 구매자금이나, 제조·생산에 소요되는 자금을 수출신용장 등을 담보로 하여 유리한 조건에 융자받을 수 있다.

또한 수출신용장을 담보로 내국신용장(local L/C)을 국내공급자를 수익자로 하여 발행하고, 수출을 이행하여 수출대금을 회수한 후에 생산소요자금을 결제할 수 있다.

4. 수출검사

과거에 수출물품의 대외성가 및 품질의 유지향상을 도모하고 건전한 수출환경을 조성하기 위하여 제정된 수출검사법에 의하여 지정된 수출물품은 수출검사를 받아 합격하여야 수출이 가능하였다.

그러나 우리나라 수출품목의 품질이 전반적으로 우수해짐에 따라 1994년 수출검사법이 폐지되면서 수출검사대상품목은 점점 줄어들고 있다.

그러나 일부 수입국 중에서는 선적 전 검사(Preshipment Inspection : PSI)라고 하여 자국으로 수입되는 물품에 대하여 반드시 선적 전에 SGS(Société Générale de Surveillance))나 GESCO(The Great Eastern Shipping Co., Ltd.)와 같은 공인된 국제검사기관에 의한 검사를 받을 것을 요구하는 경우가 있다.

이러한 경우 지정된 검사 기관은 일정한 검사수수료를 징수한 후 검사대상물품의 재료와 품질 또는 포장조건이 검사기준에 적합한 경우에 한하여 그들 물품, 재료 또는 포장물이 가장 잘 보이는 곳에 합격한 표시로 'Passed' 및 검사기관명 · 검사일자 · 유효기간을 표시하고, 영문 또는 국문으로 된 검사합격증을 신청인에게 교부한다.

5. 운송계약 및 보험계약 체결

수출검사가 끝나면 물품은 세관으로 보내 수출신고를 하는 한편 선적할 수 있는 적당한 선박을 수배하여 선박회사와 운송계약을 체결한다. 실제로 운송계약은 수출상이 선사에 선복요청서(S/R: Shipping Request)를 제출하고, 선사가 인수확약서(B/N: Booking Note)를 화주에게 교부하면 운송계약이 성립되고, 선적 후에 발행되는 선화증권(B/L: Bill of Lading)은 화물의 수취증이고 운송계약체결의 추정적 증거(prima facie evidence)가 되어 권리증권으로서 효력을 갖게 된다.

또한 수출가격조건이 CIF(운임 · 보험료포함규칙)인 경우에는 수출업자가 수입업자를 위하여 보험회사와 해상보험계약을 체결하여야 한다.

한편 수출업자는 수입국의 외환거래의 제한 또는 금지, 전쟁 등 비상위험이나, 상대방의 파산 또는 지급불능과 같은 신용위험 등 통상의 운송보험으로 담보할 수 없는 위험에 대해 수출보험에 부보(付保)할 수 있다.

수출보험은 불가항력적인 위험으로 수출대금을 제대로 회수할 수 없는 경우에 수출업자의 위험과 손실을 보상해 주는 제도이며, 수출업자가 수출업무에 전념할 수 있도록 도와주기 위해 무역보험법에 의해 한국무역보험공사에서 운영하고 있는 비영리정책보험이다.

[별지 제1호 서식]

수 출 신 고 서 (갑지)

※ 처리기간 : 즉시

제출번호 99999-99-9999999 ①신 고 자 XXXXXXXXXXXXXXXXXXXXXXXXXXXXXXXXXX	⑤신고번호 999-99-99-99999999	⑥신고일자 YYYY/MM/DD	⑦신고구분 X	⑧C/S구분 X

②수 출 대 행 자 XXXXXXXXXXXXXXXXXXXXXXXXXXXX (통관고유부호) XXXXXXXX-9-99-9-99-9 수출자구분 X 수 출 화 주 XXXXXXXXXXXXXXXXXXXXXXXXXXXX (통관고유부호) XXXXXXXX-9-99-9-99-9 (주소) XXXXXXXXXXXXXXXXXXXXXXXXXXXXXXXXXXXXXXXXX (대표자) XXXXXXXXXXXX (소재지) XXX (사업자등록번호) 999-99-99999	⑨거래구분 XX	⑩종류 X	⑪결제방법 XX
	⑫목적국 XXXXXXX	⑬적재항 XXXXXXXX	⑭선박회사 (항공사) XXXXXXX
	⑮선박명(항공편명) XXXXXXX	⑯출항예정일자 XXXXXX	⑰적재예정보세구역 XXXXXXX
	⑱운송형태 XX XXX		⑲검사희망일 YYYY/MM/DD
	⑳물품소재지 XXX XXXXXXXXXXXXXXXXXXXXXXXXXXX		
③제 조 자 XXXXXXXXXXXXXXXXXXXXXXXXXXXX (통관고유부호) XXXXXXXX-9-99-9-99-9 제조장소 XXX 산업단지부호 XXX	㉑L/C번호 XXXXXXXXXXXXXXXXXXXX		㉒물품상태 X
	㉓사전임시개청통보여부 X		㉔반송 사유 XX
④구 매 자 XXXXXXXXXXXXXXXXXXXXXXXXXX (구매자부호) XXXXXXXXXX	㉕환급신청인 X (1:수출대행자/수출화주, 2:제조자) 간이환급 XX		

· 품명 · 규격 (란번호/총란수: 999/999)

㉖품 명 XXXXXXXXXXXXXXXXXXXXXXXXXXXXXXXXXXXXXXXXXXXXXXXXXXXX ㉗거래품명 XXXXXXXXXXXXXXXXXXXXXXXXXXXXXXXXXXXXXXXXXXXXXXXXXXXX	㉘상표명 XXXXXXXXXXXXXXXXXXXX

㉙모델 · 규격	㉚성분	㉛수량	㉜단가(XXX)	㉝금액(XXX)
XXXXXXXXXXXXXXXXXXXXXXXXXXXXXXXXXXXXXXXXXXXXXXXXXXXXX (×7줄) 모델 · 규격의 갯수 및 길이에 따라 세로길이 가변적.	XXXXXXXXXXXXXXXXXXXXXXXX XXXXXXXXXXXXXXXXXXXXXXXX XXXXXXXXXXXXXXXXXXXXXXX	999,999,999,999(XXX)	9,999,999,999.99	999,999,999.99

㉞세번부호	9999.99-9999	㉟순중량	999,999,999,999(XX)	㊱수량	999,999,999,999(XX)	㊲신고가격(FOB)	₩999,999,999
㊳송품장번호	XXXXXXXXXXX	㊴수입신고번호	XXXXX-XX-XXXXXXX-X(XXX)	㊵원산지 XX-X-X		㊶포장갯수(종류)	999,999(XX)

㊷수출요건확인 (발급서류명)	X-XXXXXXXXXXXXXXXXX (XXXXXXXXXXXXXXXXX)	X-XXXXXXXXXXXXXXXXX (XXXXXXXXXXXXXXXXX)	X-XXXXXXXXXXXXXXXXX (XXXXXXXXXXXXXXXXX)	X-XXXXXXXXXXXXXXXXX (XXXXXXXXXXXXXXXXX)

㊸총중량	999,999,999(XX)	㊹총포장갯수	999,999 (XX)	㊺총신고가격 (FOB)	$ 999,999,999,999 ₩ 999,999,999,999,999
㊻운임(₩)	999,999,999	㊼보험료(₩)	999,999,999,999	㊽결제금액	XXX-XXX-999,999,999,999,999
㊾수입화물관리번호	XXXXXXXXXXXXXXXXXX	X		㊿컨테이너번호	XXXXXXXXXXX X

※신고인기재란	(51)세관기재란
XXXXXXXXXXXXXXXXXXXXXXXXXXXXXXXXXXXXXXXXXXXXXXXXXXXXXX XXXXXXXXXXXXXXXXXXXXXXXXXXXXXXXXXXXXXXXXXXXXXXXXXXXXXX XXXXXXXXXXXXXXXXXXXXXXXXXXXXXXXXXXXXXXXXXXXXXXXXXXXXXX XXXXXXXXXXXXXXXXXXXXXXXXXXXXXXXXXXXXXXXXXXXXXXXXXXXXX	XXXXXXXXXXXXXXXXXXXXXXXXXXXXXXXXXXXXXXXXXXXXXXXXXXXXXX XXXXXXXXXXXXXXXXXXXXXXXXXXXXXXXXXXXXXXXXXXXXXXXXXXXXXX XXXXXXXXXXXXXXXXXXXXXXXXXXXXXXXXXXXXXXXXXXXXXXXXXXXXXX XXXXXXXXXXXXXXXXXXXXXXXXXXXXXXXXXXXXXXXXXXXXXXXXXX

(52)운송(신고)인 XXXXXXXXXXXXXXXXXXXXXXXXXX (53)기간 YYYY/MM/DD 부터 YYYY/MM/DD 까지	(54)적재의무기한	YYYY/MM/DD	(55)담당자	XXXXXX(XXXXXX)	(56)신고수리일자	YYYY/MM/DD

(1) 수출신고수리일로부터 30일내에 적재하지 아니한 때에는 수출신고수리가 취소됨과 아울러 과태료가 부과될 수 있으므로 적재사실을 확인하시기 바랍니다.(관세법 제251조, 제277조) 또한 휴대탁송 반출시에는 반드시 출국심사(부두, 초소, 공항) 세관공무원에게 제시하여 확인을 받으시기 바랍니다.

(2) 수출신고필증의 진위여부는 관세청 인터넷통관포탈에 조회하여 확인하시기 바랍니다.(http://portal.customs.go.kr)

수 출 신 고 서 (을지)

※ 처리기간 : 즉시

제출번호 99999-99-9999999	⑤신고번호	⑥신고일자	⑦신고구분	⑧C/S구분
①신 고 자 XXXXXXXXXXXXXXXXXXXXXXXXXXXXXXXXXXXX	999-99-99-99999999	YYYY/MM/DD	X	X

· 품명 · 규격 (란번호/총란수: 999/999)

㉖품 명 XXXXXXXXXXXXXXXXXXXXXXXXXXXXXXXXXXXXXXXXXXXXXXXX ㉗거래품명 XXXXXXXXXXXXXXXXXXXXXXXXXXXXXXXXXXXXXXXXXXXXXXXX	㉘상표명 XXXXXXXXXXXXXXXXXXXX

㉙모델 · 규격	㉚성분	㉛수량	㉜단가(XXX)	㉝금액(XXX)
XXXXXXXXXXXXXXXXXXXXXXXXXXXXXXXXXXXXXXXXXXXXXXXX (모델 · 규격의 갯수 및 길이에 따라 세로길이 가변적.)	XXXXXXXXXXXXXXX XXXXXXXXXXXXXXX XXXXXXXXXXXXXXX XXXXXXXXXXXXXXX XXXXXXXXXX	999,999,999,999(XXX)	9,999,999,999.99	999,999,999.99

㉞세번부호	9999.99-9999	㉟순중량	999,999,999,999(XX)	㊱수량	999,999,999,999(XX)	㊲신고가격(FOB)	₩999,999,999
㊳송품장번호	XXXXXXXXXXX	㊴수입신고번호	XXXXX-XX-XXXXXXX-X(XXX)	㊵원산지	XX-X-X	㊶포장갯수(종류)	999,999(XX)
㊷수출요건확인 (발급서류명)	X-XXXXXXXXXXXXXXXXX (XXXXXXXXXXXXXXXXXX)		X-XXXXXXXXXXXXXXXXX (XXXXXXXXXXXXXXXXXX)		X-XXXXXXXXXXXXXXXXX (XXXXXXXXXXXXXXXXXX)		X-XXXXXXXXXXXXXXXXX (XXXXXXXXXXXXXXXXXX)

· 품명 · 규격 (란번호/총란수: 999/999)

㉖품 명 XXXXXXXXXXXXXXXXXXXXXXXXXXXXXXXXXXXXXXXXXXXXXXXX ㉗거래품명 XXXXXXXXXXXXXXXXXXXXXXXXXXXXXXXXXXXXXXXXXXXXXXXX	㉘상표명 XXXXXXXXXXXXXXXXXXXX

㉙모델 · 규격	㉚성분	㉛수량	㉜단가(XXX)	㉝금액(XXX)
XXXXXXXXXXXXXXXXXXXXXXXXXXXXXXXXXXXXXXXXXXXXXXXX (모델 · 규격의 갯수 및 길이에 따라 세로길이 가변적.)	XXXXXXXXXXXXXX XXXXXXXXXXXXXX XXXXXXXXXXXXXX XXXXXXXXXXXXXX XXXXXXXXXXXXXX	999,999,999,999(XXX)	9,999,999,999.99	999,999,999.99

㉞세번부호	9999.99-9999	㉟순중량	999,999,999,999(XX)	㊱수량	999,999,999,999(XX)	㊲신고가격(FOB)	₩999,999,999
㊳송품장번호	XXXXXXXXXXX	㊴수입신고번호	XXXXX-XX-XXXXXXX-X(XXX)	㊵원산지	XX-X-X	㊶포장갯수(종류)	999,999(XX)
㊷수출요건확인 (발급서류명)	X-XXXXXXXXXXXXXXXXX (XXXXXXXXXXXXXXXXXX)		X-XXXXXXXXXXXXXXXXX (XXXXXXXXXXXXXXXXXX)		X-XXXXXXXXXXXXXXXXX (XXXXXXXXXXXXXXXXXX)		X-XXXXXXXXXXXXXXXXX (XXXXXXXXXXXXXXXXXX)

· 품명 · 규격 (란번호/총란수: 999/999)

㉖품 명 XXXXXXXXXXXXXXXXXXXXXXXXXXXXXXXXXXXXXXXXXXXXXXXX ㉗거래품명 XXXXXXXXXXXXXXXXXXXXXXXXXXXXXXXXXXXXXXXXXXXXXXXX	㉘상표명 XXXXXXXXXXXXXXXXXXXX

㉙모델 · 규격	㉚성분	㉛수량	㉜단가(XXX)	㉝금액(XXX)
XXXXXXXXXXXXXXXXXXXXXXXXXXXXXXXXXXXXXXXXXXXXXXXX (모델 · 규격의 갯수 및 길이에 따라 세로길이 가변적.)	XXXXXXXXXXXXXX XXXXXXXXXXXXXX XXXXXXXXXXXXXX XXXXXXXXXXXXXX XXXXXXXXXXXXXX	999,999,999,999(XXX)	9,999,999,999.99	999,999,999.99

㉞세번부호	9999.99-9999	㉟순중량	999,999,999,999(XX)	㊱수량	999,999,999,999(XX)	㊲신고가격(FOB)	₩999,999,999
㊳송품장번호	XXXXXXXXXXX	㊴수입신고번호	XXXXX-XX-XXXXXXX-X(XXX)	㊵원산지	XX-X-X	㊶포장갯수(종류)	999,999(XX)
㊷수출요건확인 (발급서류명)	X-XXXXXXXXXXXXXXXXX (XXXXXXXXXXXXXXXXXX)		X-XXXXXXXXXXXXXXXXX (XXXXXXXXXXXXXXXXXX)		X-XXXXXXXXXXXXXXXXX (XXXXXXXXXXXXXXXXXX)		X-XXXXXXXXXXXXXXXXX (XXXXXXXXXXXXXXXXXX)

(1) 수출신고수리일로부터 30일내에 적재하지 아니한 때에는 수출신고수리가 취소됨과 아울러 과태료가 부과될 수 있으므로 적재사실을 확인하시기 바랍니다.(관세법 제251조, 제277조) 또한 휴대탁송 반출시에는 반드시 출국심사(부두, 초소, 공항) 세관공무원에게 제시하여 확인을 받으시기 바랍니다.

(2) 수출신고필증의 진위여부는 관세청 인터넷통관포탈에 조회하여 확인하시기 바랍니다(http://portal.customs.go.kr).

6. 수출물품 장치

수출할 물품을 자사 창고 또는 출항지 부두에 장치하고, 해당 장소를 관할하는 세관에 수출신고(export declaration)를 해야 한다. 수출신고는 전자문서(EDI: Electronic Data Interchange)로 작성된 수출관련자료를 통관시스템을 통하여 전송함으로써 이행된다. 수출신고는 화주, 관세사, 통관법인 또는 관세사 법인의 명의로 하여야 한다.

7. 수출통관

세관에 수출신고를 하면 세관장은 구비서류 및 기재사항의 누락 여부, 수출승인조건과 수출신고내용의 일치 여부, 그리고 서류상의 신고물품과 실제 물품의 일치 여부 등을 심사한 후 수출신고필증을 교부하여 준다.

8. 물품선적

수출신고필증을 받으면 수출물품은 내국물품에서 외국물품으로 바뀌게 되며, 운송계약에 따라 물품을 본선에 선적하고, 적재된 화물에 대하여 본선수취증(M/R: Mate's Receipt)이 발급되면 수출업자는 선사에 이와 상환으로 선적선하증권(on board B/L)을 교부받는다.

9. 수출대금의 회수

물품을 선적한 후 수출업자는 화환어음신용장방식인 경우에는 물품을 선적하고 바로 거래은행과 체결한 외국환거래약정에 따라 환어음(Bill of Exchange)과 L/C상에 명기된 서류를 준비하여 자신의 거래은행에 화환어음의 매입(negotiation)을 의뢰함으로써 수출대금을 회수한다. 추심방식인 경우에는 환어음과 서류를 준비하여 거래은행과의 약정에 따라 추심(collection)을 의뢰함으로써 수출대금을 회수한다. 은행에서는 이 환어음과 서류를 신용장과 일치하는지를 살펴보고 하자가 없으면 매입(할인)하여 대금을 지급함으로써 수출업자는 수출대금의 회수가 끝나게 된다.

10. 관세환급

이상과 같은 일련의 절차를 완료한 후에는 수출물품 제조원자재를 수입할 때에 세관에 납부한 관세 및 내국소비세 등을 수출업자나 생산자에게 되돌려 주는 제도가 있는데 이를 관세환급이라고 하며, 세관 또는 외국환은행으로부터 환급을 받음으로써 수출절차가 완료된다.

11. 사후관리

수출 주무기관의 장은 대외무역법에 의하여 수출승인을 얻은 자가 승인을 얻은 내용대로 수출을 하였는지를 확인하고, 그 확인 결과에 따라 필요한 조치(사후관리)를 하여야 한다.

| 수출입 절차 |

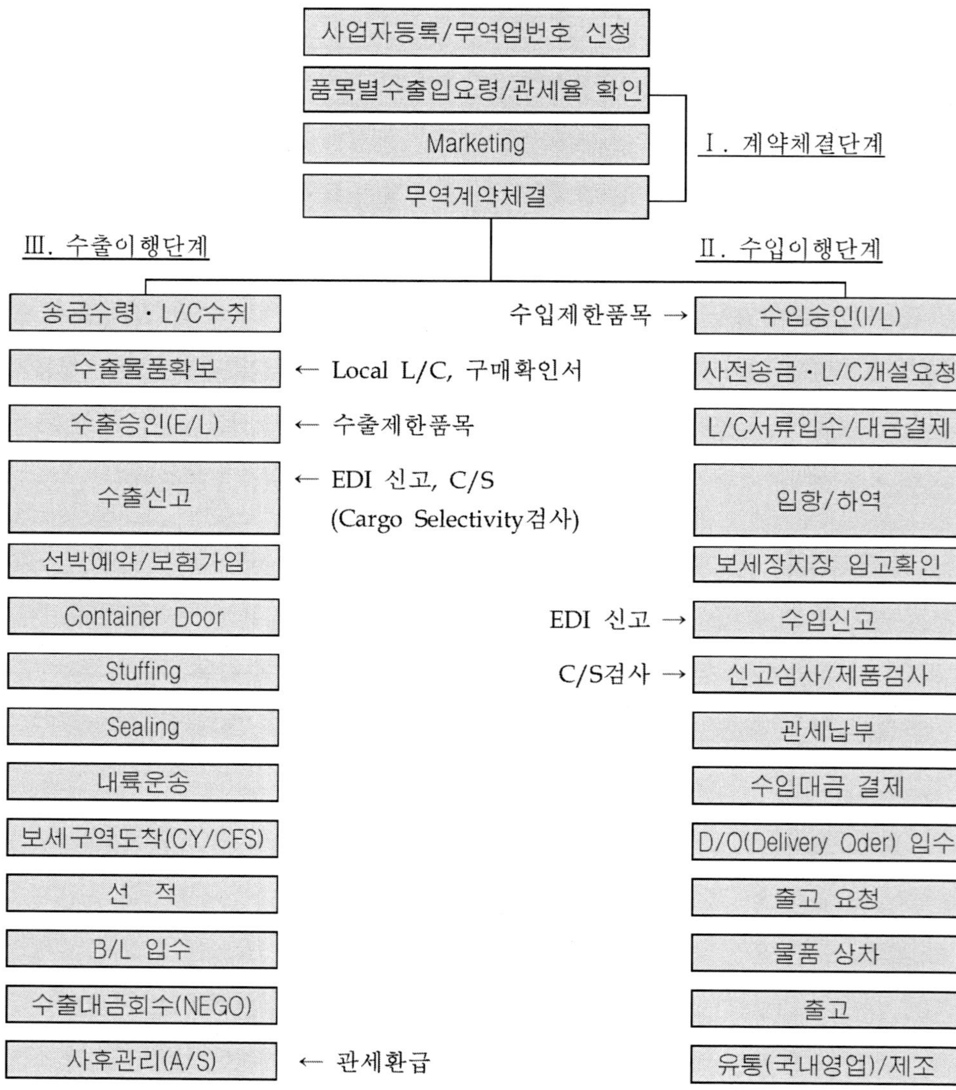
사업자등록/무역업번호 신청
품목별수출입요령/관세율 확인
Marketing
무역계약체결
I. 계약체결단계
III. 수출이행단계
II. 수입이행단계
송금수령 · L/C수취
수출물품확보
← Local L/C, 구매확인서
수출승인(E/L)
← 수출제한품목
수출신고
← EDI 신고, C/S
(Cargo Selectivity검사)
선박예약/보험가입
Container Door
Stuffing
Sealing
내륙운송
보세구역도착(CY/CFS)
선 적
B/L 입수
수출대금회수(NEGO)
사후관리(A/S)
← 관세환급
수입제한품목 →
수입승인(I/L)
사전송금 · L/C개설요청
L/C서류입수/대금결제
입항/하역
보세장치장 입고확인
EDI 신고 →
수입신고
C/S검사 →
신고심사/제품검사
관세납부
수입대금 결제
D/O(Delivery Oder) 입수
출고 요청
물품 상차
출고
유통(국내영업)/제조

제 2 절 수입절차

Ⅰ. 수입절차의 개요

수입절차는 수입계약을 체결하고 계약서나 물품매도확약서(offer)에 의하여 수입업자가 수입승인을 받고, 수입신용장을 개설한 후(신용장 방식에 의한 수입의 경우) 수입화물과 선적서류를 입수하여, 수입화물을 통관하는 일련의 법적·행정적인 절차를 의미한다.

무역관리 측면에서 수입은 크게 일반수입과 수출용 원자재 수입으로 구분할 수 있다. 같은 물품의 수입일지라도 외화획득을 위하여 사용되는 수출용 원자재의 수입은 일반 자재의 수입보다 상역·세제 및 금융 면에서 여러 가지 혜택이 주어진다.

여기에서는 일반수입을 중심으로 신용장 결제조건의 경우에 대해 수입절차를 보기로 한다.

Ⅱ. 수입절차의 실무

1. 수입승인 및 수입요건 확인

물품을 수입하기 위해서는 먼저 수입물품이 수출입공고상 수입제한승인품목인지의 여부를 검토해야 하고, 수입승인품목에 해당하는 경우에는 산업통상자원부장관의 수입승인(Import License: I/L)을 받아야 한다.

또한 수입하고자 하는 물품이 약사법, 마약법, 식품위생법 등 특별법에 저촉되는 품목인 경우에는 해당품목을 주관하는 부처로부터 수입에 앞서 사전허가 또는 수입허가를 받아야 한다.

그러나 우리나라의 수출입승인의 관리체계는 Negative List System을 채택하고 있으므로 수입이 제한되는 일부의 품목에 한해서만 수입승인을 받도록 되어 있다. 그러므로 수입승인 대상 품목이 아닐 경우에는 수입승인을 받을 필요가 없다.

수입승인을 받아야 하는 수입승인 대상품목은 수출입공고상의 수입제한승인품목이므로 수입업자는 수입하고자 하는 해당물품이 수입승인 대상품목에 적용되는지의 여부를 HS Code에 근거하여 검토해야 한다.

수입승인의 유효기간으로 수입승인을 받은 날로부터 1년 이내로 되어 있다. 따라서 수입업자는 이 기간 내에 수입물품의 통관은 물론 수입대금의 결제도 마쳐야 한다. 그러나 동 기간 내에 수입통관 또는 대금결제가 어렵거나 또는 기타 거래상 필요한 경우에는 그 기간의 연장승인을 얻어야 한다.

2. 수입신용장의 개설

수입업자는 수입승인을 받으면 유효기간 내에 거래 외국환은행을 통해서 일정한 수입담보금을 적립하고 수입신용장을 개설하여야 한다.

외국환은행의 입장에서 신용장의 개설은 상당한 위험부담이 따르는 여신행위이다. 따라서 은행은 신용장을 개설하기 전에 수입업자의 신용상태와 해당 수입상품의 시장성 등을 검토한 후 충분한 담보를 확보하고서 수입신용장을 개설해 준다.

3. 선적서류의 인수 및 대금결제

수출업자는 상품을 선적하고 수출업자의 거래은행 등을 통하여 환어음과 선화증권 등의 선적서류를 송부하게 되는데 수입업자는 이들 선적서류를 인수받아 선박회사에 제시하여 수입화물을 찾게 된다.

신용장 거래나 추심결제방식(D/A. D/P 등)에 의한 거래 등의 경우는 거래은행에서 선적서류를 인수하기 위하여 수입대금을 결제하거나 환어음을 인수하여야 한다.

만약 수출입업자가 가까운 국가에 거주하였을 때 수입화물은 도착하였으나 선적서류가 도착하지 않은 경우가 발생할 수 있는데, 이런 경우에는 은행으로부터 수입화물선취보증서(Letter of Guarantee; L/G)를 발급받아 수입화물을 인수할 수도 있다.

4. 수입물품의 보세구역 반입

선적서류와 상환(相換)으로 물품을 인수받으면 우선 그 물품을 일정한 구역에 장치하고 장치확인을 받아야 한다.

통관을 하고자 하는 물품은 원칙적으로 보세구역(bonded area)에 장치하여야 하지만, 중량이나 부피가 너무 크거나 특수한 사유에 의하여 보세구역에 장치하기 곤란한 물품에 대하여는 세관장의 허가를 받아 보세구역이 아닌 장소에 장치할 수 있다. 이를 보세구역외 장치허가라고 한다.

이와 같이 보세구역외 장치를 허가할 때는 세관장은 보세화물의 관세채권을 확보하기 위하여 관세 상당액의 담보를 제공하게 할 수 있다. 이와 같이 수입업자는 수입물품을 보세구역이나 보세구역외 장치허가 장소에 반입한 후 세관장에게 수입신고통관업무를 진행한다.

5. 수입통관

세관에서는 수입업자에게 수입신고 접수상태를 확인하며, 수입신고서류를 심사함으로써 수입물품을 검사·감정한 후 관세를 결정하여 납세고지를 하게 된다. 수입신고는 수입업자가 세관장에게 보세구역 등에 장치된 물품을 수입하려는 의사를 공식적으로 표현하는 것이다.

[별지 제1-3호] 작성 예(제2-1-7조 제4항 관련)

수 입 신 고 서 (갑지)

※ 처리기간 : 3일

①신고번호	②신고일	③세관.과	⑥입항일	⑦전자인보이스 제출번호
99999-99-9999999-9	YYYY/MM/DD	999-99	YYYY/MM/DD	XXXXXXXXXXX-X-XX-XXXXXX

④B/L(AWB)번호	⑤화물관리번호	⑧반입일	⑨징수형태
XXXXXXXXXXXXXXXX(XXXX)	YYXXXXXXXXX-9999-999	YYYY/MM/DD	99

신고자·수입자 등			
⑩신 고 자 XXXXXXXXXXXXXXXXXXXXXXXXXXX ⑪수 입 자 XXXXXXXXXXXXXXXXXXXXXXXXXXXX (99999999 X) ⑫납세의무자 (XXXXXXXX-9-99-9-99-9 / 999-99-99999) (주소) XXXXXXXXXXXXXXXXXXXXXXXXXXXXXXXXXXXXXXXX (상호) XXXXXXXXXXXXXXXXXXXXXXXXXXXXX (전화번호) XXXXXXXXXXXXXXXXXXXXXXXXXXXX (이메일주소) XXXXXXXXXXXXXXXXXXXXXXXXXXXX (성명) XXXXXXXXXXXX ⑬운송주선인 XXXXXXXXXXXXXXXXXXXXXXXXXXXXX (9999999) ⑭해외거래처 XXXXXXXXXXXXXXXXXXXXXXXXXXXXXXXXXXXXXXX XXXXXXXXXXXXXXXXXXXXX(XX) / XXXXX9999X	⑮통관계획 X XXXXXXXXXXXXXXXX	⑲원산지증명서 유무 X	㉑총중량 9,999,999,999,999 XX
	⑯신고구분 X XXXXXXXXXXXXXX	⑳가격신고서 유무 X	㉒총포장갯수 99,999,999 XX
	⑰거래구분 99 XXXXXXXXXXXXXXXX	㉓국내도착항 XXXXX XXXXXXXXXXXX	㉔운송형태 XX-XXX
	⑱종류 X XXXXXXXXXXXXXXXX	㉕적출국 XX XXXXXXXXXXXXXX	
		㉖선기명 XXXXXXXXXXXXXXXXXXXX XX	
	㉗MASTER B/L 번호 XXXXXXXXXXXXXXXX		㉘운수기관부호 XXXX

㉙검사(반입)장소 99999999-XXXXXXXXXX (XXXXXXXXXXXXXXXXXXXXXXXXXXXXXXX)

● 품명·규격 (란번호/총란수 : 999/999)

㉚품 명 ㉛거래품명	XXXXXXXXXXXXXXXXXXXXXXXXXXXXXXXXXXXXXXXXXXXXXXXXXX XXXXXXXXXXXXXXXXXXXXXXXXXXXXXXXXXXXXXXXXXXXXXXXXXX	㉜상 표	XXXXXXXXXXXXXXXXXXXXXXXXXXXXXXXXXXXXX XXXXXXXXXXXXXXXX

㉝모델·규격	㉞성분	㉟수량	㊱단가(XXX)	㊲금액(XXX)
XXXXXXXXXXXXXXXXXXXXXXXXXXXXX XXXXXXXXXXXXXXXXXXXXXXXXXXXXX XXXXXXXXXXXXXXXXXXXXXXXXXXXXX	XXXXXXXXXXXXXXXXXXXXXXXX XXXXXXXXXXXXXXXXXXXXXXXX XXXXXXXXXXXXXXXXXXXXXX	9,999,999.9999XXX	9,999,999.999999	99,999,999.9999
XXXXXXXXXXXXXXXXXXXXXXXXXXXXX XXXXXXXXXXXXXXXXXXXXXXXXXXXXX XXXXXXXXXXXXXXXXXXXXXXXXXXXXX	XXXXXXXXXXXXXXXXXXXXXXXX XXXXXXXXXXXXXXXXXXXXXXXX XXXXXXXXXXXXXXXXXXXXXX	9,999,999.9999XXX	9,999,999.999999	99,999,999.9999

㊳세번 부호	9999.99-9999	㊵순중량	9,999,999,999,999.9 XX	㊸C/S 검사	X XXXXXXXXXXXXXX	㊺사후확인기관	999, 999, 999
㊴과 세 가 격 (CIF)	$999,999,999,999	㊶수 량	9,999,999.999 XX	㊹검사변경	X XXXXXXXXXX		
	₩999,999,999,999	㊷환급물량	9,999,999,999.999 XX	㊻원산지	XX-X-X-X	㊼특수세액	99,999,999.99

㊽수입요건확인 (발급서류명)				
	9-999-99-99-99999999 (XXXXXXXXXXXXXXXXXXXXX)	9-999-99-99-99999999 (XXXXXXXXXXXXXXXXXXXXX)	9-999-99-99-99999999 (XXXXXXXXXXXXXXXXXXXXX)	9-999-99-99-99999999 (XXXXXXXXXXXXXXXXXXXXX)
	9-999-99-99-99999999 (XXXXXXXXXXXXXXXXXXXXX)	9-999-99-99-99999999 (XXXXXXXXXXXXXXXXXXXXX)	9-999-99-99-99999999 (XXXXXXXXXXXXXXXXXXXXX)	9-999-99-99-99999999 (XXXXXXXXXXXXXXXXXXXXX)

㊾세종	㊿세율(구분)	(51)감면율	(52)세액	(53)감면분납부호	감면액	* 내국세종부호
XX	9,999.99(XX XXXX) 9999999999	9,999.99	999,999,999,999	XXXXXXXXXXXX	999,999,999,999	
XX	9,999.99(XX XXXX)	9,999.99	999,999,999,999	XXXXXXXXXXXX	999,999,999,999	XXXXXX
XX	9,999.99(XX XXXX)	9,999.99	999,999,999,999	XXXXXXXXXXXX	999,999,999,999	
XX	9,999.99(XX XXXX)	9,999.99	999,999,999,999	XXXXXXXXXXXX	999,999,999,999	
XX	9,999.99(XX XXXX)	9,999.99	999,999,999,999	XXXXXXXXXXXX	999,999,999,999	

(54)결제금액(인도조건-통화종류-금액-결제방법)	XXX-XXX-999,999,999,999-XX	(56)환 율	99,999.9999

(55)총과세가격	$999,999,999,999	(57)운임	999,999,999,999	(59)가산금액	999,999,999,999	(64)납부서번호	999-99-99-9-999999-9
	₩999,999,999,999	(58)보험료	999,999,999,999	(60)공제금액	999,999,999,999	(65)총부가가치세과표	999,999,999,999

(61)세 종	(62)세 액	※관세사기재란	(66)세관기재란
관 세	999,999,999,999	XXXXXXXXXXXXXXXXXXXXXXXXXXXXXXXXXXXX XXXXXXXXXXXXXXXXXXXXXXXXXXXXXXXXXX XXXXXXXXXXXXXXXXXXXXXXXXXXXXXXXXXXXX XXXXXXXXXXXXXXXXXXXXXXXXXXXXXXXXXXXX XXXXXXXXXXXXXXXXXXXXXXXXXXXXXXXXXXXX XXXXXXXXXXXXXXXXXXXXXXXXXXXXXXXXXXXX XXXXXXXXXXXXXXXXXXXXXXXXXXXXXXXXXXXX XXXXXXXXXXXXXXXXXXXXXXXXXXXXXXXXXXXX XXXXXXXXXXXX - 전화번호 XXX-XXXXX XXXX - 이메일주소 XXX-XXXXX XXXX	XXXXXXXXXXXXXXXXXXXXXXXXXXXXXXXXXXXXXXXXXXXXXXXXXXXXXXXXXXXX XXXXXXXXXXXXXXXXXXXXXXXXXXXXXXXXXXXXXXXXXXXXXXXXXXXXXXXXXXXX XXXXXXXXXXXXXXXXXXXXXXXXXXXXXXXXXXXXXXXXXXXXXXXXXXXXXXXXXXXX XXXXXXXXXXXXXXXXXXXXXXXXXXXXXXXXXXXXXXXXXXXXXXXXXXXXXXXXXXXX XXXXXXXXXXXXXXXXXXXXXXXXXXXXXXXXXXXXXXXXXXXXXXXXXXXXXXXXXXXX XXXXXXXXXXXXXXXXXXXXXXXXXXXXXXXXXXXXXXXXXXXXXXXXXXXXXXXXXXXX XXXXXXXXXXXXXXXXXXXXXXXXXXXXXXXXXXXXXXXXXXXXXXXXXXXXXXXXXXXX XXXXXXXXXXXXXXXXXXXXXXXXXXXXXXXXXXXXXXXXXXXXXXXXXXXXXXXXXXXX XXXXXXXXXXXXXXXXXXXXXXXXXXXXXXXX
특 소 세	999,999,999,999		
교 통 세	999,999,999,999		
주 세	999,999,999,999		
교 육 세	999,999,999,999		
농 특 세	999,999,999,999		
부 가 세	999,999,999,999		
신고지연가산세	999,999,999,999		
미신고가산세	999,999,999,999		

(63)총세액합계	999,999,999,999	(67)담당자	XXXXXXXXXXXX 999999	(68)접수일시	YYYY/MM/DD,HH:MM	(69)수리일자	YYYY/MM/DD

세관.과 : 999-99 신고번호 : 99999-99-9999999-9 Page : 999/999

수 입 신 고 서 (을지)

※ 처리기간 : 3일

①신고번호	②신고일	③세관.과	⑥입항일	⑦전자인보이스 제출번호
99999-99-9999999-9	YYYY/MM/DD	999-99	YYYY/MM/DD	XXXXXXXXXX-X-XX-XXXXXXXX

④B/L(AWB)번호	⑤화물관리번호	⑧반입일	⑨징수형태
XXXXXXXXXXXXXXXX(XXXX)	YYXXXXXXXXX-9999-999	YYYY/MM/DD	99

● 품명·규격 (란번호/총란수 : 999/999)

㉚품 명 ㉛거래품명	XXXXXXXXXXXXXXXXXXXXXXXXXXXXXXXXXXXXXXXXXXXXXXXXXX XXXXXXXXXXXXXXXXXXXXXXXXXXXXXXXXXXXXXXXXXXXXXXXXXX	㉜상 표	XXXXXXXXXXXXXXXXXXXXXXXXXXXXXXXXXXXXXX XXXXXXXXXXXXXXX

㉝모델·규격	㉞성분	㉟수량	㊱단가(XXX)	㊲금액(XXX)
(NO.01) XXXXXXXXXXXXXXXXXXXXXXXXXX XXXXXXXXXXXXXXXXXXXXXXXXXX XXXXXXXXXXXXXXXXXXXXXXXXXX	XXXXXXXXXXXXXXXXXXXXXXXX XXXXXXXXXXXXXXXXXXXXXXXX XXXXXXXXXXXXXXXXXXXXXX	9,999,999.9999XXX	9,999,999.999999	99,999,999.9999
(NO.02) XXXXXXXXXXXXXXXXXXXXXXXXXX XXXXXXXXXXXXXXXXXXXXXXXXXX XXXXXXXXXXXXXXXXXXXXXXXXXX 모델·규격의 개수에 따라 세로 길이 가변적	XXXXXXXXXXXXXXXXXXXXXXXX XXXXXXXXXXXXXXXXXXXXXXXX XXXXXXXXXXXXXXXXXXXXXX	9,999,999.9999XXX	9,999,999.999999	99,999,999.9999
(NO.03) XXXXXXX				

㊳세번 부호	9999.99-9999	㊵순중량	9,999,999,999,999.9 XX	㊸C/S 검사	X XXXXXXXXXXXXX	㊺사후확인기관	999, 999, 999
㊴과 세 가 격 (CIF)	$999,999,999,999	㊶수 량	9,999,999,999 XX	㊹검사변경	X XXXXXXXXXX		
	₩999,999,999,999	㊷환급물량	9,999,999,999.999 XX	㊻원산지	XX-X-X-X	㊼특수세액	99,999,999.99

㊽수입요건확인 (발급서류명)				
	9-999-99-99-99999999 (XXXXXXXXXXXXXXXXXXXX)	9-999-99-99-99999999 (XXXXXXXXXXXXXXXXXXXX)	9-999-99-99-99999999 (XXXXXXXXXXXXXXXXXXXX)	9-999-99-99-99999999 (XXXXXXXXXXXXXXXXXXXX)
	9-999-99-99-99999999 (XXXXXXXXXXXXXXXXXXXX) 요건확인서류의 수에 따라 세로 길이가 가변적	9-999-99-99-99999999 (XXXXXXXXXXXXXXXXXXXX)	9-999-99-99-99999999 (XXXXXXXXXXXXXXXXXXXX)	9-999-99-99-99999999 (XXXXXXXXXXXXXXXXXXXX)

㊾세종	㊿세율(구분)	51감면율	52세액	53감면분납부호	감면액	* 내국세종부호
XX XX XX XX	9,999.99(XX XXXX) 9,999.99(XX XXXX) 9,999.99(XX XXXX) 9,999.99(XX XXXX) 세종의 개수에 따라 세로 길이가 가변적	9,999.99 9,999.99	999,999,999,999 999,999,999,999 999,999,999,999 999,999,999,999	XXXXXXXXXXXX XXXXXXXXXXXX XXXXXXXXXXXX XXXXXXXXXXXX	999,999,999,999 999,999,999,999 999,999,999,999 999,999,999,999	XXXXXX

● 품명·규격 (란번호/총란수 : 999/999)

㉚품 명 ㉛거래품명	XXXXXXXXXXXXXXXXXXXXXXXXXXXXXXXXXXXXXXXXXXXXXXXXXX XXXXXXXXXXXXXXXXXXXXXXXXXXXXXXXXXXXXXXXXXXXXXXXXXX	㉜상 표	XXXXXXXXXXXXXXXXXXXXXXXXXXXXXXXXXXXXXX XXXXXXXXXXXXXXX

㉝모델·규격	㉞성분	㉟수량	㊱단가(XXX)	㊲금액(XXX)
(NO.01) XXXXXXXXXXXXXXXXXXXXXXXXXX XXXXXXXXXXXXXXXXXXXXXXXXXX XXXXXXXXXXXXXXXXXXXXXXXXXX 모델·규격의 개수에 따라 세로 길이 가변적	XXXXXXXXXXXXXXXXXXXXXXXX XXXXXXXXXXXXXXXXXXXXXXXX XXXXXXXXXXXXXXXXXXXXXX	9,999,999.9999XXX	9,999,999.999999	99,999,999.9999
(NO.02) XXXXXXXXXXXXXXXXXXXXXXXXXX	XXXXXXXXXXXXXXXXXXXXXXXX	9,999,999.9999XXX	9,999,999.999999	99,999,999.9999

㊳세번 부호	9999.99-9999	㊵순중량	9,999,999,999,999.9 XX	㊸C/S 검사	X XXXXXXXXXXXXX	㊺사후확인기관	999, 999, 999
㊴과 세 가 격 (CIF)	$999,999,999,999	㊶수 량	9,999,999,999 XX	㊹검사변경	X XXXXXXXXXX		
	₩999,999,999,999	㊷환급물량	9,999,999,999.999 XX	㊻원산지	XX-X-X-X	㊼특수세액	99,999,999.99

㊽수입요건확인 (발급서류명)				
	9-999-99-99-99999999 (XXXXXXXXXXXXXXXXXXXX)	9-999-99-99-99999999 (XXXXXXXXXXXXXXXXXXXX)	9-999-99-99-99999999 (XXXXXXXXXXXXXXXXXXXX)	9-999-99-99-99999999 (XXXXXXXXXXXXXXXXXXXX)
	9-999-99-99-99999999 (XXXXXXXXXXXXXXXXXXXX) 요건확인서류의 수에 따라 세로 길이가 가변적	9-999-99-99-99999999 (XXXXXXXXXXXXXXXXXXXX)	9-999-99-99-99999999 (XXXXXXXXXXXXXXXXXXXX)	9-999-99-99-99999999 (XXXXXXXXXXXXXXXXXXXX)

㊾세종	㊿세율(구분)	51감면율	52세액	53감면분납부호	감면액	* 내국세종부호
XX XX XX XX	9,999.99(XX XXXX) 9,999.99(XX XXXX) 9,999.99(XX XXXX) 9,999.99(XX XXXX) 세종의 개수에 따라 세로 길이가 가변적	9,999.99 9,999.99	999,999,999,999 999,999,999,999 999,999,999,999 999,999,999,999	XXXXXXXXXXXX XXXXXXXXXXXX XXXXXXXXXXXX XXXXXXXXXXXX	999,999,999,999 999,999,999,999 999,999,999,999 999,999,999,999	XXXXXX

세관·과 : 999-99 신고번호 : 99999-99-9999999-9 Page : 999/999

수입신고를 접수한 세관은 수입신고에 대해 관련법규 등의 위배 여부, 구비서류의 첨부 여부, 기재사항의 오류 또는 이상 유무를 놓고 서면심사를 실시하고 필요에 따라 현품 검사를 실시한다.

검사를 실시하는 목적은 관세부과를 위해 수입물품의 실체를 파악하고 밀수를 막기 위한 것이다. 검사 장소는 지정장치장이나 세관검사장 등 보세구역에서 하는 것이 원칙이나, 세관장의 허가를 얻어 보세구역외 장치허가구역이나 선상에서도 가능하다. 그러나 후자의 경우 소정의 파출검사 수수료를 납부하여야 한다. 따라서 수입업자는 수입물품을 보세구역으로부터 반출함으로써 수입절차는 완료된다.

관세청은 수입통관절차의 간소화를 위하여 수입물품에 대하여 서류제출이 필요 없는 P/L(Paperless) 신고제도를 시행하고 있다.

6. 사후관리

수입 주무기관의 장은 대외무역법에 의하여 수입승인을 얻은 자가 승인을 얻은 내용대로 수입을 하였는지를 확인하고, 그 확인 결과에 따라 필요한 조치(사후관리)를 하여야 한다.[1)]

1) 장홍훈 · 장동식 · 이재은, 『무역개론』, 청목출판사, 2019, pp. 424-433.

6
chapter

신용장 및 무역대금결제

수출입절차 중 기업에게 가장 중요한 절차 중의 하나는 무역대금에 관한 결제라고 할 수 있다. 무역대금의 결제방법에는 여러 가지가 있으나 국제적으로 가장 안전하게 사용되고 있는 방법은 신용장방식에 의한 결제이다. 그러므로 무역대금결제에 수반되는 신용장 및 환어음을 포함하는 각종 무역결제서류도 다양하고 복잡해서 이들에 대한 지식을 구비하는 것은 무역실무에서 필수적이라고 하겠다.

본 장에서는 이들에 대한 이해를 돕기 위해 무역대금결제의 종류, 신용장의 관계당사자, 신용장의 종류, 환어음의 성질과 기재사항, 무역결제서류 등에 관하여 보기로 한다.

제1절 무신용장 결제방식

Ⅰ. 송금방식

송금방식(remittance)은 채무자인 수입업자가 은행 등을 통하여 수입대금을 결제하여 채권자인 수출업자에게 채무를 변제하는 방법이며, 무역거래에서는 소액거래나 또는 서비스거래에 주로 이용된다.

송금방식에 이용되는 수단으로는 송금수표(demand draft), 은행수표(bank check) 등이 있고, 채무자인 수입업자가 은행에 지급을 위탁하여 채권자인 수출업자에게 대금을 지급한다고 하여 순환(順換)방식이라고 하며 다음과 같이 구분된다.

1. 송금방식의 종류

(1) 보통송금

보통송금(D/D, Demand Draft)은 채무자인 송금인이 은행에서 받은 수표를 자신의 책임 하에 우편봉투에 넣어 수령인에게 보내는 방법이다.

이러한 방식은 주로 소액거래와 친인척간의 일방적 송금에 사용한다. 그러나 우송 도중에 분실의 위험이 있으므로 대량금액의 취급이나, 무역결제방식으로는 별로 이용하지 않는다.

(2) 우편송금

우편송금(M/T, Mail Transfer)은 채무자(수입업자)인 송금인이 은행에 송금을 하기 위한 금액을 위탁하면 은행의 책임 하에 수령인 소재지의 은행으로 지급지시서(payment order)를 송부하는 방법이다.

주로 급하지 않은 송금과 소액송금 등의 경우에 많이 이용된다. 이때 지급지시서의 도난 및 분실과 같은 위험은 은행에 전가된다.

그러나 은행은 지급지시서가 분실되더라도 부본(副本)에 의하여 지급할 수 있으므로 송금수표에 의한 보통송금방식보다 더 안전한 방식이다. 이 우편송금방식은 송금기간이 길어서 우송 도중에 환율의 변동에 따른 위험이 존재한다.

(3) 전신송금

전신송금(T/T, Telegraphic Transfer)은 채무자(수입업자)인 송금인의 의뢰에 따라 은행이 은행의 책임하에 지급지 은행에 지급지시서를 보내는 것이 우편송금과 같지만 지시방법이 우편이 아닌 전신이라는 점이 우편송금과 다르다.

이 방식은 전신료 부담에 따른 비용이 많이 든다는 단점도 있지만 신속·정확·안전이란 장점이 있기 때문에 오늘날과 같이 시간을 중요시 여기는 무역대금의 결제는 주로 전신송금을 많이 이용한다.

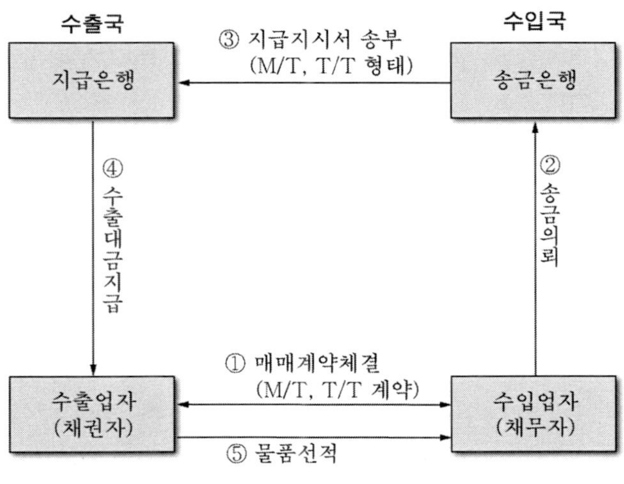

〈그림 6-1〉 송금방식 거래절차

2. 송금방식의 거래절차

① 매매계약의 체결: 수출업자와 수입업자가 무역거래를 이행하기 위하여 매매계약을 체결하고, 대금결제조건을 우편송금(M/T)이나 전신송금(T/T) 방식으로 결제하기로 약정한다.

② 송금의뢰: 채무자인 수입업자(송금인)가 자신의 거래은행(송금은행)에 송금할 대금을 외환으로 입금시키고, 송금해 주도록 의뢰한다.

③ 지급지시서의 송부: 송금은행은 자신의 책임 하에 수출업자에게 수출대금을 지급하라는 지시서를 발행하여 수출국의 지급은행에 송부한다.

지급지시서를 송부할 경우에 우편으로 송부하면 우편송금(M/T) 방식이라 하고, 전신으로 송부하면 전신송금(T/T) 방식이라 한다.

④ 수출대금의 지급: 지급은행은 채권자인 수출업자에게 대금이 도착하였다는 통지를 하고, 당일의 환율을 적용하여 대금을 지급한다.

⑤ 물품의 선적 : 수출업자는 계약물품을 선적하고, 선적서류를 수입업자에게 송부한다. 수입업자는 선적서류를 수령하여 계약물품을 인수한다.

Ⅱ. 대금상환도 방식

1. 서류상환불 방식

수출업자가 물품을 수출하고 선적을 증명할 수 있는 선화증권, 상업송장, 보험증권, 포장명세서 등의 서류를 수출국에 있는 수입업자의 대리인, 지점, 거래은행에 제시하여 서류와 상환으로 수출대금을 수취하는 방식이다. 서류상환불(Cash Against Documents : CAD) 방식은 수출국에서 수입업자를 대신하여 대금을 결제할 수 있는 대리인, 지점, 거래은행이 없으면 이행이 불가능하다.

특히 수출업자가 물품을 수출하고자 할 때 수입업자가 거래은행으로부터 선적서류를 수령해 가지 않아 대금회수불능의 사태가 발생할 수 있으므로, 사전에 수입업자의 신용상태를 충분히 조회한 후에 CAD 방식으로 거래하여야 한다.

CAD방식은 환어음을 첨부하지 않은 D/P인 무환 D/P와 같다. 만약 거래은행을 통하여 추심을 위한 환어음이 CAD거래에 첨부되면 D/P방식이 된다.

2. 현물상환불 방식

현금상환불(Cash On Delivery : COD) 방식은 계약물품이 목적지에 도착하면 수입업자가 물품의 품질이나 수량 등을 검사한 후에 그 물품과 상환으로 수입대금을 지급하는 방식이다.

따라서 COD 방식은 CAD 방식과는 달리, 수입국에 수출업자의 대리인이나 지점이 없으면 이루어질 수 없는 거래방식이다.

COD는 수입국에 수출업자의 해외지점 등의 대리인이 수출업자가 송부하는 서류를 수취하고, 수입업자가 물품을 검사할 때 함께 입회하여 물품검사를 완료한 후 대금결제를 받고 물품을 인도하는 형식으로 수행된다. 그렇지만 수입국에 수출업자의 대리인이 없더라도, 수출상은 거래은행의 수입국 코레스은행을 활용하여 COD거래를 수행할 수 있다.

수출업자가 물품을 선적한 후 서류를 자신의 거래은행을 통해 수입업자의 거래은행에 송부하면 수입업자는 도착된 물품의 대금을 결제하기 전에 사전 검사한 후 거래은행에서 대금결제와 함께 서류를 찾아 물품을 통관하는 절차를 취할 수 있다.

COD 방식은 주로 고가의 귀금속류, 동일물품일지라도 물품의 색상, 가공방법, 순도(純度) 등에 따라서 가격의 차이가 많이 발생하는 물품의 거래일 경우에 주로 이용되며, 수입업자가 대금결제 전에 물품을 충분히 검토한 후 수입여부를 결정할 수 있는 장점이 있다.

3. 보세창고입고도 방식

CAD, COD는 선적 이전에 거래 상대방이 미리 결정되는 것이다. 이와는 달리, 보세창고입고도(Bonded Warehouse Transaction: BWT) 방식은 선적 전에는 수입업자가 결정되지 않은 상태에서 수출업자가 일방적으로 물품을 거래상대국의 보세창고에 입고시킨 후에, 수입국에 있는 수출업자의 대리인이나 지사가 견본품을 가지고 현지에서 판매활동을 하여 수입선이나 물품인수자가 결정되면 그때마다 필요한 수량을 보세창고에서 반출하여 통관한 후 판매하는 방식을 말한다.

Ⅲ. 추심방식

추심방식(collection)은 채권자인 수출업자가 환어음(Bill of Exchange)을 발행하고, 이를 거래은행을 통하여 추심의뢰함으로써 채무자인 수입업자로부터 수출대금을 결제받는 방식을 말한다. 추심방식의 대표적인 방식으로는 D/P 방식과 D/A 방식이 있으며, 실무적으로는 D/P Usance 방식도 관행적으로 사용되고 있다.

1. 서류지급도 방식

(1) D/P방식의 의의

서류지급도(Documents Against Payment: D/P) 방식에서는 수출업자가 먼저 계약물품을 선적하고, 수입업자 앞으로 일람불 환어음을 발행하여 선적서류와 함께 수출국의 외국환은행(추심의뢰은행)에 제시하여 대금을 청구하면, 추심의뢰은행은 수입국의 추심은행에게 환어음과 추심서류를 송부하여 추심을 의뢰한다.

이에 대해 추심은행은 수입업자에게 서류를 인도하고 대금을 지급받아 대금을 수출국의 추심의뢰은행에 송금하여 수출업자가 수출대금을 회수할 수 있도록 한다.

(2) D/P의 거래절차

① 매매당사자간에 D/P 방식에 의하여 거래하기로 계약을 체결한다. 일반적으로 D/P 계약서의 형태와 내용은 무역계약서와 동일하고, 선적서류의 종류와 추심은행 등이 추가된다는 점이 다르다.

② 수출업자는 매매계약대로 물품을 선적한다.

③ 수출업자는 환어음을 발행하여 매매계약서에 약정한 서류인 선화증권, 상업송장, 보험증권, 원산지증명서, 포장명세서 등을 자신의 거래은행인 추심의뢰은행(remitting bank)에 제시하여 추심은행(collecting bank) 앞으로 수출대금에 대한 추심 요청을 이행해 줄 것을 의뢰한다.

④ 추심의뢰은행이 일람불 환어음과 추심서류를 수입국의 추심은행에 송부한다.

⑤ 추심은행에 환어음과 추심서류가 도착하면 지급인인 수입업자에게 서류가 도착하였다는 통지를 한다.

⑥ 수입업자는 추심은행에게 수입대금을 지급하고 서류를 인수한다.

⑦ 추심은행 및 제시은행은 수입업자로부터 지급받은 추심대금을 추심의뢰서상의 지시에 따라 상대은행(추심의뢰은행)에게 송금한다.

⑧ 추심의뢰은행은 추심은행으로부터 송금 받은 대금을 수출업자에게 지급함으로써 수출업자가 수출대금을 회수하게 된다.

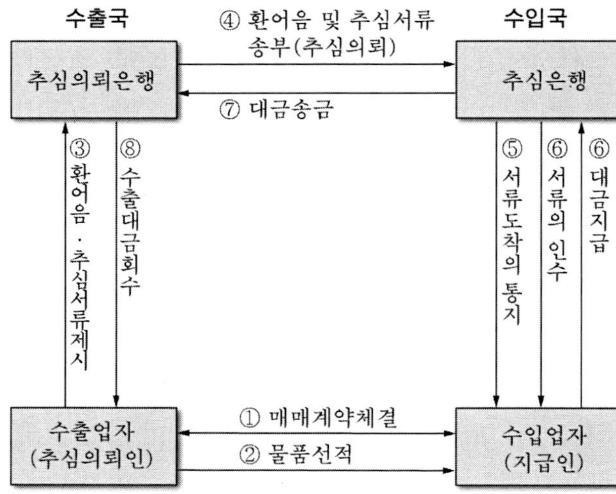

〈그림 6-2〉 D/P 거래절차

2. 서류인수도 방식

(1) D/A방식의 의의

서류인수도(Documents Against Acceptance: D/A) 방식에서는 수출업자가 먼저 계약물품을 선적하고, 수입업자 앞으로 기한부 환어음을 발행하여 선적서류와 함께 수출국의 외국환은행(추심의뢰은행)에 제시하여 대금을 청구하면, 추심의뢰은행은 수입국의 추심은행에게 환어음과 추심서류를 송부하여 추심을 의뢰한다.

이에 대해 추심은행은 수입업자에게 서류를 인도하고 환어음의 만기일에 대금을 지급받아 대금을 수출국의 추심의뢰은행에 송금하여 수출업자가 수출대금을 회수할 수 있도록 하는 결제방식이다.

D/A방식은 수입업자가 계약물품을 인수하여 판매한 후 환어음의 만기일에 수입물품대금을 결제하므로, 수입업자에게는 가장 유리한 결제조건이지만 수출업자에게는 아주 위험한 결제조건이다.

따라서 D/A방식은 장기간 거래하여 신뢰를 구축하고 있는 수출입업체간이나 본·지사 간에 이용할 수 있는 결제조건이라 할 수 있다.

(2) D/A의 거래절차

① 매매당사자간에 D/A 방식에 의하여 거래하기로 계약을 체결한다.

② 수출업자는 매매계약대로 물품을 선적한다.

③ 수출업자는 기한부 환어음을 발행하여 매매계약서에 약정한 서류인 선화증권, 상업송장, 보험증권, 원산지증명서, 포장명세서 등을 자신의 거래은행인 추심의뢰은행(remitting bank)에 제시하여 추심은행(cdlecting bank) 앞으로 수출대금에 대한 추심 요청을 이행해 줄 것을 의뢰한다.

④ 추심의뢰은행이 기한부 환어음과 추심서류를 수입국의 추심은행에게 송부한다.

⑤ 추심은행에 기한부 환어음과 추심서류가 도착하면 지급인인 수입업자에게 서류가 도착하였다고 통지를 한다.

⑥ 수입업자는 추심은행으로부터 서류가 제시되었을 때 기한부 환어음에 대한 대금을 만기일에 지급하겠다는 약속만 하고 서류를 인수한다.

이러한 대금지급의 약속행위를 '인수(acceptance)'라고 하는데 수입업자는 기한부 환어음에 "Accepted"라고 기재한 후 서명을 하고 추심은행으로부터 서류를 인수하게 된다.

실제 대금의 지급은 인수된 날로부터 환어음에 지정된 기간 후의 만기일에 추심은행에 하게 되며, 수입업자는 이 기간 동안에 물품을 판매하여 수입 대금을 결제할 수 있다.

⑦ 추심은행은 수입업자로부터 지급받은 추심대금을 추심의뢰서상의 지시에 따라 상대은행(추심의뢰은행)에게 송금한다.

⑧ 추심의뢰은행은 추심은행으로부터 송금받은 대금을 수출업자에게 지급함으로써 수출업자는 수출대금을 회수하게 된다.

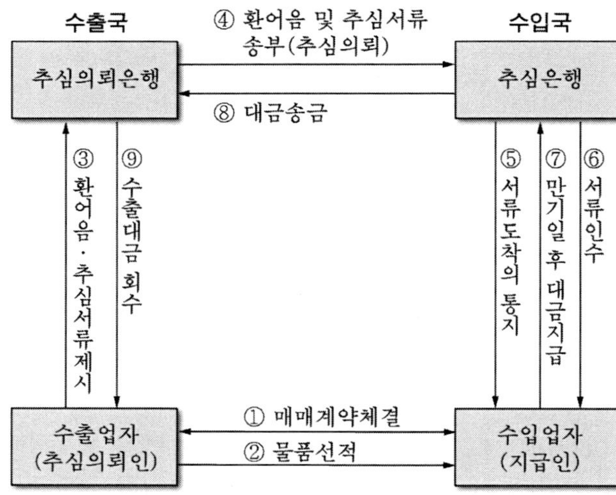

〈그림 6-3〉 D/A 거래절차

3. D/P와 D/A 결제방식의 차이

D/P거래와 D/A거래의 가장 큰 차이점은 D/P거래는 수출상이 일람출급 환어음(Sight Bill)을 발행하는데 비하여, D/A거래는 수출상이 기한부 환어음(Usance Bill)을 발행하여 수입상에게 환어음의 결제기간만큼 D/P방식보다 더 오랫동안 신용을 공여한다는 점이다. 그리고 수출상이 화환어음 추심의뢰할 때에는 선적서류의 인도방식이 D/P방식인지 D/A방식인지를 명시하여야 하며, 만약 이를 명시하지 않았다면 D/P방식의 추심 환어음으로 간주한다.

〈표 6-1〉 추심결제방식에 따른 수출입업자의 이해관계

구분	D/P (서류지급도 방식)	D/A (서류인수도 방식)
수출업자	대금회수가 보장되지 않음	수입업자가 물품을 수령한 후 만기에 대금을 지급하지 않으면 물품회수가 보장되지 않음
수입업자	대금지급전까지는 품질을 확인할 수 없음	대금을 지급하기 전에 물품을 수령하기 때문에 품질을 확인할 수 있음

4. 기한부 D/P 방식

기한부 D/P (D/P Usance)방식은 추심은행이 Usance 기간동안 서류를 보관하고 있다가 그 이후에 제시하여 대금의 지급과 상환으로 서류를 인도하는 방식의 거래를 말한다. 통상적으로 D/P 거래에서는 수입지의 추심은행(수입업자 거래은행)은 추심서류가 도착한 경우 즉시 수입업자에게 서류를 인도하여야 하지만, 선화증권이나 환어음의 발행일자 후 일정기간이 지난 후에 서류를 인도하여야 하는 경우도 있다. 이때 전자를 「D/P at Sight」라고 하며, 후자를 「D/P Usance」라고 부른다. 예를 들면, 결제조건에 대한 표현이 "D/P at 30 days after B/L date"라고 되어 있으면 추심은행은 서류가 도착하였어도 B/L발행일자 후 30일의 날짜에 서류를 인도하여야 한다. D/P at Sight에서는 추심은행(수입업자의 거래은행)이 상품이 도착하지 않았어도 서류를 수입상에게 인도하여야 하고, 수입상은 서류를 인수한 후 바로 대금결제를 하여야 하므로 자금부담이 발생하지만, D/P Usance에서는 B/L이 발행된 후 30일이 경과한 후에 서류를 인도하여야 하므로 수입상의 입장에서는 그 기간만큼 자금부담을 덜 갖게 된다.

D/P Usance 방식이 D/A방식과 다른점은, D/A에서는 서류가 도착하는 즉시 인수하도록 하고 대금결제는 일정기간이 경과한 후에 지급되지만, D/P Usance에서는 서류가 도착되었어도 즉시 서류를 인도할 수 없

으며 반드시 일정기간 후에 인도하여야 하고 서류를 인수받을 때 수입업자는 수입대금을 결제하여야 한다는 점이다. 이때 추심은행(수입업자의 거래은행)은 D/P Usance를 D/A로 착오하여 수입상의 결제가 이루어지지 않은 상태에서 서류를 인도해서는 안된다.

D/P Usance 방식은 D/A거래에 따른 수출상의 위험부담 및 D/P거래에 따른 수입상의 불필요한 자금부담을 동시에 해결할 수 있는 결제방식이지만, 사고발생 또는 분쟁의 소지가 있어서 「추심에 관한 통일규칙(Uniform Rules for the Collections: URC 522)」에서는 D/P Usance의 사용 관행을 억제하고 있다.

제2절 신용장 결제방식

Ⅰ. 신용장의 개념과 기능

1. 신용장의 개념

신용장(Letter of Credit)이란 수입업자의 요청에 따라 거래은행(Issuing Bank)이 수출업자 앞으로 발행하는 것으로 신용장에 규정된 서류를 첨부하여 환어음을 제시하면 신용장 발행은행이 수입업자를 대신하여 수출업자 또는 환어음매입은행 및 선의의 어음소지인에게 대금을 지급하겠다고 약정하는 보증서(instrument)를 말한다.

영어로는 'Letter of Credit'라고 하며 단순히 'Credit' 이라고도 쓰고 약칭하여 'L/C'라고도 부른다. 오늘날 신용장이라고 하면 상업신용장(commercial letter of credit)을 뜻하며, 여기에 운송서류가 첨부되면 화환신용장(Documentary Credit)이라고 부르게 된다.

2. 신용장의 기능

(1) 신용위험의 회피

일단 신용장(Letter of Credit : L/C)이 발행되면 발행은행이 대금지급을 보장하고 있기 때문에, 비록 수입업자가 지급불능·파산이 된다거나 지급거절을 할지라도 수출업자는 안전하고 확실하게 대금을 지급받을 수 있다.

(2) 환 결제위험의 회피

신용장에 의한 대금결제가 약속되어 수입업자로부터 신용장이 발행되어 오면, 신용장발행 자체만으로 수입승인 내지는 외화배정을 받았다고 판단할 수 있다.

그러므로 수입국에서 수입제한 등을 강화하더라도 발행은행이 수입업자의 수입승인이나 외화배정을 요청받아 신용장을 발행하여 대금지급을 보장하였기 때문에 대금결제에 대한 위험은 피할 수 있게 된다.

(3) 수출거래의 확정

일단 신용장이 발행되면 그 취소 및 조건변경은 수출업자를 포함한 관계당사자 전원의 합의 없이는 불가능하기 때문에, 수출계약을 그대로 이행할 수밖에 없다.

이와 같이 수출업자가 일단 신용장을 수령하면 수출거래가 확정된다고 할 수 있으며, 이때부터 수출업자는 대금회수에 대한 믿음을 갖고 원자재를 구입하여 계약물품을 생산할 수 있다.

(4) 무역금융의 원활화

대부분의 국가에서는 신용장을 담보로 하여 은행에서 무역금융을 해준다. 은행은 수출신용장 담보에 대해서는 저리로 대금을 융자해 주기 때문에, 수출업자는 신용장을 이용하여 선적전의 생산·집화 및 가공에 필요한 자금의 금융을 용이하게 받을 수 있다.

수입업자에게도 기한부 신용장인 경우에는 금융상의 혜택을 받을 수 있는데, 수입업자는 이 기간 동안에 물품을 판매하여 은행에 수입대금을 결제할 수 있기 때문이다.

Ⅱ. 신용장거래의 관계당사자와 특성

신용장 관계당사자는 신용장 거래에 등장하는 모든 은행 및 기업을 지칭한다. 그러나 신용장 관계당사자가 신용장거래에 모두 참여하는 것이 아니라, 신용장의 종류에 따라 등장하는 경우도 있고 등장하지 않는 당사자들도 있다.

1. 기본 당사자

(1) 발행은행(개설은행)

발행은행(Issuing Bank)이란 발행의뢰인(수입업자)의 발행요청에 따라 수익자 앞으로 신용장을 발행해 주고, 수익자가 발행한 환어음을 인수 및 지급할 것을 확약하고 있는 은행을 의미한다.

신용장의 발행은행은 수익자에 대하여 신용장에 따른 지급 또는 인수의 최종적인 의무를 지며, 타 은행에게 신용장에 명시된 관련서류와 상환하여 환어음을 지급・인수・매입하도록 수권할 수 있다.

(2) 수익자

수익자(Beneficiary)란 신용장거래에 있어서 대금결제상의 수익을 얻는 당사자인 수출업자를 말한다. 수익자는 환어음의 발행자(Drawer), 신용장을 자신의 이익에 맞도록 이용하는 자(User), 발행은행으로부터의 신용장 수령인(Addressee), 발행은행으로부터 신용을 제공받는 자(Accreditee), 환어음의 대금을 수령하는 영수인(Payee), 운송계약에서 화물을 선적하는 화주(Shipper), 계약화물을 발송하는 송화인(Consignor)의 역할을 한다.

(3) 확인은행

확인은행(Confirming Bank) 이란 발행은행의 요청에 따라 발행은행의 지급확약에 타 은행이 또 다른 지급확약을 부가하는 것을 확인이라 하고, 이러한 확인을 이행하는 은행이다. 확인은행이 있을 경우 수출업자가 확인은행 앞으로 환어음을 발행하여 대금을 지급 받고 서류를 발행은행에게 송부하도록 지시하는 문언을 두고 있다. 그 후 확인은행은 발행은행 앞으로 대금을 청구하고 수수료를 징구(徵求)한다.

확인은행은 발행은행이 불가항력의 사태가 발생하여 상환불능이 된 경우에도 수출업자에 대하여 지급한 대금을 반환 또는 상환을 청구할 수 없음은 물론이고, 확인신용장이 계속 효력을 갖는 동안에는 발행은행이 상환불능에 처하게 된 후에도 수출업자로부터 확인의 이행을 요구받을 경우에는 확인은행이 지급·인수·매입을 이행하여야 한다.

2. 기타 당사자

(1) 발행의뢰인

발행의뢰인(Applicant)이란 신용장의 발행을 발행은행에 지시하거나 의뢰하는 자로서 보통 매매계약서상의 매수인이며, 이미 발행은행과는 금융거래관계가 있는 수입업자를 말한다.

발행의뢰인은 무역거래에서 수출업자로부터 상품을 구매하는 수입업자 또는 구매자(Impoter or Buyer), 신용장대금을 지급하는 지급인(Drawee), 신용장거래의 신용공여자(Accreditor), 은행으로부터 신용을 부여받은 구매자(Accredited Buyer), 대금의 채무자가 되는 결제인(Accountee), 화물의 실질적인 수령인이 되는 수화인(Consignee)으로 역할을 한다.

(2) 통지은행

통지은행(Advising Bank)이란 발행은행의 의뢰나 수권에 의해 신용장을 수익자에게 전달하는 신용장의 수익자가 소재하는 도시의 은행이다. 통지은행은 발행은행의 요청으로 수익자에게 신용장 발행의 내용과 사실을 단순히 통지해 주는 역할을 하기 때문에 신용장의 내용 및 조건에 관하여 어떠한 책임을 지지 않고 단순히 통지만 한다. 통지은행은 신용장의 내용에 관한 진위 여부를 확인할 의무가 없지만, 외견상 진위여부를 확인하기 위한 상당한 주의(reasonable care)를 기울여야 할 의무가 있다.

일반적으로 통지은행은 발행은행의 본·지점이거나 환거래계약을 체결한 은행이 통지은행으로 수권(授權)되는 경우가 많다. 통지은행은 'Advising bank, Notifying bank, Transmitting Bank' 등으로 표기된다.

(3) 지급은행

지급은행(Paying Bank)이란 신용장의 내용에서 매입은행에 의한 환어음의 매입을 인정하지 않고, 발행은행이 지정한 특정은행으로 하여금 수출업자에게 수출대금을 지급하라고 명시하고 있는 지급신용장(payment credit)에 의하여 지급을 위탁받는 은행이다.

지급은행은 수출국에 있는 발행은행의 지점이나 발행은행의 환거래은행이 대금의 결제를 위하여 미리 금액을 위탁시켜 둔 은행만이 될 수 있으며, 일반적으로 신용장 통지은행이 지급은행으로 지정되는 경우가 많다. 지급은행으로 지정된 은행은 신용장에서 요구된 서류와 상환으로 전체 금액을 지급하거나 또는 자신 앞으로 발행된 환어음의 액면금액을 할인함이 없이 전부 지급하게 된다.

신용장은 모든 은행에서 자유롭게 매입할 수 있는 자유매입신용장(freely negotiable credit)을 제외하고는 지급·인수·매입에 관한 조건을 기재하여야 하고, 지급·인수·매입은행을 지정하여야 한다고 신용장통일규칙에 규정되어 있다.

(4) 인수은행

인수은행(Accepting Bank)이란 신용장 내용에서 발행은행이 지정한 특정은행으로 하여금 수출업자가 발행한 기한부 환어음을 인수하도록 하고, 환어음 만기일에 수출업자에 대한 환어음 대금 지급을 명시하는 인수신용장(acceptance credit)에 의하여 기한부 환어음을 인수하는 은행이다.

인수은행은 자기 앞으로 발행되어진 기한부 환어음을 인수함으로써 그 어음의 만기일에 대금을 지급할 의무를 지게 된다. 따라서 인수은행은 자기 은행 앞으로 발행된 기한부 환어음을 인수한 경우에는 그 어음의 만기일에 반드시 지급할 의무를 지게 되므로 인수은행은 어음의 만기일에 가서는 지급은행이 된다.

인수은행으로는 수출국에 있는 발행은행의 지점이나 발행은행의 환거래은행이 대금 결제를 위하여 지정되며, 일반적으로 통지은행이 인수은행의 업무를 담당한다.

(5) 매입은행

매입은행(Negotiating Bank)이란 매입신용장(negotiation credit)에 의거하여 수출업자가 환어음을 발행은행 앞으로 발행하고, 선적서류를 첨부하여 매입을 신청할 경우에, 수출업자의 의뢰를 받아들여 환어음을 매입하는 수출국에 있는 은행이다. 매입은행은 수출업자의 주거래은행이 대부분이고, 신용장상에 특별한 지정이 없는 경우에는 아무 은행이나 매입은행이 될 수 있다. 매입신용장은 신용장의 발행은행이 환어음의 발행인(drawer), 배서인(endorser), 선의의 소지인(bona-fide holder)에게 환어음의 지급을 확약하는 신용장이다. 그런데 신용장상에 특정은행을 매입은행으로 지정하느냐, 지정하지 않느냐에 따라 매입제한신용장과 자유매입신용장으로 구분할 수 있다.

매입제한신용장은 발행은행이 특정은행을 지정하였기 때문에 그 지정된 은행만이 환어음과 선적서류를 매입할 수 있으며 발행은행에 대하여 상환청구권을 가진다. 그러나 자유매입신용장은 어떠한 은행에서도 환어음과 선적서류를 매입할 수 있으며, 그러한 매입을 행한 어떠한 은행도 발행은행에 대하여 상환청구권을 가진다.

(6) 상환은행

상환은행(Reimbursement Bank)은 발행은행의 요청이나 수권에 따라 수출업자에게 신용장 대금을 지급해 준 지급은행에게 발행은행을 대신하여 동 대금을 상환하여 신용장 대금을 최종적으로 결제하는 은행을 의미한다. 신용장상의 통화가 수출입 양국의 통화가 아닌 제3국의 통화이거나, 수출지에 발행은행의 환거래은행이 없을 경우에 상환은행을 이용한다.

상환은행이 지정된 경우에 매입은행은 제반 선적서류를 발행은행으로 송부하고, 수출업자가 발행한 상환용 환어음을 신용장에서 발행은행이 지정하는 제3의 은행인 상환은행에 제시하여 대금결제를 받게 된다.

3. 신용장거래의 특성

(1) 독립성 원칙

독립성의 원칙(principle of independence)이란 신용장통일규칙 제4조에 규정되어 있는 원칙으로 신용장이 일단 발행이 되면 신용장의 발행근거가 되는 계약(underlying contract)과는 독립된 별개의 계약으로 존재하므로, 매매당사자간의 근거계약이 취소되거나 변경된다 하더라도 이미 발행된 신용장에는 아무런 영향을 미치지 못한다는 특성을 의미한다.

일단 신용장이 발행되면 독립성 원칙으로 인해, 모든 은행과 수출입업자, 관계당사자는 비록 무역계약서와 다르게 신용장이 발행될 지라도 신용장만을 보고 거래를 판단하기 때문에 수출업자는 신용장을 받고 나서 원래의 무역계약서와 일치하는가를 확인하여야 한다.

무역계약서와 신용장의 조건들이 상이하면 즉시 수입업자에게 수정하여 신용장을 발행하여 줄 것을 요구하여야 한다. 만약 상당한 시간이 지나도록 아무런 수정에 대한 요구를 하지 않으면 모든 관계당사자는 그 상이한 신용장만을 보고 판단하고 거래하기 때문이다.

(2) 추상성 원칙

추상성의 원칙(principle of abstract)이란 신용장통일규칙 제5조에 규정하고 있는 원칙으로 신용장거래의 관계당사자는 상품이나 서비스거래가 아니라 서류거래를 하는 것이기 때문에, 신용장에 의한 거래의 목적은 상품이 아니라 서류에 있다는 서류거래원칙(principle of documentary transaction)을 의미한다.

추상성 원칙에 따라 신용장거래의 목적은 CIF와 같이 서류의 거래를 이행하기 위한 것이므로, 계약물품이 목적항에 도착되어 있는 경우에도 수입업자가 물품을 조사한 후에 대금을 지급할 것을 주장할 수 없다.

또한 첨부된 서류가 신용장의 여러 조건과 일치하는 경우에는 실제로 인도된 물품과 그 품질이 다를지라도 은행은 이에 대해 면책된다.

신용장거래의 독립성과 추상성이라는 두 가지 성질을 합하여 「독립·추상성」이라고 한다. 이러한 독립·추상성은 은행의 지급의무를 신용장에 명시된 내용에 한정시켜, 신용장거래가 매매당사자의 계약이나 기타 계약에 구속받지 않는 독립된 거래로 원활히 수행될 수 있게 보장해 준다. 은행의 지급의무에 관한 독립·추상성은 신용장통일규칙과 미국의 통일상법전에 명시적으로 규정되어 있을 뿐만 아니라, 각국의 판례에서도 이를 충분히 입증하고 있다.

이와 같이 은행은 신용장 외의 계약서의 위반 및 그에 따른 손해를 방지하기 위하여 계약물품을 실질적으로 조사해야 할 의무도 없고, 책임을 부담하지 않는 상황은 수입업자에 대해서는 불리한 사항이라 할 수 있으므로 신용장 거래의 한계성이라 할 수 있다.

Ⅲ. 신용장의 거래절차

신용장을 발행하기 위해서는 다음과 같은 절차를 거쳐야 한다.

① 수출입업자는 여러 가지 조건을 합의한 무역계약을 체결한다. 이 무역계약서에서 대금결제는 신용장으로 결제하기로 약속한다.

② 수입업자는 무역계약서의 내용을 준수하기 위해 먼저 자신의 주거래은행에 가서 신용장을 발행해 달라고 의뢰한다.

은행은 수입업자의 자금능력과 신용정도를 평가한 후에, 담보물을 받고 신용장을 발행해 준다.

③ 신용장을 발행한 발행은행은 외국의 수출업자에게 신용장이 발행되었다는 사실을 통지하도록, 수출국에 있는 환거래은행(코레스은행)을 통해 신용장이 발행되었다는 사실을 수출업자에게 통지해 줄 것을 요청한다.

④ 수출국의 은행은 신용장이 발행되었다는 것을 수출업자에게 통지해준다. 수출업자는 신용장을 받고 무역계약서의 내용과 상이한가를 확인하고 이상이 없으면 그 때부터 수출업자는 원료를 구입하고 계약물품을 제조한다.

⑤ 수출업자는 선박회사, 관세사, 통관업자 등을 통해 계약물품을 선박에 선적하고, 관련 선적서류를 발급받는다.

⑥ 수출업자는 발행은행을 지급인으로 환어음을 발행하고, 발급 받은 선적서류를 첨부하여 자사의 거래은행이 매입하도록 의뢰한다.

매입은행은 신용장의 내용과 선적서류의 내용이 엄밀하게 일치하는가를 확인하고, 이상이 없으면 수출대금을 매입은행의 자금으로 수출업자에게 우편일수의 이자를 할인한 금액으로 사전 지급한다.

⑦ 매입은행은 매입한 환어음과 선적서류를 발행은행에게 송부하여 수출대금의 지급을 의뢰한다.

⑧ 발행은행은 그 환어음과 선적서류가 신용장의 내용과 일치하면 매입은행에게 대금을 상환(償還)해야 한다.

⑨ 발행은행은 선적서류가 도착되었다는 사실을 수입업자에게 통지하고, 수입업자는 선적서류가 하자가 없는지를 확인하고 나서 수입대금을 지급하고 선적서류를 입수한다.

⑩ 수입업자는 선적서류를 자신이 거래하는 관세사나 통관업자를 통해 제시하고 수입물품을 입수하면 신용장을 이용한 무역거래는 완료된다.

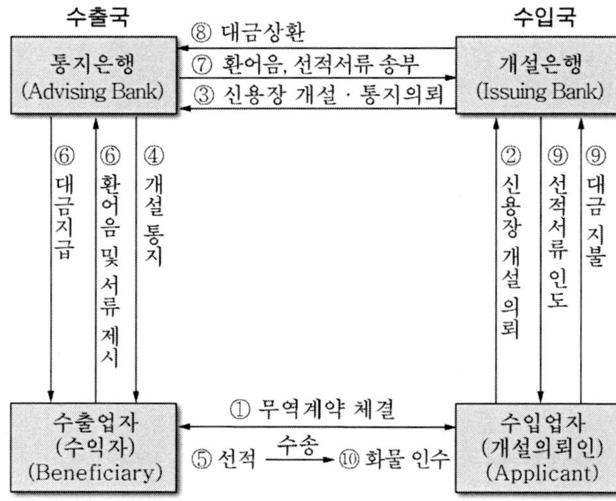

〈그림 6-4〉 신용장의 거래절차

Ⅳ. 신용장의 종류

1. 기본적인 신용장

(1) 취소가능여부에 따른 분류

1) 취소가능신용장(revocable L/C)

취소가능신용장이란 발행은행이 수익자에게 사전에 통지하지 않고 일방적으로 신용장의 내용을 변경하거나 신용장 자체를 취소할 수 있는 신용장이다. 취소가능신용장은 신용장 본래의 기능을 충분히 수행할 수 없으므로, 국제무역거래에서는 거의 사용되지 않고 있으며 우리나라 대외무역법에서도 취소불능신용장만을 인정하고 있다.

2) 취소불능신용장(irrevocable L/C)

취소불능신용장이란 일단 신용장이 발행되어 수익자에게 통지된 경우에 발행은행, 확인은행(확인신용장의 경우), 수익자 등의 관계당사자 전원의 합의가 있는 경우에만 신용장을 취소하거나 조건을 변경시킬 수 있는 신용장이다.

신용장을 변경하거나 취소할 때 발행의뢰인이 포함되지 않은 이유는 수익자가 발행한 환어음에 대하여 지급·인수·매입을 확약하고 있는 것이 발행은행이고, 발행의뢰인은 아니기 때문이다.

또한 확인신용장인 경우 발행은행은 확인은행에게도 신용장을 취소하거나 변경할 때에도 통지하여야 하고, 확인은행도 이에 대하여 합의를 하여야 한다.

(2) 운송서류의 첨부여부에 따른 분류

1) 화환신용장(documentary L/C)

화환신용장이란 수익자가 계약물품을 선적한 후 신용장의 조건에 일치하는 운송서류를 첨부하여 발행하는 환어음에 대하여 지급·인수·매입을 확약하고 있는 신용장을 의미한다.

2) 무담보신용장(clean L/C)

무담보신용장이란 수익자가 발행하는 환어음만을 지급·인수·매입은행에 제시하고, 이를 담보하고 있는 운송서류의 제시를 요구하고 있지 않는 신용장을 의미한다. 이러한 무담보신용장은 일반적으로 본·지점간의 거래, 발행은행과 발행의뢰인간의 오랜 거래, 수출입업자 간에 오랜 기간의 거래로 인하여 신용이 두터운 경우에만 이용이 가능하다.

따라서 무담보신용장은 운임, 보험료, 중개수수료 등 용역에 대한 결제, 서비스거래, 입찰보증(bid bond), 계약이행보증(performance bond) 등을 위하여 사용되며 국제무역거래에서의 대금결제는 거의 사용하지 않는다.

(3) 대금지급시기에 따른 분류

1) 일람불신용장(sight L/C)

일람불신용장은 신용장이 발행되고 대금을 지급할 때 수익자가 발행한 일람불 환어음과 운송서류를 발행은행, 확인은행, 수출국의 지급·인

수 · 매입은행에 제시하면 대금을 즉시 받을 수 있는 신용장이다.

2) 기한부 신용장(usance L/C)

기한부신용장이란 발행된 신용장 내용에 따라 수익자가 발행한 기한부 환어음과 운송서류를 수출국의 지급 · 인수 · 매입은행에 제시할 일자로부터 일정한 기간이 지난 후의 만기일에 대금을 지급 받을 수 있는 신용장이다.

(4) 상환청구가능여부에 따른 분류

1) 상환청구가능신용장(with recourse L/C)

상환청구가능신용장이란 지급 · 인수 · 매입은행이 수익자로부터 신용장에 규정된 서류를 매입하였으나, 어떤 이유로 인하여 발행은행으로부터 지급을 받지 못할 경우에 수익자에게 신용장대금의 반환을 청구할 수 있는 신용장이다.

2) 상환청구불능신용장(without recourse L/C)

상환청구불능신용장이란 환어음의 지급인이 되는 발행은행이 환어음의 인수 및 지급을 거절한 경우에도 환어음을 소지하고 있는 지급 · 인수 · 매입은행이 다시 수익자에게 소구(遡求)하도록 상환청구권을 행사할 수 없는 신용장이다.

(5) 신용장의 사용은행이 지정되었는가의 여부에 따른 분류

1) 지정신용장(nominated L/C)

지정신용장이란 신용장의 사용방법인 지급, 인수, 매입, 연지급 등이 특정은행에 대해 지정된 신용장이다. 신용장은 자유매입신용장을 제외하고는 지급, 인수, 매입, 연지급에 관한 지정은행을 지정하도록 규정되어 있으므로 자유매입신용장을 제외한 모든 신용장은 지정신용장이라고 할 수 있다.

① **지급신용장**(straight credit): 신용장의 발행은행이 지정한 특정은행에게 수익자가 제시하는 운송서류의 상환(相換)으로 수익자에게 수출대금을 지급할 것을 명시하고 있는 신용장, 예컨대 관련문언은 보통 "Available with: Korea Exchange Bank by payment" 등과 같이 표기한다.

② **인수신용장**(acceptance credit) : 수익자가 발행하는 기한부 환어음을 제시하면 신용장에서 지정하는 인수은행이 이를 인수하고, 일정기간이 경과한 후 만기일에 수익자에게 환어음의 대금을 지급하는 신용장, 예컨대 관련문언은 보통 "Available with: Korea Exchange Bank by acceptance" 등과 같이 표기한다.

③ **매입신용장**(negotiation credit) : 발행은행이 환어음의 발행인, 배서인(endorser), 선의의 소지인(bona-fide holder)에게 특정은행을 통한 환어음 금액의 지급을 확약하는 신용장, 예컨대 관련문언은 보통 "Available with : Korea Exchange Bank by negotiation" 등과 같이 표기한다.

④ **연지급신용장**(deferred payment credit) : 수익자가 환어음을 발행하지 않고 신용장 조건에 일치하는 여러 선적서류를 제시하면 신용장에 명시된 기일에 지정은행(연지급은행)이 수출대금을 지급하는 기한부신용장, 예컨대 관련문언은 보통 "Available with: Korea Exchange Bank by deferred payment at 120 days after B/L date" 등과 같이 표기한다.

2) 자유매입신용장(freely negotiable L/C)

자유매입신용장이란 환어음의 매입이 어느 은행에서나 이루어지도록 수출국에 있는 특정은행이 매입은행으로 지정되지 않은 신용장이다.

(6) 신용장의 발행방법에 따른 분류

1) 우편신용장(mail confirmation L/C)

우편신용장이란 신용장이 우편으로 발행되어 통지은행에 신용장의 원본과 사본 1통을 송부하면 통지은행이 수익자에게 전달하는 형식을 취하는 신용장이다.

신용장의 원본과 사본을 접수한 통지은행은 통지은행에서 비치하고 있는 발행은행의 서명부(Authorized signature)에 의거하여 발행은행의 발행서명자의 서명을 확인한 후 통지일자와 통지번호를 부여하고, 신용장의 원본을 수익자에게 교부하거나 송달하고 사본은 통지은행에서 보관한다.

2) 전신신용장(cable L/C)

전신신용장이란 전보(Cable), 텔렉스(Telex), 팩시밀리 및 SWIFT시스템 등의 전신수단을 통해 내용이 발행된 신용장이다. 이중 Cable이나 Telex로 신용장을 발행하는 경우에 서류와 지급보증에 대한 문언이 있으면 Full cable로 간주하고, 이러한 문언이 없을 때는 (정식 신용장으로 간주하지 않는) Short cable로 간주한다. 그러나 최근에는 SWIFT방식이나 EDI방식으로 발행되어 전송이 이루어지고 있다.

SWIFT(Society for Worldwide Interbank Financial Telecommunication:세계은행간 금융전산망)는 세계 각국에 있는 회원 은행 간에 온라인망으로 연결하여 국제간의 자금결제 및 메시지 교환을 보다 신속하고 안전하게 처리하기 위한 국제은행업무의 자동화 전산망으로, 1973년 벨기에에 본부를 두고 처음 설립된 비영리법인이다.

(7) 상환방법에 따른 분류

1) 단순신용장(simple L/C)

단순신용장이란 수익자에게 신용장대금을 지급한 지정은행에 대하여 발행은행이 직접 대금을 상환해 주는 신용장을 의미한다. 이러한 단순신용장은 발행은행과 매입은행간의 계정정리만으로 은행간 대금결제를 이행하는 신용장으로, 발행은행과 매입은행이 본·지점인 경우나 외국환거래은행인 경우에 사용하는 신용장이며 대부분의 신용장이 이에 해당된다.

2) 상환신용장(reimbursement L/C)

상환신용장이란 수익자에게 지급한 지정은행에 대하여 발행은행 이외의 제3의 은행이 신용장대금을 상환해 주는 신용장이다.

(8) 양도 허용여부에 따른 분류

1) 양도가능신용장(transferable L/C)

양도가능신용장이란 수익자(제1수익자)가 지급·인수·매입·연지급이 수권된 은행(양도은행)에 대하여 1명 또는 수명의 다른 수익자(제2수익자)에게 신용장 금액의 전부 또는 일부를 1회에 한하여 양도할 수 있는 신용장이다.

2) 양도불능신용장(non-transferable L/C)

양도불능신용장이란 신용장상에 "transferable"이란 문언이 없어, 양도가 허용되지 않는 신용장이다.

(9) 다른 은행의 확인 유무에 따른 분류

1) 확인신용장(confirmed L/C)

확인신용장이란 발행은행 이외에 신뢰할 수 있는 제3은행의 확약이 발행은행의 지급확약에 추가된 신용장이다.

2) 무확인신용장(unconfirmed L/C)

무확인신용장이란 신용장상의 제3은행의 지급확약이 없는 신용장이다.

2. 기타의 신용장

(1) 보증신용장(standby L/C)

보증신용장이란 수입물품대금의 결제를 목적으로 발행되는 신용장이 아니고 현지금융의 수단으로서 재외상사 등이 외국은행에 의한 금융 또는 채무보증을 목적으로 수출업자의 주거래은행에 의해 발행되는 특수한 신용장이다.

(2) 회전신용장(revolving L/C)

회전신용장이란 동일 거래처와 동일 상품을 일정 기간에 걸쳐 계속적으로 거래하는 경우 매번 신용장을 발행하게 되면 많은 시간과 경비가 소요됨으로 일정한 기간동안 일정한 범위내에서 신용장금액이 자동적으로 갱신되도록 되어 있는 신용장을 말하며, 갱신될 때 미사용잔액(unused balance)이 그대로 누적되는 누적식방법(cumulative method)과 누적되지 않는 비누적식방법(non-cumulative method)이 있다.

(3) 전대신용장(red clause or packing L/C)

전대신용장이란 발행은행이 매입은행으로 하여금 수출업자에게 선적전에 수출물품의 집화, 제조, 생산 등에 필요한 자금을 선적서류 첨부없이 미리 지급하도록 허용하도록 하고, 그 전대금 보상을 확약하는 조건으로 발행하는 선대신용장이다.

전대신용장은 신용장 대금의 일부가 선적 전에 미리 수출업자에게 지급되도록 규정된 신용장으로 선지급에 관한 내용이 적색 글씨로 인쇄되어 있어서 'red clause credit', 수출업자가 선대자금으로 상품을 집화하여 포장한다고 하여 'packing credit', 수출업자가 자금을 선지급받는다는 의미에서 'advance payment credit(선수금신용장)' 이라고도 한다. 그런데 선지급 금액은 대외무역법에 따라 일정한 범위 내에서만 지급이 가능하다.

(4) 구상무역신용장

두 나라 사이에서 수출입의 균형을 이루도록 하기 위하여 수출입물품의 대금을 서로 상계하는 것을 목적으로 발행되는 신용장을 의미하며, 기탁신용장(Escrow Credit), 발효조건부신용장(Back to Back Credit), 토마스신용장(Tomas Credit) 등이 있다.

1) 기탁신용장(Escrow Credit; Impound Credit)

수입업자가 수입신용장을 개설할 때에 신용장의 한 조건으로서 그 신용장에 의해 발행되는 어음의 매입대금을 수익자(수출업자)에게 지급하지 않고 수익자 명의의 에스크로계정(escrow account)에 기탁하여 두었다가 그 수익자가 원신용장 개설국으로부터 수입하는 상품의 대금결제에만 사용하도록 규정한 신용장을 말한다.

2) 발효조건부신용장(Back to Back Credit; Compensation Credit)

한 국가에서 일정액의 수입신용장을 개설할 경우 그 신용장은 수출국에서 동액의 수출신용장을 개설하여 오는 경우에만 유효하다는 조건이 붙어 있는 신용장을 말하며, '동시개설신용장' 또는 '상쇄신용장'이라고도 한다.

3) 토마스신용장(Tomas Credit)

수출입 양측이 서로 동액의 신용장을 동시에 개설하지 않고 한쪽은 먼저 신용장을 개설하고 상대방은 동액만큼 일정한 기간이 지난 후에 신용장을 개설하겠다는 보증서를 발행하는 것을 상대방에게서 내도한 신용장의 발효조건으로 하는 신용장을 말하며, 일본과 중공간의 각서무역(LT무역)에서 처음 사용되었다.

(5) 내국신용장

내국신용장이란 원신용장의 수익자가 수출품 또는 원자재 공급업자에 대한 대금지급을 보증하기 위하여 원신용장(Original Credit, Prime

Credit, Master Credit, First Credit, Mother Credit)에 의한 청구권을 담보로 하여 원신용장의 통지은행 또는 거래은행에 의뢰하여 이들 은행이 수출품 또는 원자재공급업자를 수익자로 하여 발행하는 신용장을 말한다. 내국신용장을 Local Credit라는 용어 대신에 Secondary Credit, Domestic Credit, Subsidiary Credit, Baby Credit, Back to Back Credit (미국) 등으로도 불린다.

우리나라에서는 내국신용장을 「내국신용장취급규정」에 의하여 발행하여야 하고, 내국신용장은 무역금융도 할 수 있으며 대금결제수단으로서 외국환은행에서 인정하고 있는 지급보증서라고 할 수 있다.

따라서 내국신용장은 원료공급업자나 물품제조업자가 무역금융의 혜택을 받을 수 있도록 하여 수출업자에게 수출용 원자재나 완제품의 공급을 원활하도록 하여 수출을 활성화하려는 목적에서 나온 것이다.

내국신용장은 양도가능신용장과 유사하게 보이지만 다음과 같은 점에서 차이가 있다.

첫째, 양도가능신용장은 수출업자인 제1수익자가 물품공급업체인 제2수익자에게 양도하면 제2수익자가 원신용장을 그대로 사용하는 것이다. 그러나 내국신용장은 원신용장과는 별개의 신용장을 발행한다.

둘째, 양도가능신용장은 수출업자인 제1수익자가 물품공급업체인 제2수익자에게 양도하여도 제2수익자가 원신용장을 그대로 사용하는 것이기 때문에 최초의 발행은행에 의해 대금지급을 계속 확약하고 있는 것이다. 그러나 내국신용장은 국내에서 원신용장과는 별개의 신용장을 발행하므로 또 다른 내국신용장의 발행은행이 존재한다.[1]

1) 장흥훈 · 장동식 · 이재은, 『무역개론』, 청목출판사, 2019, pp. 436-461.

KOREA EXCHANGE BANK ORIGINAL

Head Office : 181, 2-ka Ulchiro, Chung-ku, Seoul, 100-793, Korea TEL : (02)2729-8525
(CPO BOX 2924, CABLE: KOEXBANK, Telex NO: 23141-5) SWIFT : KOEXKRSE

* Advice Br. : 여 수 * Advice Date : 19.04.25 (ETC/A10)

==

Advice of
Issue of Documentary Credit

* Advice No : A-0667-804-11317
* Credit No : 610LC710014

==

* Beneficiary :
Youngwoo Co.
CHONNAM BOSUNGGUN BOLKYOUB
BOLKYORI 678-12 KOREA

* Applicant :
Yukoku Co., Ltd.
1211-18 YUZAKI TAMASHIMA
TOKYO-CITY OKAYAMA-PREF, JAPAN

* Amount : JPY 4,906,000.00

* Expiry Date : 19.07.17

* Sender's bank : 378460455

* Issuing Bank : IYOBJPJT
IYO BANK, LTD. (INTL DIV.), TOKYO
14-2, NIHOMBASHI HAKOZAKI-CHO
CHUO-KU, TOKYO 103
JAPAN

==

Gentlemen :
At the request of the issuing bank, and without any engagement or responsibility on our part, we are pleased to inform you that we have received the following
AUTHENTICATED teletransmission dated 19.04.24. (7-0049-00)

: : 700 Issue of Documentaty Credit

: 27	Sequence of Total	: 1/1
: 40A	Form of Documentary Credit	: IRREVOCABLE
: 20	Documentary Credit Number	: 610LC710014
: 31C	Date of Issue	: 190424
: 31D	Date and Place of Expiry	: 190717 KOREA
: 50	Applicant	: Yukoku Co., Ltd. 1211-18 YUZAKI TAMASHIMA TOKYO-CITY OKAYAMA-PREF JAPAN
: 59	Beneficiary	: Youngwoo Co. CHONNAM BOSUNGGUN BEULKYOUB BEULKYORI 678-12 KOREA
: 32B	Currency Code and Amount	: JPY 4,906,000
: 39B	Maximum Credit Amount	: NOT EXCEEDING
: 41D	Available With . . . By . . .	: ANY BANK BY NEGOTIATION
: 42C	Drafts at . . .	: SIGHT FOR FULL INVOICE COST
: 42D	Drawee	: THE IYO BANK, LTD. TOKYO BRANCH

==

**** This advice to be continued on page 2/2
1/2

EP-E-FM-013(½) 2019년 9월 개정
(210 × 279)

KOREA EXCHANGE BANK ORIGINAL

Head Office : 181, 2-ka Ulchiro, Chung-ku, Seoul, 100-793, Korea TEL : (02)2729-8525
(CPO BOX 2924, CABLE : KOEXBANK, TLX NO : 23141-5) SWIFT : KOEXKRSE

**** This is a constituent and integral part of advice No : A-0667-804-11317

==

: 43P Partial Shipments : PROHIBITED
: 43T Transshipment : PROHIBITED
: 44A Loading/Dispatch/Taking Charge at/From : PUSAN PORT
: 44B For Transportation to . . . : FUKUOKA PORT
: 44C Latest Date of Shipment : 190707

: 45A Description of Goods and/or Services :
ARK SHELL
CFR FUKUOKA PORT
: 46A Documents Required :
+SIGNED COMMERCIAL INVOICE IN TRIPLICATE.
+PACKING LIST IN TRIPLICATE.
+FULL SET OF CLEAN ON BOARD OCEAN BILLS OF LADING MADE OUT TO ORDER AND ENDORSED IN BLANK, MARKED 'FREIGHT PREPAID' AND SHOWING THE ABOVE APPLICANT AS 'NOTIFY PARTY'.
+INSURANCE TO BE EFFECTED BY BUYER.
+CERTIFICATE OF ORIGIN IN ONE ORIGINAL MUST BE SENT DIRECTLY TO THE APPLICANT BY COURIER SERVICE WITHIN TWO WORKING DAYS AFTER THE SHIPMENT AND BENEFICIARY'S CERTIFICATE TO THIS EFFECT IS REQUIRED.
: 47A Additional Conditions :
T.T. REIMBURSEMENT IS PROHIBITED.
SUBJECT U.C.P. 2007 I.C.C. PUBLICATION 600 THIS CREDIT IS OPERATIVE INSTRUMENT.
: 71B Charges : ALL BANKING CHARGES OUTSIDE JAPAN ARE FOR ACCOUNT OF BENEFICIARY.
: 48 Period for Presentation : DOCUMENTS MUST BE PRESENTED WITHIN 9 DAYS AFTER THE DATE OF SHIPMENT BUT WITHIN THE VALIDITY OF THE CREDIT.
: 49 Confirmation Instructions : WITHOUT
: 78 Instruction to the Pay/Accept/Negotiate Bank :
THE NEGOTIATING BANK MUST SEND THE DRAFTS AND ALL DOCUMENTS DIRECT TO US BY REGISTERED AIRMAIL IN TWO CONSECUTIVE LOTS. (OUR ADDRESS - THE IYO BANK, LTD. HEAD OFFICE INTERNATIONAL DIVISION, 1 MINAMI-HORIBATA-CHO, MATSUYAMA, EHIME 790-8514 JAPAN) IN REIMBURSEMENT, WE SHALL REMIT THE PROCEEDS ACCORDING TO THE NEGOTIATING BANK'S INSTRUCTIONS.
: 57D "Advise through" Bank : KOREA EXCHANGE BANK
YOSU BRANCH

2/2

EP-E-FM-013(½) 2019년 9월 개정
(210 × 279)

〈신용장의 주요 구문해설〉

: 40A 신용장 형식 : 취소불능신용장(수입업자나 개설은행이 수출업자의 허가 없이 아무때나 취소할 수 없는 신용장이다)
: 20 신용장 번호 : 610LC710014
: 31C 신용장 개설일 : 2019년 4월 24일
: 31D 만기장소 및 일자 : 2019년 7월 17일, 한국 (수출업자가 매입은행에 환어음과 선적서류를 제시하면 대금을 지급할 수 있는 만기일자와 그 장소를 말한다. :이것을 통상 "Nego한다"라고 말한다.)
: 50 개설의뢰인(수입업자) : Yukoku Co., Ltd..
1211-18 YUZAKI TAMASHIMA
TOKYO-CITY OKAYAMA-PREF JAPAN
: 59 수익자(수출업자) : Youngwoo Co.
CHONNAM BOSUNGGUN BEULKYOUB
BEULKYORI 678-12 KOREA
: 32B 거래통화 종류와 금액 : JPY 4,906,000
: 39B 최대신용장 금액 : 신용장 금액을 초과하지 못함
: 41D 사용가능한 장소 : 어느 은행에서나 매입 가능함
: 42C 환어음의 종류 : 일람불어음으로 대금을 결제함
: 42D 환어음의 지급인 : THE IYO BANK, LTD.(동경지점)
: 43P 분할선적 : 금지
: 43T 환적 : 금지(환적은 계약물품을 선적한 선박이 목적지까지 가는 직항선이 없는 경우 중도의 항구에서 목적지까지 운항하는 선박으로 물품을 옮겨 재선적 하는 것을 말한다. 따라서 환적하는 경우에는 물품을 다른 선박에 이적함으로써 화물이 멸실·손상될 위험이 있기 때문에 보험료가 높아 가능하면 수출입업자는 환적을 피하려고 한다.)
: 44A 선적항 : 부산항
: 44B 목적항 : 후쿠오까항
: 44C 최종선적일 : 2019년 7월 7일
: 45A 물품명세와 용역 : ARK SHELL, 인도가격조건은 CFR조건으로 인도하고 후쿠오까 항구가 목적항(양륙항)이다
: 46A 요구서류 : +사인한 상업송장 3부
+포장명세서 3부
+운임을 선불하였다고 표시한 지시식선하증권 전통(보통 3부가 전통)
+수입업자가 보험을 들어야 함
+원산지증명서 중에서 원본1부는 선적일 후 2일 이내에 특급우편으로 수입업자에게 직접 송부해야 함.
: 47A 추가조건 : T.T. 방식의 대금상환은 금지한다.
이 신용장거래는 2007년 제6차 개정 신용장통일규칙을 기준으로 한다.
: 71B 비용 : 일본 밖에서의 은행의 제비용은 수출업자가 부담한다.
: 48 서류제시기간 : 선적서류는 선적일 후 9일 이내에 매입은행에 제시하여야 한다. 다만 그 제시기간은 신용장의 유효기일(만기일) 이내여야 한다.
: 49 확인지시 : 없음(확인은행이 없는 취소불능신용장이라는 의미)
: 78 지급·인수·매입은행에 대한 지시 : 매입은행은 환어음과 선적서류 2부를 별봉으로 개설은행에 등기 항공우편으로 송부하여야 한다.(주소: · · · ·)
: 57D 신용장 통지은행 : 한국외환은행 여수지점

7
chapter

환어음 및 무역거래 서류

신용장을 포함한 다양한 무역거래에는 필수적으로 환어음 및 무역거래 관련서류가 발생한다. 수출업자는 수출을 이행할 때 선화증권, 상업송장을 비롯하여 무역계약서에서 요청하는 서류를 발행하여 수입업자에게 제공하고, 수입업자는 이러한 무역거래 관련서류를 근거로 하여 수입절차를 거쳐 수입화물을 취득할 수 있다. 본 장에서는 환어음 및 선화증권 및 상업송장을 비롯한 무역거래에서 발생할 수 있는 무역서류를 살펴보기로 한다.

제1절 환어음

Ⅰ. 환어음의 개념

환어음(bill of exchange)[1]이란 환어음의 발행인(채권자)이 지급인(채무자)에게 일정한 시기 및 장소에서 일정 금액을 무조건적으로 지급할 것을 위탁하는 유가증권으로 요식증권이라 할 수 있다.

신용장거래에서는 수출업자가 선적한 후 신용장에서 요구하는 무역거래서류 준비와 함께 환어음을 발행하여 지급·인수·매입은행에게 제시하면 수입업자를 대신하여 일정 대금을 지급받을 수 있는 유가증권이라 할 수 있다. 따라서 수출업자는 수출금액의 채권자로서 환어음의 발행인이라 할 수 있다. 반면에 환어음의 지급인은 수입대금의 채무자인 수입업자가 될 수 있고 또한 제3자(지급·인수·매입은행)가 될 수 있다.

환어음은 요식증권이므로 법에서 정하는 엄격한 일정 기재사항이 있어야 환어음으로서 효력이 발생하며, 필수 기재사항은 어느 하나라도 기재하지 않으면 환어음으로서 효력이 발생할 수 없다. 환어음은 일반적으로 1조(set)로 된 2통(2부)이 발행되고, 한 통이 사용되어 수출대금이 결제된다면 나머지 한 통은 자동적으로 무효가 된다.

따라서 환어음의 본문 중에 환어음임을 표시하는 문언이 있는데 환어음의 중앙상단에 영문으로 「Bill of Exchange」가 기재되어 있고, 환어음의 본문 중에는 「the First(Second) Bill of Exchange」라는 용어가 기재되어야 한다.

---

1) 환어음을 draft 또는 bill of exchange(영어), gezogener wechsel(독일어), lettre de change(프랑스어) 등으로 칭한다.

Ⅱ. 환어음의 관계당사자

환어음을 거래할 때 수출대금의 채권자인 환어음 발행인, 채무자인 환어음 지급인, 제3자인 환어음 수취인을 관계당사자로 들 수 있다.

1. 환어음 발행인

환어음 발행인(drawer)은 환어음을 발행하고 서명하는 자로서 수출대금의 채권자인 수출업자를 말한다. 무역거래에서는 채권자인 수출업자가 환어음을 발행하고, 수출업자가 기명날인 또는 서명함으로써 효력이 발생되며 수출대금을 지급받을 수 있다.

2. 환어음 지급인

환어음 지급인(drawee)은 환어음의 금액을 일정한 시기에 지급하도록 위탁받은 채무자이며, 수입업자 또는 수입업자의 거래은행을 말한다. 환어음 지급인이 은행이 되는 경우는 신용장 거래시 신용장을 발행하는 발행은행이 수입업자를 대신하여 수출대금을 지급하기 때문에 환어음 지급인이 된다.

3. 환어음 수취인

환어음 수취인(payee)은 환어음의 지급을 받는 자로서 발행인이 될 수도 있고, 발행인이 지정하는 제3자도 될 수 있다. 무역거래는 국가간에 거래하기 때문에 외국 현지에서 수입업자에게 직접 환어음을 제시하고 수출대금을 받을 경우에는 매입은행과 같은 환어음 수취인을 필요로 하지 않는다. 그러나 현실적으로 이는 가능하지 않으므로 은행과 같은 제3자가 개입되어야 한다. 따라서 수출업자는 수출국의 거래은행에 환어음과 서류를 매입할 것을 의뢰하여 매입은행으로부터 환어음 금액을 수취하므로 환어음 발행인은 수취인이 된다. 또한 이러한 환어음을 매입한 매입은행이나 매입은행의 배서에 따라 권리를 승계받은 지시인이 환어음 수취인이 될 수 있으므로 일반적으로 매입은행이 환어음 수취인이 되고, 경우에 따라서는 개설은행이나 매입은행이 지정한 은행이 환어음 수취인이 될 수 있다.

그런데 환어음 수취인은 환어음이 정당하게 발행된 것으로 믿고 이를 매입하여 소지하고 있다는 의미로 환어음 수취인을 선의의 소지인 (bona-fide holder)이라고 한다.

제 2 절 환어음의 종류 및 기재사항

Ⅰ. 환어음의 종류

1. 지급방식에 따른 분류

(1) 순환(順換)

순환이란 채무자가 채권자에게 일정한 일자나 장소에서 일정한 금액을 지급하겠다고 대금지급을 약속하는 방식의 유가증권을 의미한다. 순환에는 은행수표, 요구불 어음, 약속어음들이 해당된다.

· 은행수표(bank check) : 은행이 대금 지급을 약속하는 증서
· 요구불어음(demand draft) : 지급요구에 대한 지급약속 증서
· 약속어음(promissory note) : 발행자의 채권자에 대한 지급약속 증서

순환은 국내거래에서 많이 이용되고 있으며, 또한 순환방식은 과거 무

역거래에서는 거의 이용되지 않았으나 최근에는 점차 사용이 증가하고 있다.

(2) 역환(逆換)

역환이란 채권자가 채무자에게 일정한 일자나 장소에서 일정 금액을 정당한 소지인이나 배서인에게 지급하도록 요구하는 방식의 유가증권을 의미한다. 역환에는 환어음(bill of exchange)만이 해당되며, 우리나라에서는 국내거래에 전혀 사용하지 않고 국제무역거래에만 사용하고 있다.

환(換)어음은 약속어음과는 달리 채권자인 수출업자가 수입상을 환어음의 지급인으로 하여 어음의 제시인 또는 정당한 소지인에게 일정한 날짜에 지급해 줄 것을 무조건 위탁하는 유가증권으로 복본(複本)으로 발행되는 것이 원칙이다.

환어음이 신용장에 의거하여 발행되면 화환신용장이라 하며, 국제상업회의소에서 제정한 「신용장통일규칙(Uniform Customs and Practice for Documentary Credits)」의 적용을 받게 된다.

반면에 선수출계약서방식(D/A, D/P)에 의거하여 환어음이 발행될 경우에는 국제상업회의소에서 제정한 「추심에 관한 통일규칙(Uniform Rules for Collection)」의 적용을 받게 된다.

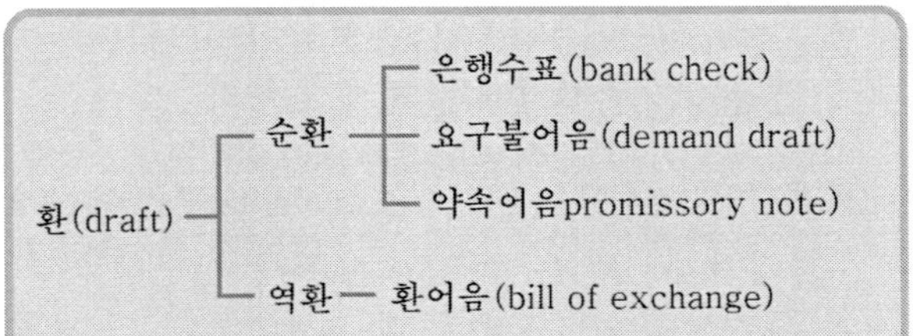

〈그림 7-1〉 환의 종류

2. 첨부서류의 유무에 따른 분류

(1) 화환어음(documentary bill)

환어음에 상품을 상징하는 선적서류(선화증권, 보험증권, 상업송장 및 기타 필요한 서류)를 첨부하여 상품의 대금을 회수하는 방법이며, 이 경우의 환어음을 화환어음이라고 한다. 화환어음은 매도인이 발행인, 매수인이 지급인, 외국환은행이 수취인으로 되어 있는 환어음이며, 운송도중 화물을 증권화한 운송서류가 환어음의 담보물이 된다. 화환어음에는 신용장부 화환어음(documentary bill of exchange with letter of credit)과 화환추심어음(bill of documentary collection)이 있다.

1) 신용장부 화환어음

신용장(L/C)은 무역거래에서 가장 널리 이용되는 결제형태로서 화환어음에 은행의 조건부 지급확약이 더 붙는 것이어서 신용장부 화환어음(documentary bill of exchange with L/C)이라고도 한다. 화환어음은 어디까지나 수입업자 개인의 신용에 의해 결제되나 신용장에 의한 결제는 환어음에 대한 수입업자의 대금지급을 신용장 발행은행이 확약하는 것이기 때문에 만일 수입상이 대금지불을 못하더라도 발행은행이 그 책임을 지고 지불하여 주므로 수출지의 환어음 매입은행은 안심하고 어음대금 전액을 수출업자에게 지급해 준다.

2) 화환어음추심방식(bill of documentary collection)

수출업자가 선적을 완료하고 관계 선적서류와 환어음을 발행하여 거래은행을 통해 수입지은행에 수출대금의 추심을 의뢰하게 되는데, 이때 발행되는 환어음을 화환추심어음이라고 하며, 그 관계 선적서류의 인도조건에 따라 D/P(documents against payment), 즉 지급도 환어음과 D/A(documents against acceptance), 즉 인수도환어음으로 구별된다. 이들 추심화환어음은 신용장에 의해 발행되는 화환어음과는 성질이 좀 다르다. 신용장에 의한 화환어음은 발행은행이 지급보증을 하기 때문에 매입은행이나 인수은행이 하등의 위험없이 매입 또는 인수를 하지만 D/P나 D/A 환어음의 추심은행은 어디까지나 수출지의 추심의뢰은행의 지시에만 따르며 어음의 지급에 대해서는 하등의 책임을 지지 않는다. 또한 D/P 거래에서 수입상이 대금을 지급하기 전에, 또 D/A 거래에서 수입상이 환어음을 인수하기 전에는 모든 선적서류에 대한 권리는 어음 발행인에게 있으며, 만일 은행이 매입한 D/P 또는 D/A 환어음이 지급거절이 되면 발행인은 전적으로 상환의 의무를 져야 하기 때문에 D/A나 D/P 거래는 서로 믿는 거래선 간이어야 가능하다.

(2) 무담보어음(clean bill)

환어음의 담보가 되는 선적서류가 첨부되지 않고 환어음 단독으로도 결제가 가능한 환어음을 무담보어음이라고 한다. 이 경우 수출상인 매도인이 운송서류를 수입상인 매수인에게 직접 송부하고 난 후 환어음만을 작성하여 거래은행을 통하여 추심하여 결제받는 방법으로 연불(deferred payment)의 일종이다. 그러나 수입자가 이 환어음을 인수하지 않을지도 모르는 무담보 조건이기 때문에 서로 믿을 수 있는 거래선이나 수수료, 보험료, 운임 등 소액거래에만 이용된다.

3. 지급기일(만기일, tenor)에 따른 분류

(1) 일람불(요구불)어음(at sight bill or demand bill)

환어음의 지급기일이 일람출급으로 되어 있는 경우로, 어음이 지급지에서 지급인에게 제시(presentation)되었을 때 즉시 지급하는 어음이다.

(2) 기한부어음(usance bill or after sight bill)

어음이 지급인에게 제시된 후 일정기간이 경과한 후에 지급되는 조건의 환어음이다. 기한부어음은 수입상이 수입품을 처분하고 그 판매대금으로 어음액을 결제할 수 있는 이점이 있다. 기한부어음에서는 어음의 인수(acceptance)행위가 수반되는데, 어음의 인수는 곧 기한부어음이 지급인에게 제시되었을 때 만기일에 지급할 것을 약속하는 서명행위로, 대부분의 경우 인수인은 만기일에 가서 지급인이 된다.

① 일람후 정기불(after sight)

어음이 수입업자에게 제시된 후 일정기간 후, 즉 30일 또는 60일 후에 지급되는 것으로 보통 30 days after sight(30d/s), 60 days after sight(60d/s)로 표시된다.

② 일부후 정기불(after date)

어음이 발행되고 난 후 일정기간이 경과된 후 지불되는 어음, 예컨대 30 days after date(30d/d), 60 days after date(60d/d)로 표시되며, 여기서 date라고 하는 것은 어음발행일자를 말한다. 그러므로 30일 기한부어음일지라도 after sight 기준이 after date 기준보다 우편일수만큼 늦어진다.

Ⅱ. 환어음의 기재사항

1. 환어음의 기재사항

환어음은 요식증권이므로 그 형식은 기재사항에 의하여 결정되며 기재사항은 필수기재사항과 임의기재사항으로 구분할 수 있는데, 필수기재사항은 어느 하나가 누락되면 환어음으로서의 법적효력이나 구속력을 갖지 못하게 된다.

(1) 필수기재사항

1) 환어음의 표시

환어음의 본문 중에 환어음임을 표시하는 문언이 있어야 한다. 우리나라의 경우 환어음이 국내거래에서는 사용되지 않으므로 환어음의 중앙상단에 영문으로 「Bill of Exchange」가 기재되어야 하고, 어음의 본문 중에는 「the First(Second) Bill of Exchange」라는 용어가 기재되어야 한다.

2) 환어음의 금액

환어음의 금액은 상업송장의 금액과 일치하여야 한다. 그러나 상업송장금액의 100% 이하로 어음을 발행하도록 신용장에서 요구하는 경우에는 그 조건을 충족시켜야 하며, 이러한 경우의 신용장 문구는 다음과 같다. 'available by your draft at sight on us for xx % of invoice value'에서 xx % of 란에 98% 등과 같이 발행할 수 있는 어음금액을 표시해 주고 있으며, 송장금액 전액에 대해 어음을 발행할 경우에는 100% of invoice value 또는 full invoice valve 등과 같이 나타낸다. 환어음상의 금액을 아라비아 숫자와 문자로 동시에 표기하여야 한다. 그런데 만약 두 금액 사이에 차이가 나는 경우에는 문자에 의한 표시금액이 우선한다. 그리고 이는 외국환어음이므로 반드시 화폐의 종류와 표시되는 통화의 종류를 명시하여야 한다. 막연히 Dollars($)나 pound(£)로 표시되어서는 안되며, 반드시 US Dollars(US$), Sterling Pound(Stg £)로 표시되어야 한다.

3) 발행지

환어음의 효력은 행위지 법률에 의해 처리되므로 발행지를 꼭 표시하여야 한다. 발행지는 도시명까지만 표시해도 되므로 "Seoul, Korea"라고 기재하면 된다.

4) 발행일

어음의 발행일은 외국환은행이 어음과 함께 제시된 선적서류를 매입한 날짜이며, 이는 신용장 유효기일 이내이어야 한다. 환어음이 발행된 일자를 'Dated May 10, 2022'과 같이 표시한다.

5) 만기일의 표시

환어음이 일람출급인 경우 환어음상에 표기된 'At ________ sight'에

'At ××××× sight'와 같이 기재하거나, 'At ________ sight' 사이에 아무런 표시를 하지 않으면 된다. 반면에 기한부어음일 경우에는 'At ________ sight'에 'At 30 days after sight'와 같이 기한을 명시하여야 한다.

6) 수취인

수취인(payee)이란 어음대금을 지급 받을 사람인 대금수취인을 표시하며, 원칙적으로 환어음 발행인이 수취인이지만 취급에 편리하도록 'Pay to the Korea Exchange Bank'와 같이 매입은행을 수취인으로 표기한다. 그러나 은행은 자신의 은행을 수취인으로 하는 환어음을 인쇄하여 사용하기 때문에 수취인에 관한 별도의 표기를 하지 않아도 된다.

7) 무조건 지급위탁의 문언

어음법에 의하여 환어음에는 환어음의 금액을 무조건 지급할 것을 위탁하는 의미의 문구를 기재하여야 한다. 'Pay to Korea Exchange Bank or Order the Sum of U.S.$ Three Thousands(U.S.$ 3,000)'와 같이 기재한다.

8) 지급인(drawee)과 지급지

지급인과 지급지를 기재하는 곳으로 지급지는 신용장에 별도 명시가 없는 한 도시명의 표시만으로도 충분하다. 만약 지급지 기재가 없으면 지급인의 표시지로 보충하여 어음 효력을 구제할 수가 있다.

환어음은 지급위탁문언이기 때문에 발행인 이외에 지급인(drawee)이 있어야 한다. 지급인은 제일 왼쪽 하단에 'To ___________'에 지급인의 성명과 주소를 기재하며, 일반적으로 'drawn on(under) __________' 다음에 나타난 당사자와 일치한다. 환어음이 발행될 경우 지급인은 주로 개설은행이 된다.

또한 환어음에는 지급지를 표기하여야 하는데 환어음의 금액을 지급할 장소이다. 지급인과 같이 기재하는 란으로 지급지는 제일 왼쪽 하단에 'To ___________'에 지급인의 성명과 지급지의 주소를 기재하며, 일반적으로 'drawn on(under) ___________' 다음에 나타난 당사자와 일치한다. 환어음이 발행될 경우 지급인은 주로 발행은행이 되며 주소를 기재하면 된다.

9) 발행인의 서명날인

환어음은 행위지법을 따르므로 환어음을 발행하는 자는 신용장상의 수익자 또는 양도받은 경우에는 양수인이 되며 반드시 서명·날인까지 해야 된다. 환어음의 오른쪽 제일 하단에 환어음 발행인의 성명과 서명·날인을 하여야 환어음이 유효하게 된다. 사용되는 발행인의 서명·날인은 화환어음 약정시 은행에 제출된 서명감과 일치하여야 한다.

(2) 임의기재사항

1) 환어음번호

환어음의 번호는 특별한 의미는 없고 발행인이 후일에 참고하기 위하여 환어음 번호를 기재할 수도 있다. 환어음의 번호는 발행인인 수출업자가 임의로 정한다.

2) 원본의 표시

환어음은 복본(複本)으로 발행되는데 그 중 어느 하나가 지급되면 나머지 원본은 자동적으로 무효가 된다. 환어음이 복본으로 발행되면 본 환어음이 몇 번째 원본인지를 표시하여야 한다. 예컨대 첫 번째 원본인 경우(두 번째 원본은 지급되지 않음) 이를 지급해 줄 것을 요청하는 문언 'the first bill of exchange(second of the same tenor and date being unpaid)'가 기재된다. 두 번째 원본의 경우(첫 번째 원본은 지급되지 않음) 이를 지급해줄 것을 요청하는 문언을 첫 번째의 원본과는 반대로 'the second bill of exchange(first of the same tenor and date being unpaid)'로 기재한다.

3) 대가문언

아무런 대가없이 개설되는 환어음은 융통어음으로 국가에 따라서는 이를 무효로 하는 경우도 있다. 따라서 환어음상에는 지급인으로부터 어음금액을 수취하였다는 문언인 'value received and charged the same to account of ________'을 기재한다.

4) 신용장번호, 발행일자, 은행명

신용장에 의거하여 환어음이 발행되는 경우 근거가 되는 신용장의 발행은행명, 발행일자, 신용장번호 등을 기재한다.

5) 이자문언

확정일출급 또는 일부후 정기출급에는 사전에 이자를 계산해서 어음금액을 정하기 때문에 이자문언의 기재가 필요없으나, 일람출급어음이나 일람후정기출급환어음의 경우에는 이자문언이 기재된다. 어음상에 기산일이 없으면 어음 발행일을 기산일로 간주하여 기산일로부터 지급일간에 일정률에 따라 이자를 지급인으로 하여금 지급하게 한 문언을 이자문언 이라고 하는데, 이자문언이 기재된 어음을 interest bill이라고 한다.

BILL OF EXCHANGE

No ____________________ DATE____________________

FOR____________________

AT________________________ SIGHT OF THIS FIRST BILL OF EXCHANGE (SECOND OF THE SAME TENOR AND DATE BEING UNPAID) PAY TO *KOREA EXCHANGE BANK* OR ORDER THE SUM OF

VALUE RECEIVED AND CHARGE THE SAME TO ACCOUNT OF__________

____

DRAWN UNDER____

L/C NO.________________________ DATED ______________________

TO ____________________________

____

____

____

(외 511) (20.0 × 12.0) 모조 120G/m2(19. 8. 29 개정) (2-1)

제3절 선적서류

Ⅰ. 선적서류의 개념

신용장거래에서 선적서류라 함은 관례적으로 무역서류 또는 수출대금 회수를 위한 모든 서류를 포함하는 것으로 간주되고 있다.

따라서 운송서류라 하는 것은 무역거래에 필요한 여러 서류로서 선화증권, 상업송장, 보험증권 등을 지칭한다. 그리고 신용장에서 요구하는 서류가 있는 경우 그러한 서류도 선적서류의 개념에 포함된다.

이러한 서류는 정확한 명칭이 확립되어 있지 아니하여 각기 다른 표현을 사용하고 있으나, 실무에서는 이를 매입(네고)서류(negotiation documents)라고도 한다.

기본적인 선적서류 이외에도 항구 간 선화증권, 해상화물운송장, 용선 선화증권, 복합운송증권, 철도, 도로, 내수로 화물수취증, 항공화물운송장, 특사배달, 우편수취증, 운송주선인 선화증권 등 운송과 직접 관련된 각종서류는 물론이거니와 원산지증명서, 포장명세서, 중량증명서, 검사증명서 등도 포함되는 것으로 간주하고 있다.

Ⅱ. 선적서류의 종류

1. 선화증권

(1) 선화증권의 개념

선화증권(Bill of Lading : B/L)은 특정화물을 송화인(수출업자)으로부터 수취하여 이를 약정된 양륙지까지 운송하고, 수화인(수입업자 또는 그 대리인)에게 본 증권과의 상환으로 화물을 인도할 것을 약속하는 운송인이 발행하는 물권적 유가증권을 말한다.

(2) 선화증권의 기능과 특성

선화증권은 권리증권이며 물품의 수취증이자 운송계약의 추정적 증거가 된다.

구체적으로 ① 선화증권은 증권을 소유한 자가 물품의 인도를 주장할 수 있는 권리증권(title documents)으로서의 기능을 갖고 있다.

② 선화증권은 상품이 운송을 위하여 운송인에게 인도되었음을 증명하는 물품의 수취증(receipt for goods)이다.

③ 선화증권은 운송인과 송화인간에 운송계약을 체결하였음을 증명하는 운송계약체결의 추정적 증거(evidence of contract of carriage)가 된다. 선화증권은 권리증권으로서 기능을 가지고 있기 때문에 소지인의 권리가 인정되며 제3자에게 권리의 양도가 가능하다는 점에서 다른 운송서류와 차별성을 갖는다.

또한 선화증권은 해상운송에 있어서 필수 불가결한 것으로 다음과 같은 특성을 갖고 있다.

① 요인성: 운송계약을 체결함으로써 선박회사가 운송화물을 수취, 선적하였다는 전제하에 선화증권이 발행되므로 요인증권에 해당한다.

② 요식성: 선박의 명칭, 국적, 톤수, 운송화물의 종류와 개수, 기호 등을 기재하고 발행자가 기명날인하여야 효력이 인정되므로 요식증권이라고 할 수 있다.

③ 문언성: 선화증권이 발행되면 운송인과 송화인의 의무는 선화증권상에 명기된 문언에 의하여 이행되어야 하며, 그 이외의 사항은 명기된 문언에 반하여 임의로 해석될 수 없다.

④ 유통성: 선화증권은 화물을 대표하는 유가증권으로서 증권의 발행인이 배서를 금지하는 문구를 기재하지 않는 한 배서 또는 인도에 의하여 소유권이 이전될 수 있다.

⑤ 대표성: 선화증권은 운송화물을 대표하는 대표증권으로서, 소지인이 선박회사에 화물의 인도를 청구할 수 있는 채권증권이다.

(3) 선화증권의 기재사항

1) 법적 기재사항

선화증권은 요식증권이므로 상법에서 요구하고 있는 법적 기재사항이 모두 명시되어야 한다. 다만 항해술의 발달 등으로 인하여 선장명이나 국적은 표시되지 않는 것이 일반적이다. 일반적으로 ① 선박명, 국적, 톤수, ② 선장명, ③ 운송물의 종류, 중량, 용적, ④ 송화인(送貨人)의 성명, ⑤ 선적항, ⑥ 양륙항, ⑦ 수화인(受貨人)의 성명, ⑧ 운임, ⑨ 작성 일자, ⑩ 복본 발행의 경우 발행 통수 등이 기재된다.

2) 임의 기재사항

임의기재사항은 선화증권의 효력에 미치지 않는 범위 내에서 당사자가 참고할 수 있는 내용을 말한다. 일반적으로 ① 운송인의 면책내용, ② 신용장 번호, ③ 발행번호, ④ 기타 필요한 사항 등이 기재되어 있다.

(4) 선화증권의 종류

1) 선적여부에 따른 분류

선화증권은 운송되는 상품이 선적된 후에 발행되느냐 선적전에 발행되느냐에 따라 구분된다.

① 선적선화증권(shipped B/L)

화물이 본선에 적재된 후에 발행되는 선화증권으로 무역거래를 이행할 때 별도의 명시가 없으면 선적선화증권이 제시되어야 한다.

② 수취선화증권(received B/L)

운송인이 화물을 수취한 후에 발행하는 선화증권으로서 계약물품이 실제적으로 선적되지 않은 상태에서 발행한 것을 수취선화증권이라고 한다.

2) 고장여부에 따른 분류

① 무고장선화증권(clean B/L)

선화증권의 비고(remark)란에 화물의 외관이나 포장에 이상이 있음을 나타내는 단서조항이 명시되지 않은 선화증권을 말한다.

② 고장선화증권(foul or dirty B/L)

단서조항이 화물에 이상이 있음을 나타내는 조항이 기재된 선화증권을 말한다. 선적시 일등항해사가 화물을 인수하는 과정에서 이상이 있는 화물이 발견되면 본선수취증(Mate's Receipt : M/R)에 그러한 사실을 기재하게 된다. 이러한 하자사항이 기재된 본선수취증일 경우에 고장선화증권이 발행되는데, 은행은 이 고장선화증권이 제시되면 대금지급을 거절하게 된다.

3) 수화인의 표시방법에 따른 분류

① 기명식 선화증권(straight B/L)

선화증권의 수화인 란에 수화인명이 명시되어 있어 타인이 화물을 수취할 수 없도록 되어 있는 선화증권을 말한다.

② 지시식 선화증권(order B/L)

수화인 란에 "order", "to order of"라는 표기가 있는 증권으로, 수화인 또는 그 대리인이 화물을 수취할 수 있도록 허용된 선화증권을 말한다.

4) 통과선화증권(through B/L)

화물이 목적항까지 운송되는 도중에 환적이 될 경우, 최초의 운송인이 최종 목적지까지 운송을 보장하고 최초의 운송인이 발행하는 선화증권을 말한다.

선화증권(Bill of Lading)

Shipper YOUNGWOO TRADING CO., LTD.	SKSM05050511
② Consignee TO ORDER	TAE KYUNG SHIPPING CO., LTD. COPY NON NEGOTIABLE
③ Notify Party ASHLEY CO., LTD 33, BROADWAY, NEWYORK, USA	

④ Local Vessel	⑦ From ABC, KOREA		
⑤ ocean Vessel ARIRANG	⑧ Voyage No.	⑪ Flag KOREA	⑫ Final destination
⑥ Port of Loading BUSAN, KOREA	⑨ Port of Discharge NEWYORK, USA	⑬ For transhipment to	

⑭ Marks and Numbers	⑮ No & Kind of Pkgs	⑯ Description of Goods	⑰ Gross Weight	⑱ Measurement
		DRIED LAVER		
	85 C/T		850KGS	
	35 C/T		350KGS	
	**			
	120 C/T	TOTAL	1,200KGS	1,400KGS

L/C NO.: LC-350-217332

⑲ Total number of Packages or units (in words)	SAY: ONE HUNDRED TWENTY (120) CARTONS ONLY.

⑳ Freight & charge	㉑ Revenue tons	㉒ Rate	㉓ Per	㉔ Prepaid	㉕ Collect

"FREIGHT PREPAID"

㉖ Freight prepaid at BUSAN, KOREA	㉘ Freight payable at	㉚ Place of issue BUSAN, KOREA
㉗ Total prepaid in	㉙ No. of original B/L THREE(3)	㉛ Date of issue OCT. 05, 2021

Laden on Board the Vessel ㉜ Date OCT. 05, 2021 ㉝ By	㉞ TAE KYUNG SHIPPING CO., LTD, PRESIDENT By

2. 상업송장

(1) 상업송장의 개념

상업송장(commercial invoice)은 수출업자가 수입업자 앞으로 발행하는 물품에 대한 대금청구서, 매매물품의 명세서 등 선적안내서로 사용되는 사용문서이다. 수출업자가 상품을 제대로 제공하였다는 사실을 선언하는 서류이므로 상품에 대한 명칭이나 상태가 기재되어야 한다. 수출업자는 자신이 제공하는 상품에 대한 명칭이나 상태에 대하여 가장 잘 알고 있는 당사자이므로 수입업자는 수출업자가 작성한 서류에 의거하여 상품의 상태를 파악할 수밖에 없다.

따라서 상업송장의 명세가 신용장의 명세와 동일할 때 신용장 조건을 만족시키는 것으로 판단하게 된다.

(2) 상업송장의 기능

1) 출하안내서

상품 출하를 증명하는 송화 명세서이며 출하안내서의 역할을 한다.

2) 가격계산서

상품의 원가에서부터 운임, 보험료 등 상품의 가격을 구성하는 내역서이며, 대금청구서의 역할을 한다.

3) 수입서류

수입 통관시 세관에 제출해야 하는 세관신고의 증빙자료의 역할을 한다. 세관에서는 이를 과세가격을 평가하는 기준으로 삼는다.

(3) 송장의 종류

1) 상업송장(commercial invoice)

무역거래에서 실제로 사용되는 송장을 말한다. 이러한 송장에는 상품을 선적한 후에 발행되는 선적송장과 선적되기 전에 미리 작성하는 견적송장으로 구분된다.

① 선적송장(shipping invoice)

실제 선적이 이루어진 후 발행되는 송장을 말한다.

② 견적송장(proforma invoice)

앞으로 상품이 선적될 것을 예상하고 미리 작성하는 서류로, 송장의 기능보다는 가격견적서의 역할을 한다. 즉 매매계약 성립 이전에 수출자가 수입자에게 제시하는 거래물품의 가격 계산 자료이다.

견적송장도 계약의 주요내용을 포함하고 있고 수출자의 제안에 수입자가 승낙하면 계약서로서 효력을 가진다

③ 견본송장(sample invoice)

견본을 발송할 때 작성되어 첨부되는 송장을 의미한다.

④ 위탁매매송장(consignment; indent invoice)

위탁매매시에 사용되는 송장을 말한다.

2) 공용송장(official invoice)

공공단체 또는 수입국의 영사가 발행 또는 배서한 송장을 말한다.

① 영사송장(consular invoice)

수입물품의 가격을 높게 책정하여 외화를 도피하거나 낮게 책정하여 관세를 포탈하는 것을 방지하기 위하여, 또는 원산지를 확인하기 위하여 수출국에 주재하는 수입국 영사가 수출업자가 작성하여 제시한 송장에 배서해 주는 송장을 말한다.

② 세관송장(customs invoice)

수입국의 세관에 제출하는 송장으로 수입물품에 대한 과세가격의 기준이나 덤핑유무의 확인, 쿼터품목의 통상기준량의 계산, 수입통계 등의 목적으로 작성된다. 별도의 양식을 요구하는 국가도 있고, 세관이 요구하는 항목이 모두 기재되어 있는 경우에는 상업송장으로 대체하는 나라

도 있다.

(4) 상업송장의 유의사항

① 상업송장은 신용장 발행의뢰인 앞으로 작성되어야 한다.

② 송장상의 총액은 신용장금액을 초과하지 않아야 한다.

③ 송장상의 상품명세는 신용장상의 상품명세와 일치하여야 한다. 상업송장 이외의 서류상의 상품명세는 신용장의 명세와 모순되지 않는 일반적인 용어로 기재할 수 있어야 하지만, 상업송장의 명세는 보다 엄밀일치의 원칙이 적용된다.

④ 환어음금액과 송장금액은 일치하여야 한다.

⑤ 미국으로 수출하는 신용장의 경우에는 송장상의 Seller란 우측상단에 MID code(제조업체 신분확인 코드)를 기재하여야 한다.

상업송장(COMMERCIAL INVOICE)

1. Shipper/Exporter YOUNGWOO TRADING CO., LTD. 27, SHINJUNGDONG, GANGSEOGU, SEOUL, KOREA TEL) +82-02-2832-3534		8. No. & date of invoice SM210512 AUG. 31, 2021 9. No. & date of L/C 270112-1102756PEE 210809		
2. Applicant ASHLEY CO., LTD 33, BROADWAY NEW YORK, USA		10. L/C issuing bank ZIONS BANK, USA		
3. Notify party SMITH TRANSPORT CO., 1290 EAST 1100 NORTH, 8700 OLDMAINHILL LOGAN, UTAH, USA		11. Remarks ORDER: 111124691 FORWARDER: SMITH TRANSPORT CO. L/C 30 DAYS AFTER SHIPMENT DATE FOB BUSAN PORT KOREA		
4. Port of loading BUSAN PORT KOREA	5. Final destination NEW YORK PORT, USA			
6. Carrier BY ARIRANG	7. Sailing on or about SEP.20,2021			
12. Marks and numbers of Packages	13. Description of goods	14. Quantity/Unit	15. Unit-price	16. Amount
	FOB BUSAN PORT AS PER PROFORMA INVOICE NO SM210912 DD 19/07/2021 AND PURCHASE ORDER NO 12356 DD 18/07/2021.			
	COLOR TV SM1234	20SETS	USD 300	USD 6,000.00
	COLOR TV SM1235	20SETS	USD 800	USD 16,000.00
	COLOR TV SM1236	30SETS	USD 866	USD 25,980.00
	TOTAL	70 SETs		USD 47,980.00

//

17. P.O.Box:
Cable address:
Telex code:
Telephone No.:

18. Signed by ____________________

3. 보험서류

(1) 보험서류의 개념

무역거래가 CIF조건 또는 CIP 조건으로 이루어지는 경우 수출업자는 보험서류(insurance document)를 제시하여야 한다. 보험서류는 계약물품을 운송하는 도중에 해상사고나 여러 위험으로부터 발생될 수 있는 손해에 대하여 보험을 부보(付保)하고 이에 대하여 보험자로부터 발급받는 증거서류를 의미한다.

보험과 관련된 서류로는 보험증권(insurance policy), 보험증명서(insurance certificate), 보험승낙서(cover note) 등이 있다. 보험서류가 요구되는 경우, 별도로 약정되지 않는 한 보험증권이 제시되면 이는 수리된다.

개설의뢰인이 보험증명서를 요구하더라도 보험증권을 제공할 수 있다. 그러나 보험증권을 요구하는 경우 보험증명서를 제시하여서는 안 된다.

(2) 발행조건

보험서류는 보험회사, 보험업자, 또는 그 대리인이 발행·서명하여야 한다. 보험중개인이 발행하는 보험승낙서(cover note)인 부보각서는 수리되지 않으며 최저부보금액은 물품금액의 CIF 가격 또는 CIP가격에 10%를 가산한 금액이 되어야 한다.

최저부보금액은 문면 상으로 산출할 수 있는 경우 상품금액의 CIF가격 또는 CIP가격에 10%를 가산한 금액, 상품금액을 산출할 수 없는 경우 신용장금액 또는 송장금액 총액의 110% 가운데 큰 금액을 최저부보금액으로 한다.

보험서류는 신용장과 동일한 통화로 표시되어야 하며 보험사고가 발생한 경우 보험금 지급지는 수익자가 소재한 곳으로 지정되어야 한다.

해상보험증권

THE SUNNY FIRE & MARINE INSURANCE CO,.LTD.
Address: 110, Jungdong, Jung-Ku, Seoul, Korea.
Telephone: 02-2340-8787, 8788

<table>
<tr><td colspan="2">Policy No. 07-6-A-5121345</td><td>Date: Oct. 19.2021</td><td>Assured(s), etc. YOUNGWOO CO.,.LTD.</td></tr>
<tr><td colspan="2">Consignee
TO THE ORDER OF ZIONS BANK</td><td>Buyer(if not consignee)
ASHLEY CO, 33, BROADWAY, NEWYORK, U S A</td><td>Assured Reference
INVOICE NO 31-8722B</td></tr>
<tr><td colspan="3">Claim, if any, payable at/in
ASHLEY CO, 33, BROADWAY, NEWYORK, U S A
TEL: (2855) 33564354 FAX: (2855) 33564354</td><td>Amount insured hereunder
USD88,000.00(USD80,000.00 X 110.00%)</td></tr>
<tr><td colspan="3">Survey should be approved by: SAME AS ABOVE</td><td rowspan="6">Conditions and Warranties

INSTITUTE CARGO CLAUSE(A),
INSTITUTE WAR CLAUSE(CARGO),
INSTITUTE STRIKES CLAUSE(CARGO)</td></tr>
<tr><td colspan="3">Vessel or Aircraft
ARIRANG SHIPPING CO,</td></tr>
<tr><td>Port of Discharge
NEWYORK PORT</td><td colspan="2">Sailing on or about
OCT. 27, 2021</td></tr>
<tr><td>At and from
BUSAN PORT, KOREA</td><td colspan="2">Transhipped at</td></tr>
<tr><td>Arrived at
NEW YORK PORT, U.S.A</td><td colspan="2">Thence to</td></tr>
<tr><td colspan="3">Subject-matter Insured 3,500PCS OF Computer
Marks and Numbers as per Invoice No specified above</td></tr>
<tr><td colspan="3">Place and Date singed in SEOUL, KOREA

CONDITIONS
IMPORTANT
PROCEDURE IN THE EVENT OF LOSS OR DAMAGE WHICH MAY GIVE ARISE TO A CLAIM.
LIABILITY OF CARRIERS, BAILEES OR OTHER THIRD PARTIES
INSTRUCTIONS FOR SURVEY

DOCUMENTATION OF CLAIMS</td><td>Numbers of Policies issued 2

In the event of loss or damage arising under this Policy, no claims will be admitted unless a survey has been held with the approval of this Company's office or Agents specified in this policy

THE SUNNY FIRE & MARINE INSURANCE CO.,LTD.

AUTHORIZED SIGNATURE</td></tr>
</table>

4. 복합운송증권

화물이 육상, 해상, 항공 등 세 가지의 운송방법 중 어느 두 가지 이상의 운송방법을 이용하여 운송될 때 이를 복합운송이라 한다. 복합운송증권(multimodal transport document)은 복합운송에 의하여 화물이 운송될 경우 발행되는 운송서류로써 복합운송인, 선장, 운송인 또는 대리인이 발행한다. 복합운송은 그 특정상 선박에 적재되는 것보다는 화물이 발송, 수탁, 적재될 때 운송서류가 발행된다. 따라서 복합운송서류 발행일자는 선적일자로 간주한다.

5. 항공화물운송장

항공화물운송장(Air waybill: AWB)은 화물을 항공기로 운송할 때 항공운송인 또는 항공운송인의 지정 대리인이 화물을 수취하였음을 증명하는 수취증으로 발행된다. 항공운송서류는 국제항공운송협회(International Air Transport Association: IATA)에 의해 양식과 발행방식이 통일되어 있으며 기명식으로 발행되는 비유통증권이다.

6. 포장명세서

포장명세서(packing list)는 상업송장의 부속서류로서 주로 화물을 식별하기 위하여 상품의 포장에 관한 상세한 정보를 제공하는 서류이다. 특히 오늘날과 같이 물류의 중요성이 강조되는 시점에서는 상품의 포장을 해체하지 아니하고 상품의 내용을 확인할 수 있도록 수입상들이 포장명세서를 요구하는 경우가 점차 증가하고 있다.

상업송장에는 화인과 화번, 물품명세, 수량/단위, 단가, 금액 등을 기재하도록 되어 있으나, 포장명세서에는 단가와 금액은 생략하고 순중량,

총중량, 용적 등을 기재한다. 일반적으로 상업송장은 계약물품 전체에 대하여 한 장으로 작성되지만, 포장명세서는 포장단위별로 작성된다.

따라서 포장명세서는 선사와 운송계약 체결시에 운임산정의 기준으로 활용되고 있으며, 사고발생시 개별화물의 파손내역을 쉽게 확인할 수 있게 해준다. 또한 수출입통관 절차 또는 유통단계에서 화물을 분류하거나 검량/검수인이 화물을 조사하는데 활용되기도 한다.

포장명세서(PACKING LIST)

1. Shipper/Exporter YOUNGWOO TRADING CO., LTD. 27, SHINJUNGDONG, GANGSEOGU, SEOUL, KOREA TEL) +82-02-2832-3534	8. No. & date of invoice SM210512 AUG. 31, 2021 9 .No. & date of L/C 270112-1102756PEE 210809
2. Applicant ASHLEY CO., LTD 33, BROADWAY NEW YORK, USA	10. L/C issuing bank ZIONS BANK, USA
3. Notify party SMITH TRANSPORT CO., 1290 EAST 1100 NORTH, 8700 OLDMAINHILL LOGAN, UTAH, USA	11. Remarks ORDER: 111124691 FORWARDER: SMITH TRANSPORT CO. L/C 30 DAYS AFTER SHIPMENT DATE FOB BUSAN PORT KOREA
4. Port of loading BUSAN PORT KOREA 5. Final destination NEW YORK PORT, USA	
6. Carrier BY ARIRANG 7. Sailing on or about SEP.20,2021	

12.Marks and numbers of PKGS	13.Description of goods	14.Quantity/Unit	15.NET-WEIGHT	16.GROSS-WEIGHT	17.MEASUREMENT

FOB BUSAN PORT
AS PER PROFORMA INVOICE NO SM210912 DD 19/07/2021 AND
PURCHASE ORDER NO 12356 DD 18/07/2021.

C/T NO. 1~20	SM1234	20 SETS	700.4KG	950.2KG
C/T NO. 21~40	SM1235	20 SETS	801.3KG	1,013.2KG
C/T NO. 41-70	SM1236	30 SETS	914.4KG	1,156.6KG
TOTAL		(70 SETS)	2,416.1KG	3,120 KG

//

17. P.O.Box:
Cable address:
Telex code:
Telephone No.:

18. Signed by ____________

7. 원산지증명서

원산지증명서(certificate of origin)라 함은 거래의 대상이 되는 상품이 수출국에서 생산 또는 재배된 것임을 입증하는 서류로서, 거래대상국의 판별이나 양허관세율의 적용 등을 위하여 사용하고 있다.

오늘날 대부분의 국가들은 관세특혜의 부여 또는 공정한 무역거래질서의 확립을 위해 수입통관 시 원산지증명서를 요구하고 있다. 우리나라에서는 대한상공회의소와 세관에서 원산지증명서를 발급해 주고 있다. 이러한 원산지증명서는 구체적 용도에 따라 다음과 같이 구분된다.

(1) Certificate of Origin(C/O)

일반 원산지증명서로 가장 많이 쓰이는 양식이다. 특정국으로부터의 수입을 제한하거나 국별 수출입통계를 작성하는데 이용된다. 일정한 인쇄양식에 해당되는 내용만 기재·서명하여 상공회의소에 제출하면 곧 발급받을 수 있다.

(2) GSP C/O

일반특혜관세제도란 선진국들이 개발도상국의 수출확대 및 공업화를 촉진하는데 도움을 주기 위하여 개발도상국으로부터 수입되는 농수산품 및 공산품에 대해서는 무관세 또는 저율의 관세를 부과하여 관세상의 특혜를 부여하는 제도를 말한다. UNCTAD의 일반특혜관세제도 하에서 특혜관세의 적용을 받기 위해서 이용되는 것이 「일반특혜관세제도 원산지증명서(Generalized System of Preferences Certificate of Origin:GSP C/O)」라고 하며 「Form A」라고도 한다.

우리나라는 GATT 동경라운드(Tokyo round)에서 채택된 개도국 졸업조항의 적용을 받아 1989년 1월 2일부터 미국의 일반특혜관세 수혜국에서 제외되었다. GSP 관세혜택을 받기 위해서는 공여국이 당해 특혜대상품목에 대해 설정한 원산지규정을 충족시켜야 한다.

GSP특혜용 원산지증명서(Form A)

1. Good consigned from(Exporter's business name, address, country)
수출자(상사명, 주소 및 국명)

2. Goods consigned to(Consignee's name, address, country)
수입자(상사명, 주소 및 국명)

Reference No.번호

**Generalized System of Preferences
Certificate of Origin
특혜관세용 원산지증명서**

(Combined declaration and certificate)
(신고 및 증명 겸용)

Issued in ______________________

(Country)

※ See notes overleaf 뒷면 참조

3. Means of transport and route(as far as known)
운송수단 및 경로

4. For official use
공용란

5. Tariff item number HS번호	6. Marks and numbers of packages 포장기호 및 번호	7. Number and kind of packages : description of goods 포장 수량 및 종류; 상품명	8. Origin criterion (see notes overleaf) 원산지기준 (뒷면참조)	9. Gross weight or other quantity 총중량 또는 기타 수량	10. Number and date, of invoices 송장번호 및 일자

11. Certificate 증명
It is hereby certified, on the basis of control carried out, that the declaration by the exporter is correct.
심사결과, 수출자의 신고가 정당하다는 것을 증명함

____

Place and date, signature and stamp of certifying authority
증명발급지, 발급년월일, 증명발급기관의 서명 및 소인

12. Declaration by the exporter 수출자의 신고
the undersigned hereby declares that the above details and statements are correct : that all the goods were produced in
아래의 자는 상기 기재내용이 정확하며, 모든 물품이 (국가명)에서 생산되고,

____

(country)

and that they comply with the origin requirements specified for those goods in the Generalized Special Preferences for goods exported to
일반특혜관세규정상 하기 수입국의 원산지기준에 합치한다는 것을 신고함

____

(importing country)

____

Place and date, signature of authorized signatory
작성지, 작성년월일, 서명권자의 서명

(3) 범개도국간 무역특혜용 원산지증명서(GSTPCO)

GSTPCO(Global System of Trade Preferences among Developing Countries Certificate of Origin)는 일부 개도국들이 개도국 상호간의 무역에 대한 관세 및 비관세장벽을 완화하여 무역, 생산 및 고용증진을 도모하기 위하여 G.S.T.P협정을 체결하고, 여기에 가입한 개도국간에 관세상의 특혜를 부여하는데 이용되는 일종의 특혜관세용 원산지증명서를 말한다.

GSTP특혜용 원산지증명서(Form A)

<table>
<tr><td colspan="3">1. Good consigned from(Exporter's business name, address, country)
수출자(상사명, 주소 및 국명)</td><td colspan="3" rowspan="2">Reference No.번호
Global System of Trade Preferences
Certificate of Origin
개도국간 특혜무역제도(GSTP) 원산지증명서
(Combined declaration and certificate)
(신고 및 증명 겸용)
Issued in ____________
(Country)
※ See notes overleaf 뒷면 참조</td></tr>
<tr><td colspan="3">2. Goods consigned to(Consignee's name, address, country)
수입자(상사명, 주소 및 국명)</td></tr>
<tr><td colspan="3">3. Means of transport and route(as far as known)
운송수단 및 경로</td><td colspan="3">4. For official use
공용란</td></tr>
<tr><td>5. Tariff item number
HS번호</td><td>6. Marks and numbers of packages
포장기호 및 번호</td><td>7. Number and kind of packages : description of goods
포장 수량 및 종류; 상품명</td><td>8. Origin criterion (see notes overleaf)
원산지기준 (뒷면참조)</td><td>9. Gross weight or other quantity
총중량 또는 기타 수량</td><td>10. Number and date, of invoices
송장번호 및 일자</td></tr>
<tr><td colspan="3">11. Certificate 증명
Declaration by the exporter 수출자의 신고
the undersigned hereby declares that the above details and statements are correct : that all the goods were produced in
아래의 자는 상기 기재내용이 정확하며, 모든 물품이 (국가명)에서 생산되고,
____
(country)
and that they comply with the origin requirements specified for those goods in the Global System of Trade Preferences for goods exported to
개도국간 특혜무역제도상 하기 수입국의 원산지기준에 합치한다는 것을 신고함
____
(importing country)
____
Place and date, signature of authorized signatory
작성지, 작성년월일, 서명권자의 서명</td><td colspan="3">12. Certificate 증명
It is hereby certified, on the basis of control carried out, that the declaration by the exporter is correct.
심사결과, 수출자의 신고가 정당하다는 것을 증명함
____
Place and date, signature and stamp of certifying authority
증명발급지, 발급년월일, 증명발급기관의 서명 및 소인</td></tr>
</table>

원산지증명서(CERTIFICATE OF ORIGIN)

<table>
<tr><td>1. Exporter(Name,address,country)
YOUNGWOO TRADING CO., LTD.
27, SHINJUNGDONG, GANGSEOGU,
SEOUL, KOREA
TEL) +82-02-2832-3534</td><td>CERTIFICATE OF ORIGIN
issued by
THE SUNCHEON CHAMBER OF COMMERCE
Suncheon, Republic of Korea</td></tr>
<tr><td>2. Consignee (Name, address, country)
TO THE ORDER OF ASHLEY CO., LTD
33, BROADWAY
NEW YORK, USA</td><td>3. Country of Origin

The Republic of Korea</td></tr>
<tr><td>4. Transport details
FROM: BUSAN PORT, KOREA
TO: NEW YORK PORT, USA
BY: ARIRANG
ON OR ABOUT: 20 SEP. 2021</td><td>5. Remarks
ORDER: 111124691
FORWARDER: SMITH TRANSPORT CO.
L/C 30 DAYS AFTER SHIPMENT DATE
FOB BUSAN PORT KOREA</td></tr>
<tr><td colspan="2">6. Marks & numbers; number and kind of packages; description of goods   7. Quantity

FOB BUSAN PORT
AS PER PROFORMA INVOICE NO SM210912 DD 19/07/2021 AND
PURCHASE ORDER NO 12356 DD 18/07/2021.

C/T NO. 1~20   SM1234   20 SETS   700.4KG   950.2KG
C/T NO. 21~40   SM1235   20 SETS   801.3KG   1,013.2KG
C/T NO. 41-70   SM1236   30 SETS   914.4KG   1,156.6KG

TOTAL   (70 SETS)   2,416.1KG   3,120 KG

//</td></tr>
<tr><td>8. Declaration by the Exporter
The undersigned, as an authorized signatory, hereby declares that the above-mentioned goods were produced or manufactured in the country shown in box 3.

(Signature)

(Name)   PRESIDENT · KIM JANG IL</td><td>9. Certification
The undersigned authority hereby certifies that the goods described above originate in the country shown in box 3 to the best of its knowledge and belief.

14 SEP 2021
Authorized Signatory</td></tr>
</table>

8. 검사증명서

검사증명서(certificate of inspection)에는 수출업자와 수입업자가 체결한 매매계약서에 명시된 수출품의 품질에 대하여 이상이 없음을 증명하는 서류로서, 여러 형태로 발급·사용되고 있기 때문에, 검사원의 주소·성명과 검사증명서의 발행권자를 신용장상에 명시하여야 한다. 그러한 표시가 없이 단순히 검사증명서를 요구할 경우 수출업자가 검사하고 수출업자가 발행하는 검사증명서를 제출할 수 있다.

검사증명서는 일반적으로 정부기관이나 독립적인 검사기관 등 중립적인 성격을 가진 기관으로부터 발급하지만 매매계약이나 신용장상에서 요구하는 발급기관이 있으면 그 요건에 맞춰 입수하면 된다.[2)]

2) 장홍훈·장동식·이재은, 『전게서』, 2019, pp. 465-478.

8
chapter

국제운송

무역거래는 그 특성상 해상운송, 복합운송, 항공운송과 불가분의 관계에 있다. 해상운송은 다른 운송방법과는 달리 대량의 물품을 저렴한 비용으로 안전·정확하게 운송할 수 있다는 장점을 갖고 있고, 본 장의 제1절에서는 해상운송의 형태, 해상운송계약, 해운동맹, 해상화물의 컨테이너화에 대한 분석을 통하여 해상운송의 본질과 사용방안을 분석한다. 제2절에서는 복합운송을 검토하고, 제3절에서는 항공운송을 살펴보기로 한다.

제 1 절 해상운송

Ⅰ. 해상운송의 의의

해상운송(shipping or ocean transportation), 즉 해운이란 선박을 운송수단으로 하여 타인의 화물이나 사람을 운송하고 그 대가로 운임을 취득하는 상행위를 말한다.

물론 무역의 경우에는 화물의 운송이 주된 관심의 대상이 된다. 해운의 1차적 의의는 다른 운송형태와 마찬가지로 재화의 공간적 거리극복과 장소적 이동을 통해 재화의 장소효용을 극대화시키는 것이다.

특히 해상운송은 대량운송에 적합하고, 장거리 운송과 운임이 저렴하다는 장점으로 인해 국제무역에 가장 적합한 운송형태로 간주되며, 우리나라 수출입화물의 99% 이상을 처리해 오고 있다.

Ⅱ. 해상운송의 형태

1. 정기선

정기선(liner)은 사전에 확립된 운항일정에 따라 정해진 항로를 규칙적으로 반복 운항하는 형태로 소량의 공산품 또는 잡화를 개품운송계약에 따라 실어 나르는데 이용되고 있다.

정기선운송의 특징은 화물이 많고 적음에 관계없이 특정한 항로를 일정한 스케줄에 맞춰 규칙적으로 반복 운항하기 때문에 행선지, 출발시간, 도착시간이 일정하다.

정기선운송은 일반적으로 해운동맹이 제정한 공동운임률표(tariff

schedule)를 적용해서 장기적·안정적으로 일정량의 선복을 화주에게 제공한다.

여기서 해운동맹(shipping conference)이란 특정한 정기항로에 취항하고 있는 둘 이상의 선박회사들이 기업 상호간의 독립성을 유지하면서 선사들 간의 과당경쟁을 방지하기 위해 운송에 관한 각종 조건(운임료, 기항지, 취항회수, 화물의 종류 및 수량)들에 대해 협정을 체결하고 있는 일종의 국제카르텔을 말한다.

정기선 운송의 특징은 부정기선과 달리 반복운항, 운임률공시, 고운임 및 위험서비스, 표준화된 계약, 공공서비스의 성질을 갖는다. 정기선 운임의 산정기준은 운임부담력에 의해 정해지는데 고가품은 운임을 높게, 저가품은 낮게하는 종가운임을 적용한다. 또한 운임은 용적과 중량에 의해 산출되나 선사는 양자가 산출이 가능할 경우에는 더 높은 운임률을 적용한다. 따라서 운임은 중량기준, 가격기준, 용적기준에 의해 산출될 수 있다. 운임의 지급시기에 따라 선적시에 운임이 지급되는 선불(freight prepaid)과 양륙지에서 수화인이 화물을 수령할 때 지불하는 후불(freight collect)이 있다.

무역물동량이 많은 주요 항로에는 대부분 정기선이 취항하고 있으며, 현재 우리나라를 중심으로 개설되어 있는 주요 정기항로를 보면 한·일항로, 동남아항로, 북미항로, 호주항로, 중동항로, 유럽항로 등이 있다.

2. 부정기선

부정기선(tramper)은 정기선의 경우와는 달리 일정한 항로가 없이, 화주가 요구하는 시기와 항로에 선복(船腹 : ship's space)을 제공하는 해상운송형태이다.

부정기선은 선적기일을 맞추기 위해 긴급히 운송되어야 할 화물이나, 곡물·광석·원유·목재 등과 같이 운임부담력이 상대적으로 적은 산화물(bulk cargo), 자동차 등 대상화물에 맞는 시설을 갖춘 특수전용선의 경우에 주로 적용된다. 운임은 그때 그때의 화물의 수요와 공급에 의하여 결정되므로 운임이 수시로 변동된다.

부정기선의 경우 치열한 자유경쟁을 통하여 운임이 결정되므로 정기선의 경우에 볼 수 있는 것과 같은 카르텔의 형성이 어렵다. 따라서 정기선보다 상대적으로 낮은 운임률이 적용되는 것이 보통이다. 정기선은 우리가 항상 이용하는 고속버스와 같은 것이고, 부정기선은 단체로 여행할 때 이용하는 관광버스, 즉 전세버스와 같다고 할 수 있다.

〈표 8-1〉 정기선과 부정기선의 차이점

구 분	정기선	부정기선
운항형태	지정된 항로를 반복적 운항	항로가 일정하지 않고 수요에 의해 결정
운송인형태	공적일반운송인 형태(public common carrier)	사적계약운송인(private contract carrier)
운임부담력	고가화물의 운송이 많고 운임높음 공포된 운임	대체로 저가화물이 운송되므로 정기선보다 운임이 낮음 수요와 공급에 따른 시장운임
운송계약서	통일된 선화증권 발급	용선계약서
운송계약형태	불특정 다수의 화주와 개품운송계약, 소량화주	특정한 용선자와 용선계약, 대량화주
운항선박의 형태	주로 일정규모의 컨테이너선, 일반 화물선	주로 전용선

Ⅲ. 해상운송계약

1. 개품운송계약

주로 정기선의 경우에 이용되는 계약형태로 선박회사가 다수의 화주와 화물에 대한 운송계약을 개별적으로 체결하는 것을 말한다.

세계 주요 항로에는 다양한 국적의 정기선사들이 취항을 하고 있어 일반적으로 우리 주위의 대부분의 무역화물은 개품운송계약(個品運送契約)의 형태로 운송되고 있다.

개품운송계약은 송화인(shipper) 또는 그 대리인이 운송인인 선박회사나 그 대리점에 선복의 사용을 신청하면, 운송인이 이를 수락함으로써 운송계약이 성립된다.

2. 용선운송계약

용선자(송화인)가 선박회사(선주)로부터 항해의 전기간 또는 항해에 대하여 일정기간 선복의 전부 또는 일부를 빌려 화물을 운송하기로 약정하고, 용선자(charterer)는 그 보수로서 운임을 지급하기로 약정하는 계약을 용선운송계약(affreightment contract by charter party)이라고 한다.

이때 계약체결의 증거로 용선계약서(Charter Party : C/P)가 발행된다. 용선계약은 선복의 범위에 따라 전부용선계약(whole charter)과 일부용선계약(partial charter)으로 구분되며, 용선료의 계산방법에 따라 다시 정기용선(time charter)과 항해용선(voyage charter), 그리고 나용선(裸傭船 : bare boat charter) 또는 선박임대차계약(demise charter)으로 구분된다.

(1) 정기용선계약

정기용선계약(time charter contract)은 내항성(seaworthiness)을 갖춘 선박에 필요한 모든 용구와 선원까지 승선시킨 선박을 일정기간 동안 용선하여 그 기간을 기준하여 보수를 지불하는 계약으로 「기간용선계약」이라고도 한다.

선주는 선박의 감가상각비 · 보험료 · 금리 등의 간접비와 선원비 · 수리비 · 선용품비(船用品費) 등의 직접비를 부담해야 하며, 용선자는 용선료 외에 연료비 · 항구세 등의 운항비를 부담한다. 용선료는 기간과 적재

중량톤수에 따라 산정된다.

(2) 항해용선계약

항해용선계약(voyage or trip charter contract)은 어느 특정항구에서 다른 항구까지 1항차 또는 수개항차에 걸쳐 화주(용선주)와 선박회사간에 선박을 용선하는 계약이다. 항해용선계약의 운임은 적재수량(적화톤당)에 의해 결정되는 것이 일반적이지만, 항해용선계약의 변형으로서 적재량에 관계없이 1항차당 운임을 포괄적으로 약정하는 총괄용선계약(lump sum charter)과 1일기준으로 운임을 책정하는 일부용선계약(daily charter)이 있다. 또한 하역비 및 항비 등의 운임을 선주와 용선자 중 누가 부담할 것인지에 따라 gross term charter, net term charter, F.I.O charter, Lump-sum charter 등의 형태가 있다. 항해용선계약서의 서식은 화물이나 항로에 따라 상이하지만, 일반적으로는 영국해운회의소의 GENCON(Uniform General Charter) 양식이 사용되고 있다.

1) 하역비 부담조건

하역(loading and unloading)은 선박에 물품을 적재(loading)하거나 적부(stowage), 양하(unloading; discharging) 등의 모든 작업을 총칭하는 것으로서, 이에 따른 비용을 선주와 화주(용선자) 중에 누가 부담할 것인지에 대하여 문제가 되는 경우가 있으므로 이를 명확히 약정하는 것이 좋다.

① Berth Terms : 본선 적재비용 및 양하비 등의 모든 하역비를 선주가 부담하는 조건으로 정기선의 경우에는 화주가 지급한 운임에 모든 하역비가 포함되기 때문에 「Liner Terms」라고도 한다.

② F.I(Free In) : 선적시에는 선주가 비용을 부담하지 않고 화주가 부담하며, 양하비는 선주가 부담하는 조건을 말한다. 여기에서 'Free'는 선주의 입장에서 비용부담이 없음을 의미한다.

③ F.O(Free Out) : F.I와 반대로 선주는 선적에 따른 적재비용을 부담하고, 양하비는 화주가 부담하기로 약정하는 조건을 말한다.

④ F.I.O(Free In and Out) : Berth Terms의 정반대 조건으로 선적과 양하에 따른 모든 하역비를 화주(용선자)가 부담하는 조건을 말한다.

⑤ F.I.O.S.T(Free In and Out, Stowed, Trimmed) : 선박에의 적재 및 양하비는 물론 본선에의 적부비(stowage) 및 선창내의 화물정리비(trimming charge)를 모두 화주가 부담하는 조건을 말한다.

2) 정박기간의 표시

정박기간(Laydays: Laytime)은 용선자가 계약화물을 하역(loading and unloading)하는데 필요한 일수를 선주에게 보증하는 기간을 말한다. 정박기간을 약정하면 화주는 정해진 기간 내에 화물을 하역하여야 하며, 만일 화주가 약정한 정박기간 내에 하역작업을 완료하지 못하면 선주에게 체선료(demurrage)를 지불하여야 하며, 반대로 약정한 정박기간보다 빨리 하역작업을 완료하면 선주가 화주에게 조출료(despatch money)를 지불하게 된다.

① 체선료

체선료(demurrage)는 초과정박일수에 대하여 화주(용선자)가 선주에게 지불하는 일종의 벌과금으로서 1일 용선료의 60~80%가 된다. 체선료는 사전에 용선계약서에 명시하는 것이 일반적이지만, 그러한 약정을 하지 못한 경우에는 초과정박기간에 대하여 현실적인 실손해액을 계산하여 청구하기도 하는데, 이를 「지체손해금(damages for detention)」이라고 한다.

② 조출료

조출료(despatch money)는 화주(용선자)가 약정한 정박기간보다 빨리 하역작업을 완료한 경우 선주가 용선자에게 지불하기로 약정한 보수를 말하며, 일반적으로 체선료의 50%가 된다.

(3) 나용선계약

나용선계약(bareboat charter contract)은 용선자가 선주로부터 선박

자체만을 임차하여 계약기간에 따른 임차료를 지불하고, 선장, 선원, 장비, 소모품과 선박보험료, 항만비, 항해비, 수리비 등의 일체를 부담하는 형태의 계약을 말하며 「선박임대차계약(demise charter)」이라고도 한다. 우리나라에서는 외국선박을 나용선하여 우리나라의 선원과 장비를 갖추어 다른 나라에 재용선(sub-charter)을 많이 하고 있다.

Ⅳ. 해운동맹

해운동맹(shipping conference; shipping ring)이란 특정의 정기항로에 취항하고 있는 둘 이상의 선사가 대내적으로는 과도한 경쟁을 배제하여 안정적인 운임수입을 확보하고, 대외적으로는 독점력을 강화하여 상호간의 경제적인 지위를 향상시킬 목적으로 결합하여 운임, 적취량, 배선, 기타 운송조건에 관한 협정을 체결한 일종의 국제해운카르텔을 말한다.

해운동맹이 운임에 비중을 두었을 때에는 운임동맹(freight conference)이라고 하고, 항로에 비중을 두었을 때에는 항로동맹(navigation conference)이라고 한다. 그리고 해운동맹에 가입한 회원선사의 선박은 동맹선(member liner)이라고 하고, 해운동맹에 가입하지 않은 선사의 선박은 맹외선(outsider) 또는 비동맹선(non-conference liner)이라고 한다. 해운동맹은 안정된 선복과 운임을 제공함으로써 운임부담능력에 따라 탄력적인 운임을 설정하고 운송항로 및 일정이 확정적이어서 무역거래에 편리한 장점을 제공한다. 반면에 독립적인 성격으로 인하여 불합리한 운임설정과 서비스의 약화, 보복적 차별우대 등으로 인하여 화주들에게 불편을 초래하기도 한다.

세계 최초로 결성된 해운동맹은 1875년의 캘커타 해운동맹이며, 현재 세계의 정기선항로에는 운임동맹을 중심으로 한 약 500개 이상의 해운동맹이 존재하고 있다.

1. 해운동맹의 종류

해운동맹은 가입과 탈퇴의 자유에 따라 개방동맹(open conference)과 폐쇄동맹(closed conference)으로 구분된다.

개방동맹(open conference)은 미국식 해운동맹으로 배선능력이 있는 선사는 누구든지 가입할 수 있고, 탈퇴도 자유롭게 할 수 있는 동맹으로 북미태평양 항로에 참가하고 있는 동맹들이 이에 해당한다.

폐쇄동맹(closed conference)은 동맹선사의 기득권을 보호하고 기존 해운질서를 유지하기 위해 보수적인 규율을 유지하고 있는 동맹으로 가입과 탈퇴가 까다롭고 내부규약이 엄격하게 운영되고 있는 영국식 해운동맹이 여기에 해당한다.

2. 해운동맹의 대내외 경쟁수단

(1) 대내적 경쟁수단

1) 운임협정(Rate Agreement)

해운동맹에 공통되는 기본협정으로 회원사간의 운임경쟁을 지양하기 위하여 회원사간에 협정된 공정운임률(tariff rate)을 공표하여 일정기간 준수하도록 하며, 이를 위반한 경우에는 위약금(penalty)을 지불하도록 하고 있다.

2) 항해협정 (Sailing Agreement)

항해협정은 동맹선사간에 항해선박수의 제한, 배선횟수의 제한, 화물적취량의 제한 등을 협정하고, 이를 초과한 경우에는 위약금을 부과하도록 함으로써 선복과잉에 의한 과당경쟁을 방지할 목적으로 체결된 경쟁방지수단을 말한다.

3) 공동계산협정(Pooling Agreement)

해운동맹의 회원사간에 취할 수 있는 가장 강력한 경쟁제한 수단으로

각 선사가 일정기간(통상 6개월 내지 1년 기준)동안 벌어 들인 운임에서 소정의 항해경비 및 하역비 등을 공제하고 나머지 순수운임을 미리 정한 배분율(pool point)에 따라 조정 · 배분하는 방법이다.

(2) 대외적 경쟁수단

1) 계약운임제(contract rate system)

이중운임제(dual rate system)로서 동맹선만을 이용하는 계약화주에게는 낮은 계약운임율을 적용하고, 비계약화주에게는 보다 고율의 비계약운임율을 적용하는 제도로 화주의 비동맹선 사용을 견제하기 위하여 운영되고 있다.

2) 운임환급제(Deferred Rebate System: DRS)

화주가 일정기간(통상 6개월) 동맹선에만 선적하고 계속하여 다음의 일정기간에도 동맹선에만 선적할 경우에 한하여 앞의 기간에 해당하는 운임총액의 일정비율(약 9.5%)을 환급해 주는 제도를 말한다. 이 제도를 적용받기 위해서는 계속하여 다음에도 일정기간 동안 동맹선을 이용하여야만 유보기간의 운임에 대하여 환급을 받을 수 있다.

3) 성실환불제(Fidelity Rebate System: FRS)

계약운임을 적용받아온 화주가 일정기간(약 4개월) 동안 동맹선사만을 이용했다는 선적증명서(loyalty declaration)를 제시하고 리베이트를 요청하면 화주가 지불한 운임의 일정비율(약 9.5%)을 환불해 주는 제도로서, 유보기간없이 즉시 환불해 준다는 점에서 운임환급제(DRS)와 차이가 있다.

4) 대항선(fighting ship)

통상적으로 맹외선은 동맹선에 대항하기 위하여 동맹선의 운임보다 10-20% 저렴한 운임으로 동맹항로에 취항한다. 이와 같이 동맹항로에 맹외선이 진출하여 운항하는 경우 동맹선사가 공동으로 대항선(투쟁선)을 투입하여 채산성을 고려하지 않고 저렴한 운임으로 동일항로를 운항하게 함으로써 맹외선을 퇴출시키는 방법이다. 이 경우 대항선에 발생한 운영상의 손실은 동맹선사가 공동으로 부담한다.

V. 컨테이너운송

국제해상운송에 컨테이너가 사용되기 시작한 것은 최근의 일인데, 이와 같이 컨테이너가 보급되고 있는 것은 그것이 화물운송의 3대 원칙인 경제성, 신속성, 안정성을 최대한으로 충족시키고 운송 도중에 화물의 이적 없이 일관운송(through transportation)을 가능하게 하였기 때문이다.

컨테이너운송은 1926년 미국의 뉴욕 센트럴(New York Central) 철도가 3톤짜리 컨테이너 19개를 적재할 수 있는 컨테이너 화물열차를 제작하여 뉴욕-시카고 간에 사용한 것이 시초이다.

그러나 철도를 중심으로 한 컨테이너의 개발과는 대조적으로 해상 컨테이너가 실제로 사용된 것은 비교적 최근의 일이다. 즉, 1946년 미국의 선박회사의 하나인 알래스카 기선회사가 컨테이너에 의한 해상운송을 개시한 것이 처음이다.

그리고 해륙일관운송체계에 의한 컨테이너 전용선(full-container ship)을 취항시킨 것은 1957년 미국의 Sea Land사(Sea Land Service Inc.,)의 휴스턴-뉴욕간이 세계 최초이다. 그 후 동사가 1966년 'Fairland 호'라는 컨테이너 전용선을 유럽항로에 취항시킴으로써 정기항로에 국제해상 컨테이너운송이 시작되었고, 서구제국에 보급되면서 본격화되었다.

1. 컨테이너의 정의

해상 컨테이너는 운송화물을 1 unit(운송취급단위)로 할 목적으로 사용되는 대형의 운송용기를 말하는 것으로, 1 TEU는 20feet container 1개를 의미하며 통상적으로 선박의 적재용량 또는 항만의 하역능력을 표시한다.

국제표준화기구(International Standard Organization : ISO)는 컨테이너의 요건을 다음과 같이 규정하고 있다.

① 내구성이 있고 반복 사용에 견딜 수 있는 충분한 강도를 가지며,

② 적입된 내용물의 운송 과정에서 이적없이 일관운송 되도록 설계되어 있고,

③ 화물의 적입 및 적출이 용이하도록 설계되어 있고,

④ 내용적이 1㎥ 이상인 조건을 만족시키는 운송용 용기(freight container)이어야 한다.

이상을 요약하면, 결국 컨테이너는 다음 세 가지 요건을 구비한 운송용 용기라고 할 수 있다.

① 환적을 용이하게 할 수 있는 구조를 가질 것, ② 각종 운송기관에 적합한 용적을 가질 것, ③ 반복적 사용이 가능하도록 내구성을 가져야 한다.

2. 컨테이너운송의 장단점

(1). 컨테이너운송의 장점

1) 경제성

화물포장비 · 해상운임 · 육로운송비 · 창고비 · 하역비 · 인건비 · 사무비 등을 절감시키고, 보험료도 컨테이너에 의한 운송의 경우 안전도가 높기 때문에 보험조건이 완화되어 이를 절약할 수 있다.

2) 신속성

규격화된 컨테이너의 기계화 하역과 고속엔진으로 제조된 컨테이너선 등으로 말미암아 일반운송에 비하여 하역이나 운송시간을 단축할 수 있고, 사후절차의 간소화에 따른 업무의 능률화를 기할 수 있다.

3) 안전성

모든 화물이 안전하고 견고하며 밀폐된 용기에 의해서 운반되므로 하역작업 및 운송에 있어서 파손 및 도난의 염려 등이 없이 안전하게 관련

작업을 전천후로 할 수 있다.

(2) 컨테이너운송의 단점

1) 자금부담

컨테이너운송에 필요한 부두시설, 컨테이너선, 다량의 컨테이너 기타 여러 가지의 기구를 준비하는데 거대한 자금이 필요하다.

2) 운송화물의 제한

컨테이너에 의해서 운송할 수 없는 화물이 많이 있다.

3) 갑판적재에 따른 위험

컨테이너선에는 상당부분이 갑판적(甲板積)이 되어야 하고, 갑판적 화물에 대해서는 높은 할증보험료를 적용하고 있다. 따라서 갑판적 화물에 대해서는 갑판적약관(on deck clause)을 삽입하고 추가보험료를 지급하여야 한다.

4) 비신축적인 적재물동량

항로별로 물동량이 균일하지 못하기 때문에 빈 컨테이너를 운송해야 하는 문제가 발생한다.

3. 컨테이너의 종류

컨테이너는 다양한 화물을 가장 효율적으로 운송하기 위해 여러 가지 종류가 개발·이용되고 있으며, 앞으로도 특수한 상품의 수송을 위해 계속 새로운 컨테이너가 등장하게 될 것이다.

따라서, 해상 컨테이너는 그 형태, 재료, 용도 등에 따라 여러 가지로 나눌 수 있으며 많이 사용되는 종류는 다음과 같다.

① 가장 많이 사용하고, 일반 잡화의 운송에 이용되는 일반 건화물 컨테이너(dry container)

② 생선, 과일, 채소 등 냉동화물을 수송하기 위하여 냉동기가 부착된

냉동 컨테이너(refrigerated container)

③ 천장 쪽이 개방되어 위로부터 물건을 넣거나 꺼내도록 되어 있는 상부 개방식 컨테이너(open top container)

④ 밑바닥과 가장자리 벽만이 있을 뿐 천정과 양측면이 없는 컨테이너로서 승용차, 기계류, 합판 등의 중량화물수송에 이용되는 flat rack container

⑤ 식품, 약품, 유류 등의 액체화물을 수송하기 위해 제작된 tank container

⑥ 소나 말 등의 동물을 운송하기 위해 제작된 pen container(livestock container)

⑦ 양복과 같은 의복류를 옷걸이에 걸린 상태로 적입하도록 만들어져 도착된 후 의복을 다림질하지 않고 사용·판매할 수 있도록 제작된 garment container(hanger container)

4. 컨테이너 터미널

컨테이너 터미널(container terminal)은 컨테이너의 취급 및 선적·양륙하는 시설이 있는 장소로서 컨테이너에 의한 해륙협동 일관운송을 하는 유통경로상의 접점으로서, 컨테이너 운송의 특징인 신속하고 안전한 운송을 원활하게 할 수 있느냐의 여부는 이 터미널의 기능에 달려 있다. 터미널의 주요 시설은 다음과 같다.

① Marshalling Yard(MY) : 선박에 적재할 컨테이너를 정리, 보관하는 장소를 말한다.

② Container Yard(CY:컨테이너 야적장) : 선박회사가 화물이 적입되어 있는 컨테이너를 본선에 선적하기 위하여 송화인이나 CFS운영자로부터 인수하거나 본선에서 양육된 컨테이너를 CFS운영자에게 인도하기 위하여 지정된 보세장치장을 말한다.

③ Container Freight Station(CFS) : LCL화물(less than container load cargo)을 다수의 송화인으로부터 인수하여 목적지별로 정리하고 컨테이너에 혼재(consolidate)하거나, 혼재된 수입화물을 컨테이너로부터 꺼내어 수화인별로 정리 및 인도하여 주는 보세장치장을 말한다.

④ Gantry Crane(GC) : 컨테이너를 본선에 적재하거나 본선으로부터 양육하기 위하여 특별히 설계·제작된 기중기이다.

5. 컨테이너 화물의 유통경로

컨테이너 화물의 유통경로는 컨테이너를 만재한 화물(Full Container Load Cargo : FCL)과 컨테이너 한 대를 채우지 못하는 화물(Less than Container Load Cargo : LCL), 그리고 FCL화물이든 LCL화물이든 내륙컨테이너 기지(Inland Container Depot : ICD)를 경유하는 형태로 구분하여 설명할 수 있다.

첫째, FCL 화물(full container cargo)의 경우에는 송화인의 창고 또는 공장에서 컨테이너에 적재되어 ICD를 거치지 않고 트럭에 의해 컨테이너 터미널의 CY로 직접 운송되고, 본선이 입항하여 선적이 개시되면 본선적재용 gantry crane 등에 의해 선적된다.

둘째, LCL 화물(less than container load cargo)의 경우에는 송화인의 창고 또는 공장으로부터 직접 컨테이너 터미널의 CFS에 집결되고, 거기에서 목적지별로 구분하여 컨테이너에 혼재한 다음 CY로 이동된다. 그 이후는 FCL화물과 같은 경로로 선적되고 컨테이너선에 목적항까지 운송된 컨테이너는 위에서 설명한 것과 반대의 경로를 통하여 수화인에게 보내어진다.

셋째, ICD를 경유하는 경우는 컨테이너 화물이 일단 내륙컨테이너 기지(ICD)에서 집화되어 화물이 부두의 터미널로 운송되는 형태이다. FCL화물은 화주의 공장이나 창고에서 컨테이너에 적입되어 ICD로 운송된 다음 철도나 도로운송에 의해 부두의 CY로 운반되고, LCL화물은 대개 트럭으로 ICD로 집화되어 화물을 분류하여 혼재하여 FCL화물로 만들어 FCL화물과 동일한 방식으로 운송된다.

이와 같이 컨테이너 터미널은 ICD의 기능도 갖고 있으며 FCL화물은 CY로 운송되고, LCL화물은 CFS에서 혼재된다.

이상과 같은 컨테이너 화물의 유통경로에 따라 컨테이너 화물의 운송형태는 다음과 같이 네 가지 형태로 구분할 수 있다.

(1) CFS/CFS(LCL/LCL 또는 pier to pier)

LCL 화물의 운송에 이용되는 이 운송형태는 선적항의 CFS로부터 목적항의 CFS까지만 컨테이너에 의해 화물을 운송하는 것으로서 컨테이너 운송의 가장 초보적인 방법이다. 이러한 경우에 운송인의 책임기간은 선적지의 CFS 입고시부터 목적항의 CFS 출고시까지이다.

(2) CFS/CY(LCL/FCL 또는 pier to door)

선적항의 CFS로부터 최종목적지에 있는 수화인의 창고 또는 공장까지 컨테이너 화물을 운송하는 형태이다.

보통 한 사람의 수화인(수입업자)이 여러 송화인(수출업자)들로부터 각 LCL 화물을 일시에 수령하여 자기 창고까지 운송하고자 하는 경우 주로 이용된다.

(3) CY/CFS(FCL/LCL 또는 door to pier)

CFS/CY 운송형태의 선적지와 양륙지를 뒤바꾼 형태로서, 선적지 송화인의 공장 또는 창고로부터 목적항의 지정 CFS까지 컨테이너 화물을 운송하는 형태이다. 한 사람의 송화인이 다수의 수화인에게 일시에 화물을 운송하고자 할 경우 주로 이용된다.

(4) CY/CY(FCL/FCL)

컨테이너화의 이상적인 형태인 door to door 운송방법으로서 송화인의 공장 또는 창고로부터 수화인의 창고 또는 공장까지 일관운송하는 형태이며, 운송 도중 컨테이너가 개폐되지 않는다.

제 2 절 복합운송

Ⅰ. 복합운송의 의의

복합운송은 1929년 바르샤바협약(Convention for the Unification of Certain Rules Relating to International Transportation by Air: Warsaw Convention)의 Chapter 4에 '복합운송에 관한 규정'에서 용어가 등장하였고, 1980년 'UN국제물품복합운송에 관한 UN 협약(United Nations Convention on International Multimodal Transport of Goods)'에서도 'Multimodal Transport'이라는 복합운송의 용어에 대하여 규정하고 있다. 또한 1992년 UNCTAD와 ICC가 공동으로 '복합운송서류에 관한 UNCTAD/ICC 규칙(UNCTAD/ICC Rules for Multimodal Transport Documents)'을 제정하여 복합운송계약에서 이 규칙을 채택한 경우에 적용될 수 있게 되었다.

따라서 이를 종합하여 정의하면 복합운송이란 단일의 복합운송인이 화물을 한 나라의 수령장소로부터 다른 나라의 인도할 시점까지 육·해·공 두 가지 이상의 상이한 운송수단으로 전운송구간에 대해서 일관책임하에 일관운송하는 것이라고 정의할 수 있다. 따라서 복합운송에서는 단일의 복합운송인이 복합운송증권을 발행하게 되고, 복합운송인이 전운송구간을 일관운송하며, 선박, 항공기, 철도, 트럭 등의 다양한 운송수단을 다양하게 이용하여 운송하는 특징이 있다.

Ⅱ. 복합운송의 발전과 특징

컨테이너가 보급된 후 화물운송의 3대 원칙인 경제성, 신속성, 안정성을 충족시키고 운송 도중에 화물의 이적 없이 일관운송(through transportation)을 가능하게 되어 복합운송이 가능하게 되었다.

복합운송의 주요 특징을 살펴보면 다음과 같다.

첫째, 육 · 해 · 공의 상이한 운송수단이 활용될 수 있다. 복합운송은 육 · 해 · 공 두 가지 이상의 상이하고 다양한 운송수단을 활용하여 운송하기 때문이다.

둘째, 복합운송인은 전운송구간을 단일책임으로 운송한다. 복합운송은 화물을 한 나라의 수령장소로부터 인도할 때까지 전운송기간 및 전운송구간을 복합운송인이 단일책임하에 운송을 수행한다.

셋째, 복합운송증권이 발행된다. 해상운송을 하는 경우 선박회사에서 선화증권(B/L)을 발행하지만 복합운송은 복합운송인이 화물을 운송하는 전 운송구간에 대해 책임을 부담하는 복합운송증권(Multimodal Transport Document)을 화주에게 발행해준다.

넷째, 복합운송인은 전운송구간에 대해 일관운송운임을 적용하여 화주에게 제시한다. 복합운송인은 전운송구간을 운송하는 경우 각 운송구간마다 별도의 운임을 책정하는 것이 아니라 전운송구간에 대해 화주에게 단일화된 운임을 설정 · 제시한다.

Ⅲ. 복합운송 형태

1. 해 · 육(Sea & Land) 복합운송

해 · 육(Sea & Land) 복합운송은 선박과 철도 및 트럭 등의 조합으로 Door to Door Service가 시작되었다고 할 수 있고, 랜드브리지(Land

Bridge)방식을 주로 이용하고 있다. 랜드브리지란 해상-육상-해상으로 연결되는 운송수단 중에서 육로(Land) 운송구간을 의미한다. 랜드브리지 시스템은 해상운송과 육상운송을 연계함으로써 운송시간을 대폭 단축하고 운송비를 절감할 수 있을 뿐만 아니라 수출업자와 수입업자에게 Door to Door Service를 가능하게 하였다. 랜드브리지의 형태를 살펴보면 다음과 같다.

(1) America Land Bridge(ALB)

1972년 미국의 Sea Train사가 최초로 개설한 복합운송 형태로, 극동지역에서 태평양을 횡단하여 미국 서해안에 도착하여 미국 대륙의 철도를 횡단하여 미국 동해안에 도착한 후, 다시 유럽지역 항만까지 해상운송하는 일관운송서비스라고 할 수 있다.

(2) Mini Land Bridge(MLB)

1972년 미국의 Sea Train사가 개설한 America Land Bridge와 함께 개설한 복합운송 형태로, 극동지역에서 태평양을 횡단하여 미국 서해안에 도착하여 미국 대륙의 철도를 횡단하여 미국 동해안에 도착한 후, 다시 유럽지역 및 걸프지역 항만까지 해상운송하는 일관운송서비스라고 할 수 있다.

(3) Siberia Land Bridge(SLB)

시베리아 랜드 브리지는 한국과 일본 등의 극동지역 국가들이 선박으로 해상운송하여 러시아의 나호트카 또는 블라디보스톡에 도착한 후, 그곳으로부터 Trans Siberian Railway(TSR)을 이용한 시베리아 철도로 육상운송하여 유럽과 중동지역의 운송기관과 연계하여 목적지까지 운송함으로써 극동 →유럽 → 중동간의 해・육(Sea & Land) 국제복합운송이라고 할 수 있다.

(4) Trans Siberian Railway(TSR)

러시아 모스크바를 기점으로 출발하여 시베리아 대륙을 횡단하여 블라디보스톡까지 연계하는 철도방식의 운송이다. 1916년 TSR 전 구간이 완공되어 1990년대부터 증가하기 시작하여 2000년대 초에 TSR 이용물동량이 급속히 증가하였다. 그런데 2006년에 러시아 철도공사에서 운임을 2배로 인상함으로써 극동과 유럽간 TSR을 이용하던 기업들이 해상운송으로 대체하여 경쟁력이 떨어졌으나 발전가능성은 많이 있을 것으로 예상하고 있다.

(5) Trans China Railway(TCR)

TCR은 한국, 일본, 대만 등의 극동지역을 기점으로 하여 선박으로 중국 강소성연운항까지 해상운송한 후, 그 중국 동단기점에서부터 철도로 중국대륙을 관통하여 TSR과 연계되어 유럽까지 운송하는 국제복합운송 경로라고 할 수 있다.

2. 해·공(Sea & Air) 복합운송

해 · 공(Sea & Air) 복합운송은 해상운송비용의 저렴성과 항공운송의 신속성을 결합시킨 복합운송형태라고 할 수 있다. 해 · 공(Sea & Air) 복합운송은 해상운송구간을 축소함으로써 운송일수가 단축되고 창고료의 절감 등의 물류비가 절감되는 효과도 있다.

제 3 절 항공운송

Ⅰ. 항공운송의 의의

항공운송(air transportation)이란 우편, 화물, 승객 등을 탑재하여 한 국가의 공항에서 다른 국가의 공항까지 공로(air route)로 운송하는 것을 의미한다. 국제화물운송은 그 동안 해상운송 및 육상운송을 많이 사용되었으나 최근에 경제발전에 따른 국제항공 네트워크의 확장으로 인한 항공산업의 발전, 화물전세기의 등장, 새로운 유행 및 트렌드를 극복하기 위한 신속한 항공운송의 비중이 증가하고 있어 항공운송의 비중은 점차 증가할 것으로 예상되고 있다.

Ⅱ. 항공운송의 특징

항공운송은 운송시간을 단축시킬 수 있어 시간을 중요시 여기는 현대에 있어서 앞으로 더욱 그 이용도가 증가하고 있으며, 항공운송의 주요 특징을 들면 다음과 같다.

첫째, 항공운송은 신속하게 운송한다는 특징이 있다. 항공운송은 야간운송도 가능하여 긴급을 필요로 하는 물품이나 계절상품, 신속한 대금결제가 필요할 경우 등에 사용할 수 있다.

둘째, 항공운송은 정시운항이 가능하여 화물의 정시 출발과 도착으로 인한 운송시간을 정확히 예측할 수 있다. 운송시간의 정확한 예측은 판매상품의 시장성, 신뢰성, 경쟁력을 향상 시킬 수 있어 고객의 서비스만족도를 높일 수 있다.

셋째, 항공운송은 포장비 및 물품재고비를 절감할 수 있다. 항공운송은 간단한 화물포장으로도 운송이 가능하여 포장비를 절감할 수 있다. 또한 신속한 항공운송으로 인한 적기 인도로 상품의 재고비용을 절감할 수 있다.

넷째, 항공운송의 운임은 고가의 특징을 가지고 있다. 상품 및 운항구간에 따라 다르며 해상운송에 비해 운임은 아주 고가이므로 신속하게 운송이 필요한 화물이나 고부가가치가 높은 품목 및 소량화물 등을 항공운송의 대상으로 하고 있다.

Ⅲ. 항공운송계약 및 항공화물운송장

1. 항공운송계약의 체결 및 항공운송

국제항공화물은 대부분 국제항공운송협회(IATA:International Air Transport Association)에 가입한 항공사에 의해 운송되고 있으며, 국제항공운임은 IATA의 결정에 따라 가입 항공사는 이를 적용하고 있다. 항공화물운송은 수출업자가 항공화물운송대리점 또는 항공운송주선업자를 통해 항공운송계약을 체결하는 것이 일반적이라 할 수 있다.

(1) 항공화물운송대리점

항공화물운송대리점(Air Cargo Agent)는 항공사의 운송약관, 항공운임요율, 항공운항시간표를 근거로 하여 항공사나 총대리점을 대신하여 화물을 유치하고 항공화물운송장(Air Waybill)을 발행하는 사업자를 말한다. 대부분의 항공화물은 항공화물운송대리점을 통해 이용되는 경우가 많다.

(2) 항공운송주선업자

항공운송주선업자(Air Freight Forwarder) 또는 혼재업자(Consolidator)는 항공기를 소유하고 있지 않으면서 화물을 운송하는 업무를 수행하고 있으며, 항공운송주선업자는 송화인과 계약한 당사자로서, 항공운송주선업자가 송화인을 대신하여 항공사와 항공운송계약을 체결하고 항공사로부터 항공화물운송장(Air Waybill)을 발급 받는다.

2. 항공화물운송장

(1) 항공화물운송장의 의의

항공화물운송장(Air waybill: AWB)은 화물을 항공기로 운송할 때 항공운송인 또는 항공운송인의 지정 대리인이 화물을 수취하였음을 증명하는 수취증으로 발행된다. 항공화물운송장은 수출업자가 직접 작성해야 원칙이지만 관례적으로 항공운항사 또는 항공운항사의 권한을 위임받은 항공화물운송대리점이나 항공운송주선업자를 통해 항공운송계약을 체결하고 항공화물운송장을 발급받는 것이 일반적이라 할 수 있다. 따라서 항공화물운송장은 수출업자로부터 화물을 항공운송인이 수령하였다는 서류이며 동시에 수출업자와 항공운송인이 항공운송계약을 체결하였다는 서류라고 할 수 있다. 항공화물운송장은 항공화물수탁증(Air Consignment Note:ACN)이라고도 한다.

항공운송서류는 국제항공운송협회(International Air Transport Association: IATA)에 의해 양식과 발행방식이 통일되어 있으며 기명식으로 발행되는 비유통증권이다.

IATA에서는 항공화물운송장의 양식을 통일화·표준화하여 IATA 모든 항공사가 동일한 양식의 항공화물운송장을 사용하도록 규정하고 있다. 항공화물운송장은 원본 3장(원본1:운송인용, 원본2:수화인용, 원본3:송화인용)과 부본 6장의 구성을 원칙으로 하며, 항공사에 따라 일반적으로 부본을 5장까지 추가하여 발행된다고 할 수 있다.

(2) 항공화물운송장의 기능

항공운송에 있어서 화물의 유통을 보장하는 가장 기본적인 운송서류인 항공화물운송장은 항공운송인의 청구에 따라 송화인이 작성하여 제출하는 것이 원칙이지만 항공사나 항공사의 권한을 위임받은 대리점(또는 항공운송주선업자)에 의하여 발행되는 것이 통례이다.

국제운송에 있어서 항공화물운송장은 선화증권과 비교될 수 있는데 두 서류 간에는 유사한 점과 차이점이 존재하며 그 기능을 살펴보면 다음과 같다.

첫째, 항공화물운송장은 항공운송을 위하여 운송인과 송화인이 운송계약을 체결하였다는 증거서류이다. 따라서 항공화물운송장은 항공화물을 운송하기 위해 운송인이 송화인으로부터 화물을 인수했다는 것을 나타내는 증거서류라고 할 수 있다. 그러나 운송장은 12통(원본 3통 + 부본 9통)으로 구성되어 있어 그 전통이 모두 운송계약서는 아니며 송화인용 원본이 이에 해당된다.(신용장방식거래에서 AWB 전통(Full set)을 요구하더라도 수출자는 매입(Nego)시 1통의 AWB (Shipper용)만 제시하면 된다.

둘째, 선화증권은 양도에 의해 화물의 권리가 이전될 수 있어 양도성이 있는 유가증권이고 물권적 효력과 권리를 나타내는 물권증권이다. 그러나 항공화물운송장은 양도성이 없는 비유통증권으로 유가증권이 아니다.

〈표 8-2〉 선화증권(B/L)과 항공화물운송장(AWB)의 차이점

	선화증권(B/L)	항공화물운송장(AWB)
권리 유무	유가증권	단순한 화물수취증
유통가능성	유통성(negotiable)	비유통성(non-negotiable)
발행형식	지시식(무기명식)	기명식
발행시점	선적식	수취식
작성자	운송인 작성	송화인 작성(원칙)

셋째, 선화증권은 계약화물을 선적했음을 표시하는 선적선화증권이라 할 수 있고, 항공화물운송장은 단순히 화물을 수령했다는 화물수령증이

므로 수취선화증권과 유사하다고 할 수 있다.

넷째, 화물과 함께 목적지에 보내어져 수화인이 운임 및 요금을 계산하는 근거자료로서 사용된다. 송화인이 AWB에 보험금액 및 보험가액을 기재한 화주보험(Air Waybill)을 부보한 경우에는 AWB의 원본 No.3이 보험계약의 증거가 된다. 또한 수출입신고서 및 통관자료로서 사용되며, AWB에 송화인이 화물의 운송, 취급, 인도에 관한 지시를 기재할 수 있으므로 화물운송의 지시서 역할을 한다.[1)]

1) 장홍훈 · 장동식 · 이재은, 『무역개론』, 청목출판사, 2019, pp. 482-492.

항공화물운송장(AWB)의 예시

Shipper's Name and Address | Shipper's Account Number

Not negotiable
Air Waybill
issued by
KOREAN AIR

Copies 1, 2 and 3 of this Air Waybil are originals and have the same validity.

Consignee's Name and Address | Consignee's Account Number

Telephone :

It is agreed that the goods described herein are accepted in apparent good order and condition (except as noted) for carriage SUBJECT TO THE CONDITIONS OF CONTRACT ON THE REVERSE HEREOF. THE SHIPPER'S ATTENTION IS DRAWN TO THE NOTICE CONCERNING CARRIER'S LIMITATION OF LIABILITY. Shipper may increase such limitation of liability by declaring a higher value for carriage and paying a supplemental charge if required.

Issuing Carrier's Agent Name and City

Accounting Information

Agent's IATA Code | Account No.

Airport of Departure(Addr. of First Carrier) and Requested Routing

TO	By First Carrier	Routing and Destination	to	by	to	by	Currency	CHGS Code	WT/VAL PPD	WT/VAL COLL	Other PPD	Other COLL	Declared Value for Carriage	Declared Value for Customs

Airport of Destination	Flight/Date	For Carrier Use Only	Flight/Date	Amount of Insurance	INSURANCE-If Carrier offers insurance, and such insurance is requested in accordance with conditions on reverse hereof, indicate amount to be insured in figures in box marked 'amount of insurance'.

Handling Information

No. of Pieces RCP	Gross Weight	kg lb	Rate Class / Commodity Item No.	Chargeable Weight	Rate / Charge	Total	Nature and Quantity of Goods (incl. Dimensions or Volume)

Prepaid	Weight Charge	Collect	Other Charges
	Valuation Charge		
	Tax		
	Total Other Charges Due Agent		Shipper certifies that the particulars on the face hereof are correct and that insofar as any part of the consignment contains dangerous goods, such part is properly described by name and is in proper condition for carriage by air according to the applicable Dangerous Goods Regulations.
	Total Other Charges Due Carrier		
			Signature of Shipper or his Agent
Total Prepaid		Total Collect	
Currency Conversion Rates		CC Charges in Dest. Currency	Executed on(date) at(place) Signature of Issuing Carrier or its Agent
For Carrier's Use Only at Destination		Charges at Destination	Total Collect Charges

ORIGINAL 3(FOR SHIPPER)

9
chapter

해상위험 및 해상보험

해상운송은 무엇보다도 장거리 운송 및 바다를 이용하기 때문에 항상 해상위험에 노출되어 있다. 이에 따라 해상운송에서는 각종 위험을 줄이기 위해 사용되는 여러 운송장비와 운송방법이 발전되어 왔다. 그리고 이와 같은 해상위험에 대비하기 위한 안전장치로써 해상보험제도가 발생하게 되었다. 일반적으로 해상보험은 선박보험(hull insurance), 적화보험(cargo isurance), 선주책임상호보험(P&I insurance)으로 구분하고 있으나, 본 장에서는 무역의 대상을 보험목적물로 하고 있는 적화보험을 중심으로 제1절에서는 해상위험의 개념 및 손해의 종류를 언급하고 제2절에서는 해상보험의 개념, 종류와 담보위험을 살펴보기로 한다.

제1절 해상위험 및 손해의 종류

Ⅰ. 해상위험의 종류

1. 자연적 위험

(1) 해상고유의 위험

해상고유의 위험(perils of the seas)이란 해난을 말하며, 단순히 해상위험(perils on the seas)과는 구별되는 개념이다. 영국에 있어서는 이 양자를 구별하고 있고, 해상보험자는 원칙상 해상고유의 위험을 부담하여야 하며 해상보험에 관해서는 특히 이를 부담할 것을 약정한 범위 내에서만 책임을 지기로 되어 있다.

해상고유의 위험이란 영국해상보험법에 의하면 바다의 우연한 사고 또는 재해만을 말하며, 전형적인 사례는 다음과 같은 것이 있다.

① 파선 또는 난파(shipwreck) : 풍파의 격렬한 작용 또는 좌초, 충돌 등에 의하여 선체가 파손되거나 대파된 상태를 말한다. 파선 또는 난파의 원인으로서는 폭풍우, 좌초, 충돌에 기인하거나 선박이 기항력을 결여한 경우 건조상(建造上)의 불완전에 기인하든가 또는 과적 및 선원의 운항실수로 인한 경우이다.

② 침몰(sinking) : 침몰은 선박이 바다 밑으로 가라앉는 것을 의미한다. 즉, 침몰이란 선박이 부력을 상실하고 수중에 침몰하거나 선체가 해저에 놓인 상태를 말한다.

③ 좌초(stranding) : 좌초에는 광협의 두 가지 의미가 있는데, 광의의 의미로서는 선박이 해저의 장애물에 올라앉아 진퇴의 자유를 상실한 상태를 말한다. 협의로는 선박이 폭풍・격랑 기타 이례적인 항해사정으

로 인하여 암초 기타 해저의 장애물에 올라앉아 진퇴의 자유를 잃는 위험사고를 말한다.

④ 교사(grounding) : 교사란 선박이 사지 또는 사주 등 견고하지 않은 장소에 올라앉은 상태를 말한다.

⑤ 충돌(collision) : 선박과 선박과의 충돌뿐만이 아니라 선박과 물이외의 타물(얼음도 포함), 즉, 부두, 난파물, 방파제, 항공기, 암벽, 부류수뢰, 유빙 등과 충돌함을 말한다.

⑥ 풍파의 이례적인 작용 : 위에 열거한 해난 이외에도 해난의 종류에는 여러 가지가 있다. 예컨대 본선의 침수로 인한 화물의 해수 누손(sea water damage), 갑판적화물의 유실(washing overboard), 기타 해상 악천후로 인한 화물의 손상은 보험자가 이를 담보하는 해난이다.

(2) 화재

화재(fire)는 해상고유의 위험은 아니지만 가장 일반적인 해상위험의 하나로서 보험자가 부담하는 위험이다. 해상보험에 있어서의 화재의 의의는 화재보험과 유사하다.

화재는 자연발화, 폭발, 우연한 사고, 낙뢰 등으로 발생한다. 자연발화는 보험목적물 고유의 하자나 성질로 인한 발생이기 때문에 보험자는 법적으로 면책된다. 자연발화는 보험자의 면책위험이지만 자연발화로 인해 선박이나 다른 화물에 손해를 주게 되면 화재손해로 보상될 수 있다.

2. 인위적 위험

(1) 피보험선박에서의 인위적 위험

1) 선원의 악행(barratry of master and mariners)

선원의 악행이란 선장 또는 선원이 의식적으로 범하는 범죄적 목적으로서 선박 또는 적화에 손해를 입히는 행위를 말한다. 예를 들면 선원이 선박에 방화하거나 적재화물을 임의로 매각하거나 혹은 선원이 선장을 위협하여 선로를 이탈케 하는 등의 비행이 이에 해당된다.

2) 투하(jettison)

투하란 선박이 폭풍우 등을 만나 침몰을 면하기 위하여 선박을 가볍게 할 목적으로 선장이 고의로 적화의 일부를 바다에 투하하거나, 또는 절단하여 바다에 투하하는 행위를 말한다. 투하에 있어서 주의해야 할 것은 그 성질상의 하자에 기인한 투하의 손해는 보험자의 부담에 속하지 않고, 갑판적화물의 투하도 보험자가 부담할 위험이 아니다. 그러나 화물의 종류, 성질에 따라 갑판적 관습이 있는 화물에 대한 투하의 손해는 보험자가 부담한다.

(2) 피보험선박 이외로부터의 인위적 위험

1) 해적 · 표도 · 강도(pirates, rovers & thieves)

이 종류의 위험은 해상보험의 주요한 것의 하나로서 해난에 속하는 것으로 간주될 정도였다. 특히 북구에 있어서는 해적으로 말미암아 해상무역이 위협을 받은 것을 흔히 볼 수 있다. 해적행위는 해적과 표도를 포함하는 말이기 때문에 해적과 표도(剽盜)는 동의어로 볼 수 있다.

표도는 16세기부터 19세기에 걸쳐 북아프리카의 바바리(Barbary)해안에서 일어난 무어인(Moors)이나 아라비아인 해적을 의미한다. 그러나 오늘날에 있어서는 극히 소수의 특수지역을 제외하고는 그 자취를 감추었다.

2) 전쟁 · 변란(war, warlike operation)

해상보험에 있어서 전쟁은 국제법상의 그것에 비하여 광범위하며, 국가로서 승인되어 있지 않은 주체에 속하는 군함 등에 의한 포획이나 나포도 해상보험에 있어서는 전쟁위험의 일종이다.

변란이란 내란, 반역, 폭력, 혁명 등과 같이 국민이 조직적인 무력을 사용하여 국권에 항쟁하는 위험상태를 말한다. 그러므로 비무력의 폭동 · 동맹파업 등은 변란에 속하지 않는다. 변란은 해상보험에 있어서는 전쟁과 마찬가지로 취급된다.

3) 강류 · 억지 및 억류(arrests, restraints and detainments)

강류, 억지 및 억류란 선박, 적화를 차압하는 것을 말하며, 나포 또는 포획과 같이 몰수의 목적을 가지는 것은 아니다. 이는 범죄수사를 하거나 또는 검역을 하기 위하여 선박을 압류하는 경우에 해당된다.

강류는 포획과는 성질이 다르다고 할 수 있는데, 강류는 단순한 일시적인 유치인데 반하여, 포획은 재산을 자기의 소유로 할 것을 목적으로 하고 전시에 전리품으로 충당할 목적으로 하는 강제적인 탈취라고 할 수 있다.

Ⅱ. 해상손해의 의의와 종류

1. 해상손해의 의의

해상보험에 있어 손해(loss)라 함은 보험의 목적물인 선박, 적화, 선적 또는 희망이익 등에 해상위험(보험사고)이 발생함으로써 피보험목적물이 멸실 또는 손상되거나 비용이 발생되는 피보험자의 경제상의 불이익을 말한다.

해상보험은 이러한 해상손해로 인하여 피보험자가 입게 되는 실질적인 손해를 보상하는 것이 원칙이다. 따라서 해상보험을 이해하기 위해서는 보험자가 피보험자에게 보상하는 손해의 형태는 어떠한 것이 있는지를 살펴볼 필요가 있다.

2. 해상손해의 종류

(1) 직접손해와 간접손해

보험사고로 말미암아 부보된 피보험목적물 자체에 발생한 손해를 직접손해라고 한다. 선박보험의 경우, 직접손해는 피보험선박에 직접 발생된 선체손상 등의 손해, 적화보험의 경우 피보험화물의 멸실 또는 손상으로 인한 손해 등을 말한다.

간접손해는 동일사고로 인하여 피보험자가 입은 직접손해 이외의 손해이다. 선박보험의 경우 동일사고로 인하여 피보험선주가 입은 운임에 관한 손해, 적화보험의 경우 피보험화물의 손해로 인한 희망이익의 상실손해 또는 항해지연으로 인한 화물의 성질손해나 시장상실로 인한 손해가 이에 해당한다.

보험자는 직접손해를 보상할 의무는 있으나 간접손해에 대하여는 특약이 없는 한 이를 보상할 의무가 없는 것이 원칙이다.

(2) 물적손해와 비용손해

물적손해는 보험목적물의 멸실 또는 손상으로 인해 초래된 직접 물질손해 또는 실체적 손해이다. 한편 위험발생의 결과로 인하여 손해방지 또는 경감을 위해 지출되는 비용을 비용손해라고 한다.

비용손해는 대부분의 경우 간접손해의 성질을 가지며, 보험자가 보상하는 비용손해로는 손해방지비용(sue & labour charges), 특별비용(particular charges), 공동해손분담금(general average contribution), 구조료(salvage charges), 손해조사비용(survey fee) 등이 있다.

(3) 전손과 분손

해상손해는 피보험이익의 전부 멸실과 일부 멸실에 따라 전손(total loss)과 분손(partial loss)으로 분류된다.

전손은 다시 현실전손(actual total loss)과 추정전손(constructive total loss)으로 구분된다. 분손은 단독해손(particular average)과 공동해손(general average)으로 구분한다. 이러한 해상손해의 유형은 〈그림 9-1〉과 같다.

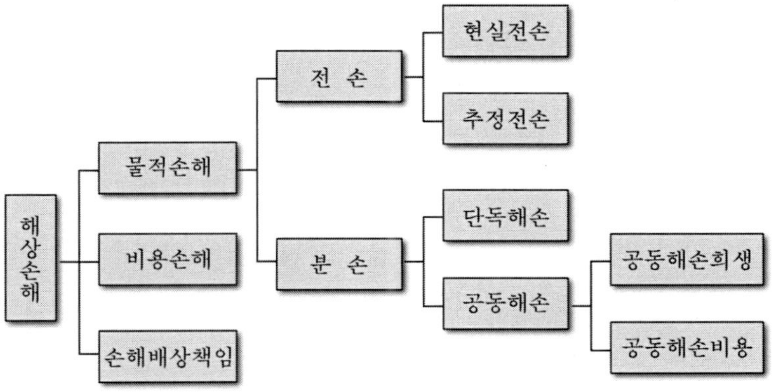

〈그림 9-1〉 해상손해의 종류

ㄱ) 전손

① 현실전손

보험의 목적물이 현실적으로 전멸된 경우를 말하며 절대전손이라고도 한다. 이러한 현실전손은 영국의 해상보험법(MIA) 제57조 및 제58조에서 다음의 4가지 형태로 규정하고 있다.

- 보험의 목적물이 완전히 파괴된 경우
- 부보된 종류의 물건으로서 존재할 수 없을 정도로 심한 손상을 입은 경우
- 피보험자가 보험의 목적물을 박탈당하여 회복할 수 없는 경우
- 선박이 행방불명되고 상당한 기간의 경과 후까지 그 소식을 모를 경우(한국 상법 제711조에서는 선박의 존부가 3개월간 분명하지 아니한 때로 규정하고 있음)

현실전손의 경우에는 보험자에게 위부(委付)의 통지를 할 필요가 없다.

② 추정전손

추정전손(constructive total loss)이란 현실적으로 전멸한 것은 아니지만 현실전손으로 인정하는 것이 불가피하거나 손해의 정도가 너무 심하여 보험의 목적물의 가액을 초과하는 비용을 지출하지 않으면 보험목적

의 현실전손을 면할 수 없는 경우를 말한다. 영국의 해상보험법(MIA) 제60조에 따르면 추정전손에는 다음의 3가지 형태가 있다.

- 보험목적물의 현실전손이 불가피해 보이기 때문에 또는 보험목적물의 가액이 초과되는 비용의 지출없이는 현실전손을 면할 수 없기 때문에 보험목적물을 정당하게 포기한 경우
- 피보험자가 피보험위험으로 자기의 선박 및 화물의 점유를 박탈당한 결과 그 회복이 불가능하거나 회복비용이 화물의 가액을 초과할 것으로 예상될 때
- 화물이 손상되어 그 보수비용 및 화물을 목적지까지 계반하는 비용과의 합계액이 목적지 도착시의 화물의 가액을 초과하는 경우

추정전손이 있을 경우에는 피보험자는 그 손해를 분손으로 처리할 수도 있고 또는 보험의 목적물을 보험자에게 위부하고 그 손해를 현실전손의 경우에 준하여 처리할 수도 있다.

2) 분손

분손은 전손이 아닌 손해, 즉 피보험이익의 일부에 생긴 손해를 말한다. 예를 들면 부보된 100상자의 화물 중 5상자가 담보위험으로 인하여 파손된 경우나 선박에 화재가 발생하여 적화의 일부가 소실된 경우가 이에 해당한다.

① 단독해손

피보험위험으로 인하여 일어난 보험의 목적물이 일부 멸실되거나 손상되어 피보험자가 단독으로 부담하는 손해를 말한다.

② 공동해손

공동해손이란 선박이나 적하가 공동의 위험에 조우한 경우에 그 위험을 피할 목적으로 선장의 판단에 의하여 선박 또는 화물의 일부가 희생적으로 처분됨으로써 발생되는 손해 및 비용이며, 이에 의하여 손해를 면하게 된 이해관계자 전원이 구제된 적하의 비용에 비례하여 공동으로 분담하게 된다. 공동해손이 발생하여 선박이 입항하면 선사는 즉시 공동

해손발생의 통지장을 이해관계자인 모든 화주에게 발송하여 모든 화주로부터 해손맹약서(general average bond)를 제출하게 하며, 해손정산인(average adjuster)으로 하여금 그 손해의 원인 및 정도를 검사·감정하도록 한다. 공동해손의 정산 및 해결에는 York-Antwerp Rules, 1974를 적용하도록 보험증권과 선화증권에 규정되어 있다.

(4) 위부와 대위

1) 위부

위부(abandonment)는 추정전손이 발생했을 때 피보험자는 그 피보험목적물에 대해서 갖는 일체의 권리를 보험자에게 이전하고 보험금의 전액을 청구하는 것을 말한다. 위부의 사유로는 추정전손이 성립되어야 하는데 추정전손으로 인정받기 위해서는 ① 전손이 불가피하거나, ② 복구비용이 보험금액을 초과한다는 사실이 합리적으로 피보험자에 의하여 증명되어야 한다.

2) 대위

대위(subrogation)는 보험자가 보험금을 지급한 경우에 멸실 또는 손상된 피보험목적물에 대하여 피보험자가 갖고 있던 소유권과 손해를 발생하게 한 과실이 있는 자에게 갖고 있는 구상권을 피보험자를 대신하여 보험자가 행사하는 것을 의미한다.

3) 위부와 대위의 차이점

첫째, 위부는 추정전손을 전제로 하고, 대위는 추정전손을 포함하여 현실전손뿐만 아니라 분손의 경우에도 적용가능하다.

둘째, 위부는 피보험자가 손해를 추정전손으로 처리하기 위한, 즉 전손보험금을 지급받기 위한 선행조건인 반면에 대위는 보험자가 보험금을 지급한 경우에 후속되는 권리이다.

셋째, 위부는 위부의 통지와 보험자의 승낙이 있는 경우에 효력이 발생하지만, 대위는 보험금의 지급에 의하여 자동적으로 그 효력이 발생한다.

마지막으로 위부의 경우에는 보험자는 소유자로서의 권리를 행사하게 되나, 대위는 특별한 약정이 없는 한 피보험자의 이름으로 권리를 행사하게 된다.

제 2 절 해상보험

Ⅰ. 해상보험의 의의

해상보험(marine insurance)이란 해상사업에 관한 사고로 인하여 생길 손해를 보상할 것을 목적으로 하는 보험이며 손해보험의 일종이다. 그러므로 해상보험계약(marine insurance contract)은 해상위험을 보험사고로 하여 보험자(insurer, underwriter)가 그 손해를 담보할 것을 약속하고, 보험계약자(policy holder)는 그 대가로서 보험료(insurance premium)를 지급할 것을 약속하는 계약이다. 영국의 1906년 해상보험법(Marine Insurance Act, 1906) 제1조에서도 "해상보험계약은 그 계약에 의해 합의한 방법과 범위내에서 해상손해, 즉 해상사업에 수반하는 손해를 보험자가 피보험자에게 보상할 것을 인수하는 계약"이라고 정의하고 있다. 따라서 해상보험계약 속에는 해상사업에 관한 사고(해상위험)가 존재하여야 하고, 그 사고의 발생대상인 보험의 목적에 피보험자의 이해관계(피보험이익)가 있어야 한다. 또한 피보험자가 그 피보험이익에 손해(해상손해)를 입어야 한다.

Ⅱ. 해상보험의 목적물

대표적인 해상보험의 목적물은 선박 및 화물이지만, 계약물품의 해상보험은 후자의 적화보험(cargo insurance)이다.

이 해상보험에서는 적화품 뿐만 아니라 이 적화품의 도착으로 인하여 얻어질 수 있는 희망이익(expected profit), 운송 중에 인상된 적화가격, 관세, 운임 및 기타 우발손비 등도 보험의 목적이 될 수 있지만, 이 중 무역거래에서 가장 중요한 것은 적화품 및 그 희망이익이다.

적화품(cargo)에는 모두 보험을 부보하는 것이 원칙인데, 법률에서 금지하고 있는 것, 가격이 전혀 불명확한 것, 포장이 불완전한 것은 보험자가 그 계약에 응하지 않는다.

희망이익이란 적화품이 도착되어 전매되었을 때 얻어질 수 있다고 수입업자가 예상하는 이익을 말한다. 수입업자의 수입목적은 상당한 이익을 얻기 위한 전매에 있지만, 그것이 해난에 의해서 멸실되면 자본의 원본인 상품을 상실할 뿐만 아니라 희망이익도 상실되므로, 이 희망이익에 대한 보험은 법률이나 관습에서도 시인되고 있다.

다만 부보절차를 간소화하기 위하여 희망이익보험이라고 특별히 표시하지 않고, 그것을 적화품의 금액에 합산하여 부보하기 때문에 수출품의 보험금액은 보험가격보다 10% 많은 것이 관례이다.

Ⅲ. 해상보험의 종류

1. 피보험이익 기준

피보험이익(insurable interest)이란 피보험목적물에 대하여 특정의 경제주체가 갖는 이해관계를 말한다. 피보험이익과 관련하여 해상보험을 다음과 같이 분류할 수 있다.

(1) 선박보험

선박보험(hull insurance)은 보험의 목적인 선박의 소유자가 갖는 피보험이익에 관한 보험이다. 선박보험에는 선체보험, 선박건조보험, 선박불가동손실보험 등이 있다.

① **선체보험** : 선박을 대상으로 하는 보험이고, 선체·선박자재·의장용구·기관·항해용구 및 기타 비품 등을 포함하는 선박을 보험목적물로 한다.

② **선박건조보험** : 선박의 건조·시운전 및 인도에 이르기까지 이에 따른 제반 손해를 보상해 주는 보험이다.

③ **선박불가동손실보험** : 보험사고로 인하여 선박이 운항하지 못하게 되었을 경우 선주나 선박운항관리자가 입게 되는 예상수익의 손해를 보상해 주는 보험이다.

(2) 적화보험

적화보험(cargo insurance)은 운송의 목적물인 선적된 화물에 관한 보험이다. 여기서 의미하는 선적된 화물은 대체로 상품 그 자체를 말한다.

(3) 운임보험

운임보험(freight insurance)은 운임을 보험의 목적으로 한다. 즉 운임을 취득하는 자가 운임보험계약을 체결하는데, 운임이 선불인 경우는 화주가 운임보험을 체결하고 운임이 도착지에서 지불될 경우에는 선주가 체결한다.

2. 보험기간 기준

(1) 항해보험

항해보험(voyage insurance)은 항해를 보험기간으로 하는 보험이며, 주로 적화보험에 많이 이용된다. 예컨대 항해보험은 보험목적물을 부산항에서 뉴욕항까지 부보하는 것처럼 어느 지점에서 다른 지점까지의 항해구간에 대해 보험에 가입하는 경우이며, 이 때 발행되는 보험증권을 항해보험증권(voyage policy)이라 한다. 항해보험에서는 항해가 끝날 때마다 보험계약을 갱신해야 한다.

(2) 기간보험

기간보험(time insurance)은 일정한 기간을 표준으로 하는 보험이며, 주로 선박보험에 많이 이용된다. 이 때 기간보험증권(time policy)이 발급된다. 선박보험은 일반적으로 1년을 보험기간으로 하는 기간보험이다. 우리나라에서 선박기간보험의 보험개시시간은 한국표준시간으로 개시일의 정오 12:00이며 종료일의 같은 시간에 종료한다.

(3) 혼합보험

혼합보험(mixed insurance)은 일정한 항해 및 일정한 기간을 동시에 보험기간으로 정하는 보험이다. 예컨대 보험기간을 "런던에서 뉴욕까지, 단 2019년 1월 1일부터 30일간을 한도로 한다." 식으로 정하는 것이 혼합보험이다. 혼합보험은 오늘날에는 별로 이용되고 있지 않다.

Ⅳ. 해상보험계약의 특성

1. 낙성·불요식계약

보험계약은 당사자 사이의 의사표시의 합치만으로 효력이 생기고, 그 계약의 성립요건으로서 특별한 요식행위를 요구하고 있지 않으므로 낙성·불요식계약이다. 보험계약의 청약은 일반적으로 일정한 형식의 청약서(proposal form)가 필요하고, 보험계약이 성립한 후 보험자는 지체없이 보험증권을 작성하여 보험계약자에게 교부하여야 하지만, 이는 계약성립의 효과로서 발생하는 보험자의 의무이행사항이지 보험계약 그 자체는 아니다.

2. 유상·쌍무계약

보험자가 보험사고에 대하여 보상할 것을 약속하고 보험계약자가 이에 대하여 당해 보험료를 지급할 것을 약속하는 유상계약이다. 그리고 보험자의 보상은 보험계약자의 급여의무와 대가관계에서 법률상 구속상태에 있는 쌍무계약이다. 유상계약과 쌍무계약의 관계를 살펴보면, 유상계약은 반드시 쌍무계약으로 되지 않지만(예를 들면, 이자부소비대차의 경우) 쌍무계약은 당사자가 서로 부담하는 채무가 대가적 의미를 가지는 급부를 행하여야 하는 채무를 말하는 것이므로 반드시 유상계약으로 된다.

3. 최대선의의 계약

보험계약은 선의(good faith) 또는 최대선의(utmost good faith)에 기초를 둔 계약이며, 도박 등의 사행성을 인정하지 않는다. 계약당사자의 선의 또는 신의성실의 원칙은 보험계약뿐만 아니라 모든 계약관계에서 요구되는 기본원칙이지만 보험계약의 경우 우연한 사고의 발생을 전제로 하고 있다는 점에서 그 중요성이 더욱 강조되고 있다. MIA 제17조에서는 「해상보험계약은 최고선의를 기초로 하는 계약이다」(a contract of marine insurance is a contract based upon the utmost good faith)라고 규정하여 해상보험계약이 최대선의에 기초를 둔 계약임을 명시하고 있다.

4. 부합계약

해상보험계약은 일반적으로 보험자가 그 내용의 일부 또는 전부를 정하고 보험계약자가 이를 포괄적으로 승인함으로써 효력이 발생하게 됨으로 부합계약의 성질을 갖는다고 할 수 있다. 해상보험계약은 그 성질상 상당히 복잡하고 전문적이어서 보험계약자가 이를 전부 숙지할 수 없는 경우가 많고 보험자가 보험계약자와 개별적으로 협상하여 보험계약상의 내용을 일일이 약정하는 것이 극히 곤란하기 때문에 보험자는 미리 작성된 표준보통보험약관에 따라 보험계약을 체결하게 된다.

Ⅴ. 해상보험계약의 당사자

1. 보험자

보험자(insurer; underwriter)는 보험계약자로부터 보험료를 받는 대신에 보험기간 중 보험사고가 발생할 경우 보험금을 지급할 것을 약속한 자를 말한다.

우리나라의 경우 보험 사업은 회사조직이 아니면 영위할 수 없으므로 보험자는 곧 보험회사이지만 외국에서는 개인업자도 적지 않으며 보통 '언더라이터(Underwriter)'라고 부르고 있다. 실무적으로 보험회사, 로이즈보험조합 가입의 보험인수업자 등이 이에 해당한다.

2. 보험계약자

보험계약자(policy holder)는 보험자와 보험계약을 체결하고 보험료를 지급하기로 약속한 자를 말한다. 보험계약자는 복수로 존재할 수도 있으며, 자연인뿐만 아니라 법인 또는 대리인도 보험계약을 체결할 수 있다. 보험계약자는 보험계약시에 보험금의 지급의무, 고지의무 등을 가진다.

만약 무역거래에서 가격조건이 CIF규칙인 경우에는 수출업자가 보험계약을 체결하지만 보험금은 수입업자가 수령하게 된다.

3. 피보험자

피보험자(insured)는 보험계약의 당사자는 아니지만 피보험이익이 귀속되는 주체로서 보험계약에 의해서 보호되는 자로서 보험사고가 발생한 경우에 보험자로부터 손해보상을 받는 자를 말한다.

그런데 보험계약자와 피보험자는 계약조건에 따라 동일인이 되는 경우와 다른 사람이 되는 경우가 있다. 즉, FOB규칙으로 계약을 체결하는 경우에는 원칙적으로 매수인이 보험계약자인 동시에 피보험자가 된다. 그러나 CIP규칙이나 CIF규칙으로 무역계약을 체결하는 경우에는 매도인이 보험계약자가 되고 매수인이 피보험자가 된다.

4. 보험대리상

보험대리상(insurance agent; agent for the insurer)은 일정한 보험자를 위하여 보험계약의 체결을 대리하거나 매개하는 것을 업으로 하는 독립된 상인을 말한다. 보험대리상은 일정한 보험자로부터 위촉을 받아 그를 위해서만 계속적으로 대리 또는 중개한다는 점에서 보험중개인과 다르고 또 보험자로부터 위임을 받아 대리 또는 중개를 영업으로 하는 독립된 상인이라는 점에서 보험자의 단순한 사용인과도 다른 개념이라고 할 수 있다.

5. 보험중개인

보험중개인(insurance broker)은 불특정한 보험자를 위하여 보험자와 보험계약자 또는 피보험자 사이에서 보험계약의 체결을 중개하는 것을 업으로 하는 독립된 상인을 말한다. 보험중개인이 보험대리상과 다른 점은 특정한 보험자에 종속되지 않고는 다는 점이다. 즉 보험대리상이 보험회사를 위하여 보험회사의 대리권을 행사하는데 반하여 보험중개인은 보험계약자측을 위하여 보험자로부터 유리한 보험조건, 보험요율을 취득하기 위하여 활동한다. 우리 나라에는 보험중개인제도가 없고 해상보험회사의 영업담당직원이 직접 계약모집활동을 하고 있다.

V. 보험담보조건

1. 구(舊) 적화보험약관

로이즈 SG보험증권(Lloy's S.G. Policy)은 로이즈의 표준양식보험증권(Standard SG Policy Form, Hull and Cargo)으로서 1779년에 최초로 작성되었으며, 선박보험과 적화보험을 동일한 하나의 양식으로 인수하고 있다. 또한 런던보험자협회(Inctitute of London Underwriters: ILU)가 제정한 회사용 합동보험증권도 로이즈 SG보험증권과 그 내용이 동일하게 구성되어 있다. 로이즈 SG보험증권의 이면에는 런던보험자협회(ILU)가 제정한 협회적화약관(Institute Cargo Clause: ICC)의 전위험담보약관(All Risk: A/R), 분손담보약관(With Average: W/A), 분손부담보약관((Free from Particular Average: FPA) 등이 인쇄되어 있다.

(1) 전위험담보약관

AR(All Risk)는 항해에 관한 우연한 사고로 인한 모든 손해를 보상하는 조건으로서 WA보다 담보범위가 더 넓고 보험료도 가장 높다.

그러나 전쟁, 파업, 폭동 위험까지 포함하지는 않으며 화물고유의 하자 또는 성질에 의한 손해 및 운송지연에 의한 멸실, 손상 또는 비용은 제외된다. A/R과 관련된 주요 추가보상 범위는 다음과 같다.

① RFWD(rain and /or fresh water damage) : 빗물 및 담수위험 담보약관

② COOC(contact with oil and/or other cargo) : 유류 또는 타물질

담보약관

③ TPND(theft, pilferage, and /or non-delivery) : 도난·발화·불착 담보약관

④ hook and hole : 갈고리 담보약관

⑤ breakage, leakage and shortage : 파손, 누손, 부족 담보약관

⑥ sweat and heat : 한습, 열손 담보약관

⑦ bending and/or denting : 곡손 담보약관

⑧ rat and vermin : 서식, 충식 담보약관

⑨ JWOB (jettison, washing overboard) : 투화·갑판유실 담보약관

⑩ rust : 녹 담보약관

(2) 분손담보약관

WA(With Average)는 보험목적물의 전손, 공동해손은 물론이고 단독해손까지도 보상해 주는 조건이다. 그런데, 정률 이하(일반적으로 3% 이하)의 분손에 대해서는 보험자가 책임을 지지 않는다.

이러한 면책액을 최소책임액(franchise)이라 하는데, WAIOP(with average irrespective of percentage)조건으로 협약하면 면책이 안 된다.

(3) 분손부담보약관

FPA(Free from Particular Average)는 보험목적물의 전손은 물론이고 분손 중 공동해손의 경우와 구조비, 특별비용, 소송비용, 좌초, 화재 그리고 타물체와의 접촉 등의 손해를 보상하는 조건이다.

단독해손 이외의 모든 손해를 보상하므로 단독해손부담보조건이라고도 한다. 그리고 이상의 해상고유의 위험 이외에 위험을 부가적 위험(extraneous risks)이라 하며 이는 특약조건에 한해 보험자가 담보한다.

2. 신협회적화약관

신해상보험증권(MAR양식)은 로이즈 보험업자(Lloyd's Underwriter) 및 런던보험자협회(ILU)가 UNCTAD의 해상보험에 관한 보고서에 따라 1981년 7월에 제정한 표준해상보험증권을 말하며, 영국에서는 1983년 3월말까지 로이즈 SG보험증권의 사용을 전면 중지하고, 1983년 4월 1일부터는 신해상보험증권을 전면적으로 사용하고 있다. 우리나라에서는 1983년 3월 1일부터 로이즈 SG보험증권과 함께 신해상보험증권 양식을 사용하고 있으며, 1982년(2009년 개정) 협회적화약관(ICC)은 신해상보험증권(MAR)에 첨부되어 사용되고 있다.

개정내용을 보면 종전의 협회적화약관의 A/R조건은 ICC(A)로, WA조건은 ICC(B), FPA조건은 ICC(C)로 명칭이 변경·간소화되고 그 내용도 획일적으로 정비되었다.

개정된 협회적화약관의 공식명칭과 담보위험의 범위는 다음과 같다.

① Institute Cargo Clause(A) : A Clause

② Institute Cargo Clause(B) : B Clause

③ Institute Cargo Clause(C) : C Clause

개정된 협회적화약관 A약관, B약관, C약관은 각각 19개의 개별약관으로 구성되어 있으며, 각 약관별 담보위험의 범위는 〈그림 9-2〉에 명시된 것과 같다.

- A 조건
  - B 조건
    - C 조건
      - ⓐ 화재, 폭발(fire or explosion)
      - ⓑ 좌초, 교사, 침몰, 전복(vessel or craft being starnded grounder sunk or capsized)
      - ⓒ 육상운송용구의 전복, 탈선(overturning or derailment of land cobveyance)
      - ⓓ 충돌, 접촉(collision or contact of vessel craft or conveyance with any external object other than water)
      - ⓔ 조난한 양하 작업에 기인된 손해(discharge of cargo at port of distress)
      - ⓕ 공동해손 희생손해(general average sacrifice)
      - ⓖ 투하(jettison)
    - ⓗ 지진, 분화, 낙뢰(earthquake, volcanic eeruption or lightning)
    - ⓘ 갑판상 유실(washing overboard)
    - ⓙ 선박, 부선, 선창, 운송용구 등에 의해 호수, 하천수의 유입(entry of sea, lake or river water into vessel or craft hold converyance container liftvan or place of storage)
    - ⓚ 선적, 하부작업 중의 해수면으로 낙하 또는 추락하여 발생된 포장단위당의 전손(total loss of any package lost overboard or dropped whilst loading on to, or unloading from, vessel or craft)
  - ⓛ 위의 면책사항 이외의 모든 손해

〈그림 9-2〉 개정 적화보험약관 조건별 담보위험

한편 다음과 같은 면책위험은 제외된다.

① 일반면책위험(general exclusions) : 피보험자의 고의적인 비행, 통상적인 누손, 포장 부적합, 지연 등의 위험

② 불내항성 및 부적합성 면책(unseaworthiness and unfitness exclusions) : 선박, 부선의 불감항과 보험목적물의 안전운송을 위한 선박, 부선, 운송용구, 컨테이너 등의 부적합

③ 전쟁면책위험(war exclusions) : 전쟁, 내란, 혁명, 모반, 반란, 국내소요, 적대행위, 포획, 나포, 억류, 유기된 기뢰, 어뢰, 폭탄, 기타 전쟁무기에 의해 발생된 위험

④ 동맹파업면책위험(strike exclusion) : 동맹파업, 직장폐쇄, 노동분쟁, 폭동에 가담한 자 및 폭동의 결과, 테러리스트 등에 의해 발생한 것 등.[1]

1) 장흥훈 · 장동식 · 이재은, 『무역개론』, 청목출판사, 2019, pp. 492-505.

10 chapter

무역클레임과 중재제도

국가들마다 언어, 상관습 및 법률제도가 서로 다르고, 계약당사자들이 서로 외국에 있는 무역거래에서는 계약의 불이행 또는 위반 등과 같이 국내거래에서 볼 수 없는 여러 가지 종류의 분쟁이 발생할 수 있다.

무역거래의 이행과정에서 발생한 손해의 정도가 부담하기에 벅차다면, 클레임을 제기해야 할 것이다. 또한 상대방이 제기한 클레임의 내용이 심각할 때에는 이에 적절한 대응책을 강구하여 분쟁에 따른 손실을 최소화시켜야 할 것이다. 무역클레임의 해결방법에는 화해, 알선, 조정, 중재, 소송 등이 있다.

본 장에서는 무역클레임의 개념, 발생원인, 종류에 대해 살펴보고, 이를 기초로 무역클레임의 제기 및 해결 방법을 분석한다. 그리고 클레임의 해결책으로 많이 사용되는 상사중재제도를 보기로 한다.

제1절 무역클레임

Ⅰ. 무역클레임의 의의

1. 무역클레임의 개념

무역에 있어서 클레임(claim)은 손해화물 클레임과 상사분쟁 클레임으로 구분할 수 있다.

① 손해화물 클레임(claim for loss and damage of goods) : 운송 도중 발생한 화물의 멸실이나 손상에 대해 화주가 운송인, 운송대리인 또는 보험회사에 대하여 손해를 청구하는 행위이다.

② 상사분쟁 클레임(claim for trade disputes) : 당사자간의 거래계약에 따라 이행하면서 매매계약의 한 당사자가 그 계약의 일부 또는 전부의 불이행으로 말미암아 발생되는 손해를 상대방에게 청구하는 클레임이다.

일반적으로 국제무역거래에서 클레임이라고 하면 매매당사자 사이에 일어나는 상사분쟁에 대한 클레임을 가리키는 것이며, 양자의 구별을 명백하게 하기 위하여 이를 무역클레임이라고 부른다. 무역클레임은 객관적 자료의 입증에 의하여 손해배상을 청구해야 하기 때문에, 주관적 요소가 많고 구체적인 청구는 하지 않는 항의나 불만(complaint)과는 구별된다.

무역클레임은 매매계약 당사자 중에서 어느 한쪽의 계약불이행 또는 위반에 대하여 상대방에서 제기되는 계약의 해제, 인도, 인수의 거절, 가격인하, 손해배상 등의 요구를 말한다. 무역클레임은 수출업자와 수입업자중 어느 쪽에서든지 제기하지만 무역거래는 수출업자가 주도권을 갖고 계약물품을 선적하고 인도한다는 점에서 수입업자가 수출업자에게 무역클레임을 제기하는 경우가 압도적으로 많다.

2. 무역클레임의 발생원인

무역클레임의 발생원인을 크게 나누어 보면, 계약내용의 불비와 계약이행의 불완전 또는 불이행으로 대표된다. 그러나 무역클레임의 원인으로는 이외에도 언어, 풍습, 경제, 법률이나 거래관습의 차이 등을 들 수 있다.

(1) 직접적 요인

무역계약의 체결과정에서 과실, 오해, 착오, 부주의 등에 의하여 무역클레임이 발생할 수 있으므로 계약체결시는 전문가의 자문을 얻어서 체결함이 분쟁을 예방하는 데 좋다.

특히 계약은 거래당사자를 직접 구속하므로 반드시 계약서에는 매매당사자명과 품질, 품명, 품종, 규격, 수량, 단가, 금액, 포장조건, 선적시기, 결제조건, 신용장조건(개설일자 등), 보험조건, 면책조항, 클레임통지기한 등을 명확히 약정하여야 한다. 또한 장래에 발생될지 모르는 분쟁의 해결을 위하여 중재조항 등을 삽입하고 당사자가 기명날인하여 거래를 하여야 한다. 그러나 그 이행 과정에서 품질불량, 수량의 부족, 포장불량, 선적불이행, 불완전 보험계약체결, 대금의 지불지연이나 지불거절, 신용장의 개설거부 혹은 지연, 거래알선에 따른 수수료 미지급 등 많은 요인이 무역클레임의 직접적 요인으로 작용하고 있다.

(2) 간접적 요인

무역통신의 특유한 용어들은 오랜 실무상의 경험과 숙달이 필요하므로 당사자 간에 의견의 차이가 발생할 수 있다. 특히 계약당사자가 각기 사용하는 언어의 상이, 각국의 법과 상관습의 상이, 신용조사의 불충분,

운송중의 위험, 가격덤핑, 나라에 따라 서로 다르게 사용되고 있는 도량형, 상대국의 식품위생법이나 독과점법, 공업소유권 등 많은 요인들이 무역 클레임의 간접적 요인으로 작용할 수 있다.

3. 무역클레임의 종류

(1) 품질 클레임

품질에 관한 분쟁은 클레임 중에서 가장 많은 비중을 차지하고 있다. 품질 클레임으로는 제공한 견본과 인수물품이 상위, 주문서 및 계약서의 기재사항과 도착화물과의 내용물 상이, 규격 상이, 변색, 변질, 변형, 함량미달 등을 들 수 있다.

(2) 수량 클레임

수량 클레임은 계약된 물품의 수량과 인도물품의 수량이 부족한 경우의 클레임이며 중량의 부족이나 용적의 부족 등도 이에 해당한다.

(3) 포장 클레임

포장 클레임이란 불완전한 포장으로 인하여 발생하는 파손, 발효, 누손, 화인불량 등으로 발생한 손해에 대한 클레임이다.

(4) 운송 및 하역 클레임

운송 및 하역 클레임은 선적기한의 위반, 난폭한 화물취급으로 인한 파손, 누손, 마모와 물품취급 부주의로 인한 건조, 습기, 동결 등이 이에 해당한다.

(5) 결제 클레임

결제 클레임으로는 수출업자가 제시한 선적서류와 신용장의 내용이 일치하지 않은 경우, 수입업자가 신용장을 합의된 기간 내에 개설하지 않은 경우 등이 이에 해당한다.

(6) 마켓 클레임

마켓 클레임(market claim)이란 무역계약이 성립한 후 수입국내의 시가가 하락하는 경우 매수인이 자기가 입은 손실을 보충할 목적으로 클레임의 대상이 되지 않는 것을 여러 가지 구실을 붙여 가격인하를 요구하거나 물품인수를 거부하는 의식적·악질적 클레임을 말한다.

또한 수입대금을 할인하려는 매수인의 요구가 클레임으로 의장된 것이므로 '의장적 클레임'이라고도 한다. 이를 예방하기 위해서는 신용장조건에 맞는 성실한 이행을 하여야 하며, 품질조건을 잘 설정해 두어야 한다. 또한 계약서에 "이 계약에서 약정한 지급화폐는 황금 1온스당 US $360를 기준으로 하여 계산한 것이며, 이후에 미화의 변동이 있더라도 이 계약에는 적용되지 않는다."와 같이 gold clause를 설정해 두면 좋다. 이와 같은 약정을 해 두면 미화의 등락에 관계없이 황금가격에 의해서 계산되므로 양당사자를 손해로부터 공평히 보호할 수 있다.

(7) 계획적 클레임

계획적 클레임은 매매당사자의 고의적이고도 악의적인 의도에 의해 발생하는 클레임이다. 국제물품매매계약에서는 장차 가격변동을 예측하기가 어려우므로 수출업자나 수입업자는 계약서나 신용장상에 괴상한 조항을 설정하여 시황이 불리하게 되면 그 조항을 악용하여 자신만의 이익을 추구하는 다분히 계획적이고 고의적인 비도덕적 클레임을 말한다.

Ⅱ. 무역클레임의 내용

1. 금전을 내용으로 하는 클레임

(1) 손해배상청구

저질품 인도, 선적 불이행, 부당한 계약해제, 신용장개설 지연이나 불개설시, 선박지정의 지연 또는 지정하지 않을 시, 대금결제지연, 화물의 부당한 인수거절, 계약물품의 상이 등과 같은 사유로 발생한 손해를 금전으로 계산하여 청구하는 것을 손해배상 청구라 한다.

(2) 대금지급거절

D/A거래 등에서 추심기간의 기한이 긴 경우 물품이 서류보다 먼저 도착하므로 도착물품이 계약물품과 상이할 때, 혹은 신용장조건과 서류가 불일치할 때 대금지급을 거절할 수 있다.

(3) 대금감액요청

도착된 물품의 품질이나 포장불량, 화인이나 상표불량 등 계약내용과 일치되지 않은 상품이 도착했을 때, 상품가액을 감액하여 인수코자 할 때 대금감액 요청을 할 수 있다.

2. 금전 이외의 청구를 내용으로 하는 무역클레임

(1) 화물인수 거절

화물이 도착한 후 매수인이 그 상품의 품질상의 흠, 손상 등을 발견하였을 때 그 화물의 일부 또는 전부를 인수·거절할 수 있다. 이 경우 매매계약에 인수거절에 대한 특별약정이 있는 경우와 없는 경우로 나눌 수 있다. 전자의 경우 그 약정에 위배될 때에는 매수인은 물품인수를 거절할 수 있다. 그러나 후자의 경우에는 계약에 현저하게 위반한 때 예를 들면 1등급이라 약정하고 2등급을 공급할 때, 면책비율 이상의 잡물이 혼합된 때, 치수나 상표가 상이할 때, 포장상태가 상이할 때, 상품이 많이 파손된 때, 매수인은 물품의 인수를 거절할 수 있다.

(2) 계약이행청구

매도인이 매수인에게 요구하는 계약이행에 대한 청구는 신용장 개설요청, 매매계약 물량의 이행요청 등이 있고, 매수인이 매도인에게는 화물의 선적이행 등을 요청하지만 만약 상호간에 원만히 해결되지 않으면 그 계약의 불이행에 따라 손해배상을 청구할 수밖에 없다.

(3) 잔여계약 해제요청

분할선적과 같은 경우 1차 도착한 상품의 품질이 불량하다든가 규격이 상이하여 판매가 곤란할 때 나머지 계약의 해제를 요청하는 클레임이다.

Ⅲ. 무역클레임의 제기

1. 무역클레임 제기의 의의

손해를 입은 당사자는 손해를 유발시킨 당사자에게 무역클레임을 제기하고 구상권을 행사한다. 무역클레임은 쌍무적이고 객관적 타당성과 진위가 명백한 경우 구상권을 행사함으로써 명백히 보장받을 수 있다. 그러나 세심한 절차가 없는 무역클레임은 법률적 효력을 보장받을 수 없다.

2. 물품의 검사와 통지의무

수입물품을 인도받은 매수인은 이를 수령함에 있어 최우선적으로 그 물품이 계약목적에 합치되는지를 외견상으로 검사하여 만약 하자를 발견하였거나 수량이 부족하면 지체 없이 매도인에게 통지하여야 한다.

이러한 검사와 통지는 매수인의 필수적인 권리이며 의무이다. 이를 게을리 하면 법률적 청구권을 상실한다.

〈예시〉 물품의 하자 통지

2022년 3월 5일 아리랑 호에 선적한 물품을 3월 25일에 수령하고 이를 검사한 결과 불행하게도 선적된 물품이 15개가 파손되고, 25개는 색상에 이상이 생겨 상품가치가 결여됨을 먼저 귀사에 통보합니다. 클레임의 상세한 내용과 금액은 증거서류를 갖추는 대로 곧 통지하겠습니다.

3. 무역클레임의 제기 기간

클레임의 제기 기간에 관한 약정은 클레임을 제기할 수 있는 기간을 의미하고, 동시에 그 기간이 경과하면 클레임을 포기한다는 내용을 의미하므로 이 클레임 제기기간을 명백히 설정해 둘 필요가 있다.

클레임 제기기간의 설정은 그 물품의 성질상 합리적으로 요구되는 하자발견 및 통지기간 보다 너무 짧게 규정되어 있으면 그 효력을 부인 당하는 경우도 있으므로 그 기간을 합리적으로 설정하는 것이 중요하다.

Ⅳ. 무역클레임의 해결방법

무역클레임 해결방법으로는 당사자 간에 해결하는 방법과 제3자가 개입하여 분쟁을 해결하는 방법이 있다.

1. 쌍무적 해결방법

쌍무적 해결방법은 당사자 간에 직접 교섭하여 우의적으로 해결하는 방법을 말한다. 무역클레임은 비즈니스 관계를 계속적으로 유지하기 위해 당사자 간에 해결함이 가장 바람직하다.

매매당사자는 무역클레임 내용, 발생원인과 상황을 누구보다 잘 알고 있으며, 또한 당사자 간의 해결에 있어서는 상대방과의 장래의 거래관계를 충분히 고려하기 때문에 비록 양당사자가 각각 자기의 입장에서 충분한 이유가 있다고 생각하더라도 서로 타협하거나 또한 장래의 거래를 위하여 양보로써 해결할 수가 있다.

당사자간에 해결하는 방법에는 청구권 포기(waiver of claim)와 화해(compromise) 등이 있다. 전자는 상대방에게 다른 조건으로 만족시켜준다거나 또는 분쟁금액이 소액인 경우와 같이 클레임을 제기할 만한 가치가 없는 경우이다. 후자는 당사자가 서로 양보하여 그 사이에 개재했던 분쟁을 정지할 것을 약정함으로써 분쟁을 해결하는 것이다. 화해는 상호간의 협의와 양보를 거쳐 분쟁을 자주적으로 해결하고, 종국판결에 의한 일도양단(一刀兩斷)적 해결을 지양하므로 분쟁당사자들의 거래관계를 계속 유지시켜준다. 또한 분쟁에 대하여 상호이해와 양보가 중요시됨으로써 분쟁사안을 정확히 직시할 수 있고 동일한 분쟁을 사전에 예방할 수 있으며, 신속하고 경제적인 분쟁해결을 도모할 수 있다.

2. 제3자 개입에 의한 해결방법

당사자 간에 원만하게 해결할 수 없을 때 즉, 쌍방의 주장이 대립될 때, 쌍방 혹은 일방의 감정이 악화되어 제3자의 개입으로 냉정한 판단이 필요할 때, 상대방의 무성의로 인하여 타협이나 양보가 힘들 때 학식이나 경험이 많은 제3자를 개입시켜 분쟁을 해결하는 방법이다. 이러한 방법의 해결로서는 알선, 조정, 중재, 소송 등이 있다.

(1) 알선

알선(intercession or recommendation)은 국내외 상거래에서 발생하는 분쟁을 다년간의 경험과 지식을 갖춘 공정한 제3자적 기관(예: 대한상사중재원, 상업회의소 등)이 개입하여 어느 일방에 치우치지 않는 공정한 입장에서 분쟁당사자들이 원만한 합의에 도달할 수 있도록 도와주는 절차를 말하며, 당사자 간의 비밀을 보장하고 거래관계를 계속 유지할 수 있다는 장점이 있다. 알선은 일방당사자의 신청만으로도 무료로 진행이 가능하며 법률적인 구속력은 없다.

(2) 조정

조정(conciliation or mediation)은 별도로 구성된 조정위원회가 독자적으로 분쟁해결을 위한 타협방안으로 조정안(調停案)을 마련하여 분쟁당사자로 하여금 타협안의 수락을 권고하여 분쟁을 해결하는 방식이다. 다만 조정에서 조정위원회는 분쟁을 일의적으로 판단하여 최종적으로 결정하지 아니하고, 조정안에 의하여 분쟁해결을 알선하는 역할만 수행한다. 만일 조정안이 수락되어 조정조서가 작성되면 이는 재판상의 화해와 동일한 효력을 갖는다. 그러나 당사자가 조정안을 거부하면 조정은 성립되지 아니하여 조정안은 전혀 효력이 없게 된다. 따라서 조정은 제시된 해결방안에 대한 거부의 자유가 최종적 단계에서 인정되고 있는 자치적

분쟁해결방법이라고 할 수 있다.

(3) 중재

중재(arbitration)란 당사자 간의 합의로 사법상의 법률관계를 법원의 소송절차에 의하지 아니하고, 제3자인 중재인을 선임하여 그 분쟁을 중재인에게 맡겨 중재인의 판단에 양당사자가 절대 복종함으로써 최종적으로 해결하는 방법이다.

중재는 당사자간의 중재합의에 의해야 하고, 중재인의 판정에 절대 복종하여야 하며, 그 결과는 강제성을 가질 뿐만 아니라 그 효력도 당사자간에는 법원의 확정판결과 동일하다.

또한 「외국중재판정의 승인과 집행에관한 UN(뉴욕협약)」에 가입한 외국에서도 그 집행을 보장해주고 승인해 주므로 국제적 효력을 인정받고 있다. 중재는 1회의 중재판정에 의해 모든 것이 해결되며, 중재에 위탁된 사건은 소송에 의하여 다룰 수 없다는 점이 특징이며, 소송에 따르는 비용과 시간을 절약할 수 있다는 점에서 효과적이다.

(4) 국제소송

국제소송(international litigation)은 무역계약서에 중재조항을 삽입하지 않았거나 분쟁이 발생한 후 중재합의에 이르지 못한 경우 무역분쟁을 해결하기 위한 최후수단으로서 국가공권력(사법재판)에 의한 분쟁해결 방법이다. 따라서 국제소송에 의하여 클레임을 해결하려는 경우에는 피제기자가 거주하는 국가에서 현지 변호사를 법정대리인으로 선임하여 소송절차를 진행하여야 한다. 국제소송으로 클레임을 해결하기 위해서는 오랜 기간과 비용이 소요될 뿐만 아니라 법영역을 달리하는 국가간의 판결은 상대국과 사법협정이 체결되어 있지 않은 경우 외국에서 승인 및 집행이 보장되지 않는다.

제2절 중재제도

중재합의는 특정의 분쟁에 대하여 법원의 관할권을 배제하는 약속이므로 중재합의가 있는 경우에는 일반적으로 그 분쟁에 대하여 직소(直訴)가 금지된다. 따라서 당사자 간의 계약서상에 중재조항을 삽입하여 사후 분쟁예방과 해결에 신속을 기할 수 있다.

Ⅰ. 중재제도의 유용성

소송은 당사자간에 합의가 없더라도 당사자가 능력만 있으면 절차의 진행이 가능하지만, 중재는 반드시 성문화된 합의(계약)가 있는 경우에만 절차가 유효하며 법적 보호를 받을 수 있다.

따라서 기본적인 분쟁의 해결방식은 소송이지만, 중재는 이를 대체한 새로운 해결수단이라 할 수 있다. 그러나 중재는 소송에 비하여 다음과 같은 유리한 장점을 지니고 있다.

1. 신속한 분쟁해결

소송은 인간의 모든 사항에 대한 분쟁을 결정하므로 때로는 신체의 생사 여부에 관한 형사적 문제도 심리·판단하게 된다. 그러므로 소송은 매우 신중한 절차를 요하게 되어 3심제를 운영하고 있다. 그러나 중재는 몇 나라의 예외를 제외하고는 단심제로 운영되고 있어서 소송에 비하여 신속하게 최종판정에 도달하게 된다.

2. 비용의 경감

중재는 단심제이기 때문에 3심제인 소송에 비해 소요되는 비용이 저렴하다. 신속한 분쟁의 해결은 그 만큼 비용을 절약할 수 있다. 법원의 소송에 의할 경우 변호사의 보수뿐만 아니라, 매심 승급마다 인지대가 상승하기 때문에 중재보다 비용이 많이 들게 된다.

또한 상사에 관한 전문적인 지식과 경험을 지닌 중재인에 의한 심문은 새로운 설명이나 지식의 보완이 필요치 않음으로써 분쟁해결을 위한 증인심문 등의 진술서 작성 등에서 시간이나 경비가 저렴하게 된다.

3. 중재인의 적절한 선정

국제무역에서 발생되는 분쟁의 경우에는 매매조건, 상품의 시장성, 가격의 변동, 무역관습 등 거래상의 전문화, 기술화, 분업화, 세분화, 산업화의 전문지식을 요하기 때문에 중재인을 선정하는 데는 그 분야에 맞는 중재인을 선정하여야 한다.

이러한 목적을 위하여 대한상사중재원은 중재인단 명부를 매년 1회 정비·유지하고 있다. 이는 법조계, 실업계, 각종 업종별 단체의 대표자, 학계, 공공단체 조사기관 대표, 개업 중인 공인회계사, 변리사, 주한외국인 등을 엄선하여 구성되어 있다.

4. 중재절차의 비공개

법원의 소송절차는 공개주의에 입각하여 진행되므로 회사의 영업방식, 운영비용, 손익에 관한 것 등 영업비밀이 자연히 대외적으로 알려지게 회사의 신용하락은 물론 국제경쟁력이 악화되어 예측할 수 없는 손실이 발생하게 된다. 특히 거래과정에서 클레임이 발생된 사실 자체가 알려지면

회사의 명예와 신뢰에 악영향을 끼칠 우려가 크기 때문에 더욱 비밀을 요하는 사항이 아닐 수 없다. 중재는 바로 이러한 점을 감안하여 절차나 내용을 공개하지 않기 때문에 모든 영업상의 비밀이나 회사의 명성을 그대로 유지할 수 있게 한다.

5. 중재판정의 효력

재판권은 국가주권의 일부이며 국가가 행한 재판은 다른 국가에 효력이 미치지 않는다. 그러나 중재는 당사자간의 합의에 의한 것이므로 사법상 유효한 계약으로 보기 때문에 외국에서도 그 이행에 주권침해와 같은 문제가 발생하지 않는다.

〈표 10-1〉 중재와 소송의 주요 특성비교

구 분	중 재	소 송
대상	· 개인간의 상사분쟁	· 민사 · 형사 · 행정 · 선거 등 모든 분쟁
요건	· 반드시 당사자간의 합의가 필요함	· 당사자의 행위능력이 필요함
구속력	· 법원의 판결과 동일한 효력(구속력을 가짐)	· 법적 구속력
공개여부	· 비밀준수(당사자 및 기업의 비밀유지)	· 공개가 원칙임(헌법 제27조 3항).
경제성	· 단심제이므로 비용이 저렴함. · 전문가가 중재인으로 참여함으로 변호사비용의 절약가능	· 복잡한 소송절차 · 3심제에 의한 과중한 비용부담 불가피
신속성	· 단심제에 의한 신속판정 가능 (평균 4~6개월 소요) · 별도의 신속절차(중재규칙 제56조-제60조) 있음	· 3심제에 의한 항소 · 상소 가능 (평균 2~3년 소요) · 소액사건심판제도 있음
심판자의 자격요건	· 제한 없음 · 당해 분쟁의 전문가가 중재인으로 활동 (중재인의 자유심증으로 판정-유연성)	· 반드시 법관이 판결 (법조문에 충실-경직성)
변론기회	· 충분한 변론기회 보장(미보장시 중재판정취소사유가 됨)	· 사실 및 증거에 따른 판결(당사자의 변론기회 불충분)
당사자간의 관계	· 우호적인 관계 유지가능	· 적대적인 관계가 되기 쉬움 (감정대립)
임의이행률	· 높음(불이행시 강제집행 가능)	· 낮음(법원의 판결에 의한 강제집행)
국제성	· 국제적 집행가능(뉴욕협약 준수)	· 국제적 집행에 많은 어려움이 있음

중재판정의 국내적 효력은 당사자간에는 법원 확정판결과 동일한 효력이 있으며, 국제적으로도 『외국중재판정의 승인 및 집행에 관한 국제연합협약(뉴욕협약)』의 체약국인 경우에는 외국중재판정을 상호승인하고 강제집행을 보장함으로써 인정되고 있다. 우리나라는 1973년에 뉴욕협약에 가입함으로써 상호주의에 따라 국내에서 내려진 중재판정도 외국에서 그 집행을 보장받을 수 있게 되었다.[1)]

Ⅱ. 중재의 대상과 요건

중재는 당사자가 자유로이 처분할 수 있는 사법상의 분쟁으로서 현재 또는 장래에 발생할 분쟁 모두가 중재의 대상이다. 즉 중재의 적용대상은 당사자가 자유로이 처분할 수 있는 사법상의 분쟁으로서 현재 또는 장래에 발생할 분쟁이 모두 포함된다. 구체적으로 거래 양태별로는 매매(동산, 부동산, 유가증권 및 기타 재산), 대여금, 임대차, 고용, 제조, 가공, 수선, 공급, 도급, Management 계약(연예인, 운동선수 등) 등이 포함되며, 거래 행위별로는 상행위, 대리, 중개, 위탁매매, 운송, 신탁, 보험 등이 포함된다. 또한 거래 외형별로는 무역, 합작투자, 기술제휴, 건설, 해운, 특허, 대리점, 수출입알선, 부동산매매, 건물전세, 상품제조판매, 도소매 등이 포함되어 개인이 행하는 상행위는 모두 중재의 대상이 된다고 할 수 있다. 다만, 중재가 유효하고 신속하게 진행되기 위해서는 중재당사자는 행위능력상의 결격사유가 없어야 하며, 분쟁자체가 현실적으로 존재하여야 한다. 또한 중재대상이 특정되어야 하며, 중재합의 범위내에 속하여야 한다.

1) 장흥훈 · 장동식 · 이재은, 『무역개론』, 청목출판사, 2019, pp. 508-520.

Ⅲ. 중재합의

1. 중재합의의 의의

중재합의(arbitration agreement)라 함은 계약상의 것이거나 아니거나를 불문하고 소정의 법률관계에 대하여 당사자간에 이미 발생하였거나, 또는 장래에 발생할지도 모르는 특정의 분쟁을 중재에 의하여 해결하기로 한 당사자간의 합의를 말하며 중재계약(仲裁契約)이라고도 한다. 중재합의는 서면으로 하여야 하며, 사전중재합의방식과 사후중재합의방식이 있다. 중재합의를 할 때에는 중재를 행할 중재지, 중재기관 및 적용할 준거법(governing law, applicable law)등을 명확하게 명시하여 중재절차 진행시 이같은 기본적 사항에 대한 다툼의 소지를 없애는 것이 가장 바람직하다.

2. 중재합의의 효력

(1) 직소금지

중재법 제9조 제1항에서는 "중재합의의 대상인 분쟁에 관하여 소가 제기된 경우에 피고가 중재합의가 있다는 항변을 하였을 때에는 법원은 그 소를 각하하여야 한다"라고 규정하고 있다. 즉, 중재합의가 있음에도 불구하고 상대방이 법원에 소를 제기하였을 경우, 1차 변론기일전까지 본안전 항변을 통하여 중재계약이 있음을 주장하고 입증하면 법원은 소각하 판결을 하게 된다.

(2) 최종해결

중재법 제35조에서는 "중재판정은 양쪽 당사자 간에 법원의 확정판결과 동일한 효력을 가진다"라고 규정하여 분쟁을 한번에 해결함을 확실하게 천명하고 있다. 즉, 중재판정이 일단 내려지면 소송과 같이 불복절차인 항소나 상고제도가 허용되지 않는다는 것을 의미하며 대법원의 판결과 동일한 효력이 있다.

(3) 국제적 효력

중재판정은 국제적으로는 "외국중재판정의 승인 및 집행에 관한 UN 협약"(The United Nations Convention on the Recognition and Enforcement of Foreign Arbitral Awards : 약칭으로 'New York협약'이라 한다. 1958년 채택, 1973년 한국 가입, 2019. 10. 기준 161개국 가입)에 의하여 국제적 효력을 인정받고 있다. 이 협약에 따라 우리나라에서 내려진 중재판정이 외국에서도 승인·집행 되며, 반대로 외국에서 내려진 중재판정 역시 우리나라에서도 승인되고 집행이 보장된다. 그러나 우리나라가 이 협약에 가입할 때 한국법상 상사관련 분쟁에 한하고, 상호체약국인 경우에 한해서만 이 협약을 적용한다는 유보선언을 하였다.

3. 표준중재조항

중재합의는 통상적으로 분쟁이 발생된 후에는 불리하다고 판단하는 당사자는 중재합의 자체를 기피하여 분쟁해결을 지연시키는 경우가 많으므로 계약서상에 표준중재조항(Standard Arbitration Clause)을 삽입함으로써 중재계약을 맺는 것이 좋다. 이때에는 중재의 3대 요소라고 할 수 있는 중재기관, 중재지 및 준거법에 관한 사항을 그 내용으로 포함시켜야 한다.

대한상사중재원(Korean Commercial Arbitration Board: KCAB)에서는 다음과 같은 표준중재조항을 제정하여 이를 계약서에 중재조항(arbitration clause)으로 삽입하도록 권장하고 있다.

(1) 일반절차의 경우

1) 국내거래
"이 계약으로부터 발생되는 모든 분쟁은 대한상사중재원에서 국내중재규칙에 따라 중재로 해결한다."

2) 국제거래(국문)
"이 계약으로부터 발생되는 모든 분쟁은 대한상사중재원에서 국제중재규칙에 따라 중재로 해결한다."
중재인의 수 [1/3]
중재지 [서울/대한민국]
중재에 사용될 언어 [언어]

3) 국제거래(영문)
"Any disputes arising out of or in connection with this contract shall be finally settled by arbitration in accordance with the International Arbitration Rules of the Korean Commercial Arbitration Board."
The number of arbitrators shall be [one / three]
The seat, or legal place, of arbitral proceedings shall be [Seoul / South Korea]
The language to be used in the arbitral proceedings shall be [language]

(2) 중재인을 당사자가 직접 선정하는 방식의 경우

1) 단독중재인의 경우
"이 계약과 관련하여 당사자간에 발생하는 모든 분쟁은 대한민국 서울에서 대한상사중재원의 국내(국제)중재규칙과 대한민국 법에 따라 중재에 의하여 최종적으로 해결한다. 중재판정부는 양당사자들의 합의에 따라 1인으로 구성한다."

"All disputes which may arise between the parties, in relation to this contract, shall be finally settled by arbitration in Seoul, Korea in accordance with the Domestic(International) Arbitration Rules of the Korean Commercial Arbitration Board and under the Law of Korea. The dispute shall be decided by a sole arbitrator appointed by agreement of both parties."

2) 3인 판정부의 경우

"이 계약과 관련하여 당사자간에 발생하는 모든 분쟁은 대한민국 서울에서 대한상사중재원의 국내(국제)중재규칙과 대한민국 법에 따라 중재에 의하여 최종적으로 해결한다. 중재판정부는 3인으로 구성하되 각 당사자는 각자 1인의 중재인을 선정하고, 이에 따라 선정된 2인의 중재인들이 합의하여 의장중재인을 선정한다."

"All disputes which may arise between the parties, in relation to this contract, shall be finally settled by arbitration in Seoul, Korea in accordance with the Domestic(International) Arbitration Rules of the Korean Commercial Arbitration Board and under the Law of Korea. The arbitral tribunal consists of three arbitrators, each party shall appoint one arbitrator and two arbitrators chosen by them shall appoint a third arbitrator, as a presiding arbitrator."

Ⅳ. 중재판정부 구성

중재판정부(arbitration tribunal)는 사무국에 중재신청이 접수된 사안에 대해 심리하고 판정을 내리는 1인 또는 수인의 중재인으로 구성된다. 대부분 3인의 중재인으로 구성되며, 홀수로 구성하는 것이 원칙이다. 그리고 전문적 지식과 올바른 판단력을 갖고 있는 사람이라면 누구라도 당사자의 약정에 의하여 중재인으로 선정될 수 있다. 다만, 중재의 결과에 관하여 법률적 또는 경제적 이해관계가 있는 사람은 중재인이 될 수 없다.

Ⅴ. 중재심리

중재판정부는 심리의 일시, 장소와 방식을 결정한다. 심리의 일시와 장소가 결정되면 사무국은 심리개시 국내중재의 경우 10일, 국제중재의 경우 20일전까지 이를 당사자에게 통지하여야 한다. 심리절차는 비공개를 원칙으로 한다. 그리고 중재판정부는 당사자간의 별도 약정이 없는 한 중재가 개시된 날로부터 3개월 이내에 판정하여야 하며, 중재판정은 서면으로 작성하여야 한다.

Ⅵ. 중재절차

중재절차는 중재사건이 접수되어 판정이 내려질 때까지의 진행과정을 의미하며, 다음과 같이 중재절차가 진행된다. 중재신청서 접수 → 중재비용 예납 → 중재신청의 접수통지 → 중재인 선정절차 진행 → 답변서 접수 → 중재인 취임수락요청 및 접수 → 중재판정부 구성(1인 또는 3인) → 제1차 심문기일 통지 → 심문개최 → 중재신청서 변경 및 반대신청서 접수 → 심문종결 → 중재판정 → 중재판정문 정본(당사자) 및 원본(법원)송달 → 사건종결(분쟁해결)

① 중재합의가 있으면 분쟁이 발생한 경우 대한상사중재원에 중재를 신청한다.

② 중재신청 시에는 중재신청서를 제출하고 중재비용을 예납한다.

③ 사무국은 중재신청서를 접수하면 양측에 중재인 후보자명단(신청금액 5억원 이하는 5인의 후보, 5억원 초과는 10인의 후보. 단, 신속절차의 경우 중재원 사무국에서 선정)을 송부한 후 그 결과를 존중하여 중재판정부 구성을 진행한다.(당사자 사이에 합의가 있는 경우, 당사자가 직접 중재인 선정도 가능).

④ 이후 중재판정부가 당사자의 의견을 청취하고 증거를 제출받는 중재심리를 거쳐 최종판정을 내리는 순서로 절차가 진행된다.

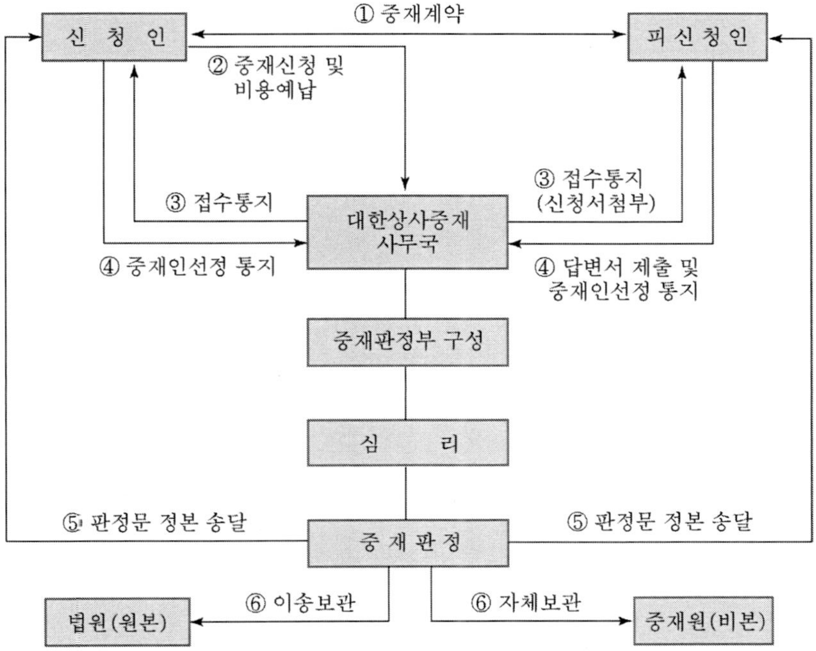

〈그림 10-1〉 중재절차 진행과정도

[부 록]

무역계약서 예시

SALES CONTRACT

[ ], as Seller, hereby confirms having sold to [ ] as Buyer, the following goods by this sales contract made on the above date and on the terms and conditions hereinafter set forth.

	ITEM NO.	COMMODITY & SPECIFICATION	QUANTITY	UNIT PRICE	AMOUNT
◎					
◎					
◎					
◎					
◎					
TOTAL AMOUNT					

☐ Time of Shipment : [DATE MONTH YEAR]
☐ Port of Shipment : [ ]
☐ Port of Destination : [ ]
☐ Payment

◎	AT SIGHT L/C	By an irrevocable letter of credit payable at sight
◎	USANCE	By an irrevocable, confirmed and unconditional letter of credit
◎	DP	By documents against payment
◎	DA	By bill(s) of exchange drawn on Buyer due [60] days from B/L date
◎	DD	By a D/D(Demand Draft) within [10] days after the date of B/L
◎	TT	By a T/T(Telegraph Transfer) within [10] days after the date of B/L
◎	MT	By a M/T(Mail Transfer) within [10] days after the date of B/L

☐ Insurance : Seller to cover the [CIF] price plus [ ]% against Al Risking War and SRCC Risks

☐ Packing : [Export standard packing]

☐ Marking : [ ]

☐ Special Terms & Conditions :

☐ This Contract is subject to the general and conditions set forth on back hereof :

	Seller	Buyer
By	[ ]	[ ]
Address	[ ]	[ ]
Title	[ ]	[ ]
Name	[ ]	[ ]

<GENERAL TERMS AND CONDITIONS>

delay in actual transport

Article 1. Quantity : Quantity set forth in this Contract is subject to a variation of [ ]percent more or less at Seller's option.

Article 2. Shipment : Date of bill of lading shall be accepted as a conclusive date of shipment. [ ] days grace in shipping shall be allowed. Partial shipment and/or transshipment shall be permitted unless otherwise stated in this Contract. Seller shall not be responsible for any delay in shipment due to Buyer's failure to provide timely a letter of credit in conformity with this Contract, nor shall Seller be responsible for any damages incurred by Buyer due to either delay in arrival of the ship and/or airplane designated by Buyer beyond the prearranged date of shipment.

Article 3. Packing and Marking: Packing and Marking shall be performed at Seller's option. In case special instructions are necessary, Buyer should provide Seller with such instructions in a timely manner. all the additional cost thereby incurred shall be borne by Buyer. Shipping Mark shall be made as shown in the oblong of the front page of this Contract.

Article 4. Insurance : In case of CIF or CIP basis, [ ] % of the invoice amount shall be insured In the case of the Goods sold on CIF or CIP terms, Seller shall obtain insurance on the Goods at [ ] % of the Invoiced Amount, unless otherwise agreed; any additional insurance required by Buyer to be at his own expense; unless otherwise stated, insurance to be covered for marine insurance only FPA or ICC (C) Clause. Seller may, if he deems it necessary, insure against additional risks at Buyer's expense.

Article 5. Increased costs : If Seller's costs of performance are increased after the date of this Contract by reason of increased freight rates, taxes or other governmental charges or insurance rates, or if any variation in rates of exchange increases Seller's costs or reduces Seller's return, Buyer agrees to compensate Seller for such increased cost or loss of income. Further, if at any time Buyer requests shipment later than agreed and Seller agrees thereto, Seller may, upon completion of manufacture, store the Goods and charge all expenses thereby incurred to Buyer, plus reasonable storage charges when Seller stores the Goods in its own facilities.

Article 6. Payment

| ◎ | AT SIGHT L/C | An irrevocable letter of credit, without recourse, available against Seller's sight drafts shall be established through a prime bank satisfactory to Seller within [15] days after the date of this Contract and be kept valid at least [15] days after the date of last shipment. The amount of such letter of credit shall be sufficient to cover the Contract amount and additional charges and/or expenses to be borne by Buyer.

| ◎ | USANCE | For the payment of the Contract Price specified hereof the Buyer shall provide the Seller with the irrevocable, confirmed and unconditional letter of credit (hereinafter called "L/C") in the amount of USD [ ] at
[ ] months usance basis(after the date of draft issued by the Seller or bill of lading) in favor of the Seller to be opened within [ ] days from the signing date of the Contract under the agreed terms and conditions by the Seller and Buyer.

| ◎ | DP | After shipment, the Seller shall deliver a sight bill(s) of exchange drawn on the Buyer together with the required documents to the Buyer through a bank. The Buyer shall effect the payment immediately upon the first presentation of the bill(s) of exchange and the required documents, i.e. D/P.

◎	DA

After shipment, the Seller shall deliver bill(s) of exchange drawn on the Buyer, payable [ ] days after [ ], together with the required documents to the Buyer through a bank for acceptance. The Buyer shall accept the bill(s) of exchange immediately upon the first presentation of the bill of exchange and the required documents and shall effect the payment on the maturity date of the bill(s) of exchange.

◎	DD

The Buyer shall pay the invoice value of the goods by means of D/D(Demand Draft) within [ ] days after the receipt of the required documents; within [ ] days after the date of the Bill of Lading.

◎	TT

The Buyer shall pay the invoice value of the goods to the Seller's account with the bank designated by the Seller by means of T/T(Telegraph Transfer) within [ ] days after the receipt of the required documents; within [ ] days after the date of the Bill of Lading.

◎	MT

The Buyer shall pay the invoice value of the goods by the Seller by means of M/T(Mail Transfer) within [ ] days after the receipt of the required documents; within [ ] days after the date of the Bill of Lading

<u>Article 7. Inspection</u> : The inspection of the Goods shall be done according to the export regulation of the Republic of Korea and/or by the manufacturer(s) which shall be considered as final. Should any specific inspector be designated by Buyer, all additional charges incurred thereby shall be at Buyer's account and shall be added to the invoice amount, for which the letter of credit shall be amended accordingly.

Article 8. Warranty : The Goods shall conform to the specification set forth in this
Contract and free from defects in material and workmanship for [ ] months from the date of shipment. The extent of Seller's liability under this warranty shall be limited to the repair or replacement as herein provided of any defective Goods or parts thereof. Provided, however, this warranty does not extend to any of the said Goods which have been : (a) subjected to misuse, neglect, accident or abuse, (b) improperly repaired, installed, transported, altered or modified in any way by any other party than Seller or (c) used in violation of instructions furnished by Seller. Except for the express limited warranties set forth in this article, seller makes no other warranty to buyer, express or implied, and herby expressly disclaims any warranty of merchantability or fitness for a particular purpose. In no event shall Seller be liable to Buyer under this Contract or otherwise for any lost profits or for indirect, incidental or consequential damages for any reason.

Article 9. Claims : Any claim by Buyer of whatever nature arising under this Contract shall be made by facsimile, cable, or e-mail within [ ] days after arrival of the Goods at the destination specified in the bills of lading. Full particulars of such claim shall be made in writing, and forwarded by registered mail to Seller within [ ] days after such fax, cabling, or e-mailing. Buyer must submit with particulars the inspection report sworn by a reputable surveyor acceptable to the Seller when the quality or quantity of the Goods delivered is in dispute. Failure to make such claim within such period shall constitute acceptance of shipment and agreement of Buyer that such shipment fully complies with applicable terms and conditions.

Article 10. Remedy : Buyer shall, without limitation, be in default of this Contract, if Buyer shall become insolvent, bankrupt or fail to make any payment to Seller including the establishment of the letter of credit within the due period. In the event of Buyer's default, Seller may without prior notice thereof to Buyer exercise any of the following remedies among others :

(a) terminate this Contract;

(b) terminate this Contract as to the portion of the Goods in default only and resell them and recover from Buyer the difference between the price set forth in this Contract and the price obtained upon resale, plus any incidental loss or expense; or

(c) terminate the Contract as to any unshipped balance and recover from Buyer as liquidated damages, a sum of five (5) percent of the price of the unshipped balance. Further, it is agreed that the rights and remedies herein reserved to Seller shall be cumulative and in addition to any other or further rights and remedies available at law.

Article 11. Force Majeure : Neither party shall be liable for its failure to perform its obligations hereunder if such failure is the direct result of circumstances beyond that party's reasonable control, including but not limited to, prohibition of exportation, suspension of issuance of export license or other government restriction, act of God, war, blockade, revolution, insurrection, mobilization, strike, lockout or any labor dispute, civil commotion, riot, plague or other epidemic, fire, typhoon, flood.

Article 12. Patents, Trade Marks, Designs, etc. : (a) Buyer acknowledges and agrees that: (i) any and all Seller's intellectual property rights are the sole and exclusive property of Seller or its licensors;

(ii) Buyer shall not acquire any ownership interest in any of Seller's intellectual property rights under this Agreement;

(iii) any goodwill derived from the use by Buyer of Seller's intellectual property rights inures to the benefit of Seller or its licensors, as the case may be;

(iv) if Buyer acquires any intellectual property rights, rights in or relating to any Goods (including any rights in any trademarks, derivative works or patent improvements relating thereto) by operation of law, or otherwise, such rights are deemed and are hereby irrevocably assigned to Seller or its licensors, as the case may be, without further action by either of the

parties; and
(v) Buyer shall use Seller's intellectual property rights solely for purposes of using the Goods under this Agreement and only in accordance with this Agreement and the instructions of Seller.

(b) Buyer shall not:
(i) take any action that interferes with any of Seller's rights in or to Seller's intellectual property rights, including Seller's ownership or exercise thereof;
(ii) challenge any right, title or interest of Seller in or to Seller's intellectual property rights;
(iii) make any claim or take any action adverse to Seller's ownership of Seller's intellectual property rights;
(iv) register or apply for registrations, anywhere in the world, for Seller's trademarks or any other trademark that is similar to Seller's trademarks or that incorporates Seller's trademarks;
(v) use any mark, anywhere that is confusingly similar to Seller's trademarks;
(vi) engage in any action that tends to disparage, dilute the value of, or reflect negatively on the Goods or any Seller's trademarks;
(vii) misappropriate any of Seller's trademarks for use as a domain name without prior written consent from Seller; or
(viii) alter, obscure or remove any Seller's trademarks, or trademark or copyright notices or any other proprietary rights notices placed on the Goods, marketing materials or other materials that Seller may provide.)

<u>Article 13. Governing Law</u> : All matters arising out of or relating to this Contract are governed by and construed in accordance with the laws of Republic of Korea .

<u>Article 14. Arbitration</u> : Any dispute arising out of or in connection with this contract shall be finally settled by arbitration in Seoul in accordance with the Arbitration Rules of the Korean Commercial Arbitration Board.

Article 15. Language : This Agreement may be executed in English and in other languages (including Korean). In the event of any difference or inconsistency among different versions of this Agreement, the English version shall prevail over in all respect.

Article 16. Trade Terms : All trade terms provided in the Contract shall be interpreted in accordance with the latest INCOTERMS 2010 of International Chamber of Commerce.

찾아보기

(ㅇ)

(ㅈ)

〈기 타〉

〈저자 약력〉

• 장흥훈(張興勳, JANG, HEUNG HOON)
순천대학교 사회과학대학 무역학전공 교수
중앙대학교 대학원 무역학과 경영학박사
Utah State University, College of Business 교환교수
Missouri University, Economics Department 교환교수
순천대학교 사회과학대학 학장 역임, 한국국제상학회 회장 역임,
(현) 한국국제상학회 고문, 한국항만경제학회 부회장, 한국무역학회 부회장, 한국물류학회 이사, 한국통상정보학회 부회장, 한국무역상무학회 이사, 한국구매자재관리협회 전문위원

• 최동오(崔東吾, CHOI, DONG OH)
목포대학교 경영대학 무역학과 교수
목포대학교 대학원 무역학과 경영학박사
University of Missouri, Columbia 교환교수
목포대학교 학생처장, 인재개발원장 역임
(현) 한국무역학회 부회장, 국제e비즈니스학회 부회장, 한국통상정보학회 부회장, 한국산업경제학회 부회장, 한국무역학회 편집부위원장

• 홍성규(洪性奎, HONG, SUNG KYU)
한국교통대학교 인문사회대학 경영통상학부장, 국제통상전공 교수
중앙대학교 대학원 무역학과 경영학박사
일본 와세다대학(早稻田大學) 상학연구과 연구교수(교육부 파견)
일본 니혼대학(日本大學) 경제학부 초빙연구교수(일본 문부성)
(현) 한국국제상학회 수석부회장, 한국무역학회 부회장, 한국중재학회 부회장, 한국관세학회 부회장, 한국통상정보학회 부회장, 한국무역상무학회 부회장 등

무역실무

2022년 8월 15일 초판인쇄
2022년 8월 20일 초판발행

저 자 장흥훈 · 최동오 · 홍성규
발행인 유 성 열
발행처 **청목출판사**
서울특별시 영등포구 신길로 40길 20
전화 (02) 849-6157(代) · 2820 / 833-6091
FAX (02) 849-0817
등록 제318-1994-000090호

파본은 바꾸어 드립니다. 값 22,000원

http://www.chongmok.co.kr

ISBN 978-89-5565-809-5